SDG – Forschung, Konzepte, Lösungsansätze zur Nachhaltigkeit

Die nachhaltige Entwicklung unserer Welt ist eine der wichtigsten Herausforderungen in Gegenwart und Zukunft und zugleich eine Aufgabe, an der alle Wissenschaften beteiligt sind. Um einen sichtbaren Beitrag auf diesem Weg zu leisten, gibt SPRINGERNATURE die Buchreihe SDG – Forschung, Konzepte, Lösungsansätze zur Nachhaltigkeit heraus, in der Arbeiten aus allen Disziplinen publiziert werden können, die die wissenschaftliche Analyse oder die praktische Förderung von Nachhaltigkeit zum Ziel haben, wie sie insbesondere in den Nachhaltigkeitszielen der Vereinten Nationen definiert sind.

Wolfgang Hein

Nachhaltige Gesundheitsversorgung in Entwicklungsländern und Global Health Governance

Eine Einführung

Springer VS

Wolfgang Hein
GIGA German Institute of Global and Area Studies
GIGA Institut für Lateinamerika-Studien
Hamburg, Deutschland

ISSN 2731-8826 ISSN 2731-8834 (electronic)
SDG – Forschung, Konzepte, Lösungsansätze zur Nachhaltigkeit
ISBN 978-3-658-47223-8 ISBN 978-3-658-47224-5 (eBook)
https://doi.org/10.1007/978-3-658-47224-5

Die Deutsche Nationalbibliothek verzeichnet diese Publikation in der Deutschen Nationalbibliografie; detaillierte bibliografische Daten sind im Internet über https://portal.dnb.de abrufbar.

Planung/Lektorat: Jan Treibel
Springer VS ist ein Imprint der eingetragenen Gesellschaft Springer Fachmedien Wiesbaden GmbH und ist ein Teil von Springer Nature.
Die Anschrift der Gesellschaft ist: Abraham-Lincoln-Str. 46, 65189 Wiesbaden, Germany

Vorwort

Das vorliegende Buch ist aus einem Studienbrief hervorgegangen, der 2023 unter dem Titel „Gesundheitsversorgung in Entwicklungsländern. Nachhaltige Entwicklungszusammenarbeit“ für das Distance & Independent Studies Center der Rheinland-Pfälzischen Technischen Universität Kaiserslautern erstellt wurde. Dieser Studienbrief verbindet zwei Themenbereiche, die in der Literatur – zumal in der deutschsprachigen – selten miteinander in Verbindung gebracht werden, nämlich die Voraussetzungen und Bedingungen für eine nachhaltige Gesundheitsversorgung in Entwicklungsländern mit Global Health Governance in einer historischen Perspektive. Dabei geht es nicht so sehr um eine detaillierte institutionalistische und funktionalistische Analyse zu den verschiedensten Teilbereichen von Gesundheitspolitik, sondern um die Beziehungen zwischen Veränderungen in jeweils nationalstaatlich geprägten Kontexten und dem Wandel der globalen gesundheitlichen Herausforderungen und des Umgangs mit diesen in der sich herausbildenden Weltgesellschaft. Wer sich mit den Details von Global Health beschäftigen will, sei auf den monumentalen, von Mathias Bonk und Timo Ulrichs herausgegebenen Band zu diesem Thema verwiesen (Global Health. Das Konzept der Globalen Gesundheit, De Gruyter 2021).

Da von Seiten der RPTU keine Veröffentlichung von Studienbriefen vorgesehen ist, bin ich SpringerVS dankbar, dass mir die Möglichkeit geboten wird, diesen Text einem breiteren Publikum zugänglich zu machen. Ich danke vor allem auch Jan Treibel, dem zuständigen Lektor des Verlags, sowie Britta Laufer für die redaktionelle Betreuung.

Dieses Buch beruht auf Lernen und Diskussionen in vielfältigen Tagungen und Kooperationen im Bereich von Global Health und Global Governance. Eine sehr wichtige Rolle spielte dabei das Global Health Centre des Graduate Institute of

International and Development Studies in Genf, ganz besonders Ilona Kickbusch, die Gründerin und bis 2019 Direktorin des GHC, sowie Suerie Moon, die aktuelle Co-Direktorin. Zu nennen ist weiterhin der Leibniz Forschungsverbund Infections und hier die Kooperation mit Anne Harant (jetzt Robert-Koch-Institut), Julian Eckl (jetzt Universität St. Gallen) sowie den Kolleginnen und Kollegen am Bernhard-Nocht-Institut für Tropenmedizin und am Forschungszentrum Borstel. Umfangreiche Diskussionen über Globalisierung und Global Governance mit Joachim Betz, meinem ehemaligen Kollegen vom GIGA, Hamburg, und Georg Simonis, emeritierter Professor der FernUniversität in Hagen, sind in dieses Buch eingeflossen. Allen hier Genannten (und noch vielen anderen) habe ich zu danken.

Last not least danke ich meiner Frau, Brigitte Mármora, die bereitwillig auf einen beträchtlichen Teil der erhofften gemeinsamen Zeit im Ruhestand verzichtet hat.

Hamburg, Deutschland
Dezember 2024

Wolfgang Hein

Inhaltsverzeichnis

Abkürzungsverzeichnis

ACT-A	Access to COVID-19 Tools Accelerator
AIDS	Acquired Immune Deficiency Syndrome
AMR	Anti-Microbial Resistance
APA	Advance Purchase Agreement
AYUSH	Ayurveda, Yoga and Naturopathy, Unani, Siddha and Homeopathy (Indien, Name eines Ministeriums)
BJP	Bharatiya Janata Party (Indian People's Party)
BIP	Bruttoinlandsprodukt
BNE	Bruttonationaleinkommen
BoD	Burden of Disease
CCSS	Caja Costarricense de Seguro Social (Costa Rica)
CEPI	Coalition for Epidemic Preparedness
CHC	Community Health Centre (Indien)
CIA	Central Intelligence Agency (USA)
CIPIH	Commission on Intellectual Property Rights, Innovation and Public Health (WHO)
CPCR	Constitución Política de la República de Costa Rica
COP	Conference of the Parties; COPs des UNFCCC: Weltklimakonferenz
COVAX	Covid-19 Vaccines Global Access
COVID	Coronavirus disease
CSDH	Commission on the Social Determinants of Health (WHO)
CSO	Civil Society Organization
CSR	Corporate Social Responsibility
C-TAP	COVID-19 Technology Access Pool

DALY	Disability adjusted life years
DAC	Development Assistance Council (der OECD)
DAH	Development Assistance for Health
DC	Developing country
DDT	Dichlordiphenyltrichlorethan (Insektizid)
DGVN	Deutsche Gesellschaft für die Vereinten Nationen
DR Kongo	Demokratische Republik Kongo
DNDi	Drugs for Neglected Diseases Initiative
Dte.GHS	Directorate General of Health Services (Indien)
EBAIS	Equipo Básico de Atención Integral en Salud (Costa Rica)
EDUS	Expediente Digital Único en Salud („einheitliche digitale Gesundheitsakte“, Costa Rica)
EKG	Elektrokardiogramm
EL	Entwicklungsländer
EZ	Entwicklungszusammenarbeit
FAO	Food and Agriculture Organization of the United Nations
FBO	Faith-based organization
FODESAF	Fondo de Desarrollo Social y Asignaciones Familiares (Costa Rica)
GAP	Global Action Plan
GARDP	Global Antibiotic Research and Development Partnership
GATS	General Agreement of Trade in Services
GAVI	Global Alliance for Vaccines and Immunization (offizieller Name jetzt: „The Vaccines Alliance“)
GBD	Global Burden of Disease
GFATM	Global Fund to Fight AIDS, Tuberculosis and Malaria
GHG	Global Health Governance
GHO	Global Health Observatory (WHO)
GHSA	Global Health Security Agenda
GHSI	Global Health Security Initiative
GHP	Global Health Partnership
GIZ	Deutsche Gesellschaft für Internationale Zusammenarbeit
GNI	Gross national income
GPG	Global Public Good
GSPoA	Global Strategy and Plan of Action on Public Health, Innovation and Intellectual Property
GZ	Gesundheitszonen (DR Kongo)

EBAIS Equipo Básico de Atención Integral en Salud (Costa Rica)
EL Entwicklungsländer

EZ	Entwicklungszusammenarbeit
HDI	Human development index
HIC	High-income country
HIV	Human Immunodeficiency Virus
HLPF	(UN) High-level Political Forum
HSS	Health System Strengthening
HWC	Health and Wellness Centre (Indien)
IBRD	International Bank for Reconstruction and Development (Weltbank)
ICESCR	International Covenant on Economic, Social and Cultural Rights (Weltsozialpakt)
ICCMI	International Conference on Chemicals Management Issues
IFPMA	International Federation of Pharmaceutical Manufacturers & Associations
IGO	International Governmental Organization
IGV/IHR	Internationale Gesundheitsvorschriften (engl. International Health Regulations)
IHP	International Health Partnership
IHME	Institute for Health Metrics and Evaluation
IMAS	Instituto Mixto de Ayuda Social (Costa Rica)
INB	Intergovernmental Negotiating Body
INS	Instituto Nacional de Seguros (Costa Rica)
IOM	International Organization for Migration
IPPPR	Independent Panel for Pandemic Preparedness and Response
IVM	Invalidez, Vejez y Muerte (Costa Rica)
IWF	Internationaler Währungsfonds
LIC	Low-income country
LLDC	Least developed country
LMIC	Lower middle-income country
LNHO	League of Nations Health Organization
MDGs	Millennium Development Goals
MIC	Middle-income country
MHFW	Ministry of Health and Family Welfare
MSF	Médecins sans Frontières (Ärzte ohne Grenzen)
NHA	National Health Authority (Indien)
NCD	Non-communicable disease
NGO	Non-governmental Organization
NFHS	National Family Health Survey (Indien)
NHM	National Health Mission (Indien)

NRHM	National Rural Health Mission (Indien)
NUHM	National Urban Health Mission (Indien)
ODA	Overseas Development Assistance
OECD	Organisation for Economic Co-operation and Development
OHCHR	(UN) Office of the High Commissioner for Human Rights
OIHP	Office Internationale d'Hygiène Publique
OOP (auch OoP)	Out-of-Pocket
OPS	Organización Panamericana de la Salud (Panamerican Health Organization)
PAHO	Panamerican Health Organization
PEPFAR	President's Emergency Plan for AIDS Relief
PHC	Primary Health Care
PHC (India)	Primary Health Centre (Indien)
PHEIC	Public Health Emergency of International Concern
PLN	Partido Liberación Nacional (Costa Rica)
PM-JAY	Pradhan Mantri Jan Arogya Yojana (engl.: Ayushman Barat National Protection Scheme)
PNDS	Plan National de Développement Sanitaire (DR Kongo)
PPP	Purchasing Power Parity (dt. Kaufkraftparität)
PPPs	Public-Private Partnerships
PPPPR	Pandemic Prevention, Preparedness and Response
R&D	Research and Development
SARS	Severe acute respiratory syndrome
SCI	(Universal Health Coverage) Service Coverage Index
SDGs	Sustainable Development Goals
SDI	Sozial-demographischer Index
SEM	Seguro de Enfermedad y Maternidad (Costa Rica)
SHC	Sub Health Centre (Indien)
SPRF	Social Policy Research Foundation (Indien)
SSA	Sub-Saharisches Afrika/sub-Saharan Africa
SWAPs	Sector-wide approaches
TRIPS	Agreement on Trade-Related Aspects of Intellectual Property Rights
UHC	Universal Health Coverage (gelegentlich auch: Care)
UK	United Kingdom (of Great Britain and Northern Ireland)
UMIC	Upper middle-income country
UNAIDS	Joint United Nations Programme on HIV/AIDS
UNCTAD	United Nations Conference on Trade and Development

UNCED	United Nations Conference on Environment and Development
UNCHE	United Nations Conference on the Human Environment
UNDESA	United Nations Department of Economic and Social Affairs
UNDP	United Nations Development Programme
UNEP	United Nations Environment Programme
UNESCO	United Nations Educational, Scientific and Cultural Organization
UNFCCC	United Nations Framework Convention on Climate Change
UNFPA	United Nations Population Fund (ursprünglich: United Nations Fund for Population Activities)
UNICEF	United Nations International Children's (Emergency) Fund
UNITAID	United Nations International Drug Purchase Facility (in: Abkürzungsverzeichnis in UNITAID-Bericht; Ausgangspunkt: Besteuerung von Flugtickets)
UNHCR	United Nations High Commissioner for Refugees (heute auch: UN Refugee Agency)
UNPD	United Nations Population Division
USAID	United States Agency for International Development
WDR	World Development Report
WHA	World Health Assembly
WHO	World Health Organization
WTO	World Trade Organization
YLDs	Years Lived with Disability

Abbildungsverzeichnis

Tabellenverzeichnis

1 Einleitung

Zusammenfassung

Das einleitende Kapitel skizziert die extremen Unterschiede der Gesundheitssituation und -versorgung in unterschiedlichen Teilen der Welt, beschäftigt sich kritisch mit der immer noch verbreiteten Gegenüberstellung zwischen Industrie- und Entwicklungsländern und setzt dem die Perspektive einer globalen ungleichen und ungleichzeitigen Entwicklung entgegen. Die Ausbreitung von Infektionskrankheiten, die globale Verbreitung von Ernährungsgewohnheiten, aber auch der Ergebnisse medizinischer Forschung sowie die internationale Kooperation zur Förderung nachhaltiger Entwicklung verlangen ebenso wie das Verständnis von „Gesundheit“ als Menschenrecht eine globale Perspektive auf die Verbesserung der Gesundheitsversorgung in Entwicklungsländern (EL).

In Westeuropa und Nordamerika wird wahrscheinlich mehr über Gesundheit und Krankheit geredet als in vielen Entwicklungsländern. Krebs, Herzinfarkt, Schlaganfall, Diabetes, die richtige Ernährung, aber auch Reformen im Gesundheitssystem haben ein großes Gewicht in der öffentlichen Kommunikation, Arzt- und Krankenhausserien gehören zu den wichtigsten Themenbereichen im Fernsehprogramm. Und doch: Wir haben eine Lebenserwartung von 80 Jahren und mehr. Infektionskrankheiten wie COVID-19 werden eher vorübergehend als eine tödliche Gefahr angesehen. Einige Entwicklungen seit der Mitte des 19. Jahrhunderts haben dazu entscheidend beigetragen: Hygienebewusstsein und entsprechende Maßnahmen, medizinische Forschung und die Entwicklung von Medikamenten

W. Hein, *Nachhaltige Gesundheitsversorgung in Entwicklungsländern und Global Health Governance*, SDG – Forschung, Konzepte, Lösungsansätze zur Nachhaltigkeit, https://doi.org/10.1007/978-3-658-47224-5_1

und Impfstoffen, der Aufbau von umfassenden Gesundheits- und Krankenversicherungssystemen. Die Krankenversorgung (Ärzte, Krankenhäuser, Labors zur besseren Diagnose) wurde flächendeckend ausgebaut. Angesichts der verbreiteten Armut im 19. Jahrhundert ist aber vor allem auch auf die Entwicklung der Sozialpolitik hinzuweisen, Krankenversicherung bzw. Systeme nationaler Gesundheitsversorgung haben zunehmend verhindert, dass schwere Krankheiten ärmere Menschen ökonomisch ruinieren (auch wenn deren Lebenserwartung im Schnitt ein paar Jahre niedriger ist als die der Wohlhabenden).

In vielen Entwicklungsländern ist die Situation ganz anders: Heterogene gesellschaftliche Strukturen, völlig marginalisierte Regionen, viel geringere Gesundheitsausgaben und eine defizitäre gesundheitliche Infrastruktur charakterisieren die meisten dieser Länder. Daher zählen Krankheiten, an denen in den wohlhabenden Ländern nur noch wenige Menschen sterben, wie Tuberkulose, Cholera, Typhus, und Malaria (entgegen der verbreiteten Perzeption ist Malaria keine reine Tropenkrankheit, Lindgren & Ebi, 2010) in vielen armen Ländern weiterhin zu den häufigsten Todesursachen. Darauf wird das Kap. 2 detaillierter eingehen und die wichtigsten Daten präsentieren.

Auch wenn Daten zur Gesundheitssituation und -politik weitestgehend in Bezug auf nationale Gesellschaften erhoben und inter-national verglichen werden, sind die Determinanten von „Gesundheit" und die Folgen eines Mangels an Gesundheit global, obwohl sie sich regional ganz unterschiedlich auswirken mögen (etwa: Verbreitung von Infektionskrankheiten, medizinischer Fortschritt, Konsumgewohnheiten). Vor diesem Hintergrund ist klar, dass der Gesundheitssektor eine wichtige Rolle sowohl für nationale Entwicklungspolitik in armen Ländern spielt als auch in der internationalen Kooperation, wobei hier sowohl der Förderung nachhaltiger Entwicklung in diesen Ländern als auch der globalen Sicherheit vor der Ausbreitung von Infektionskrankheiten und den Auswirkungen politischer Instabilität in einzelnen Regionen, die zumindest teilweise durch Armut und Krankheit mitverursacht wird (Hein & Kohlmorgen, 2008), eine große Bedeutung zukommt.

Die Erfahrungen mit der COVID-19-Pandemie seit Anfang 2020 weisen darauf hin, dass das Problem der weltweiten Ausbreitung von Infektionskrankheiten auch weiterhin akut ist und Maßnahmen erfordert, die u. a. aufgrund von Implikationen in den Bereichen der Wirtschafts- und Finanzpolitik sowie der Akzeptanz internationaler Autorität weit über Gesundheitssysteme im engeren Sinne hinausreichen. Internationale Kooperation wurde verbreitet in einem neuen Licht gesehen, sowohl unter dem Sicherheitsaspekt als auch im Hinblick auf die internationale Verantwortung der reicheren Länder. Diese Aspekte werden an verschiedener Stelle in diesem Buch behandelt, so zunächst im Zusammenhang von Gesundheit und nachhaltiger

Entwicklung (Kap. 3) und ausführlicher für die Länderbeispiele (Kap. 5) sowie in den Kapiteln über internationale Kooperation (Kap. 6 und 7). Schließlich ist zu berücksichtigen, dass die Erfahrungen mit COVID-19 ebenso wie mit dem Klimawandel viele neue Diskussionen über weltgesellschaftliche Perspektiven und damit auch über die Bedeutung der globalen Gesundheit angestoßen haben.

Zuallererst einmal stellt sich Frage „Was sind überhaupt Entwicklungsländer“? Während der Begriff „Entwicklung“ bereits seit dem 18. Jahrhundert diskutiert wird (s. Kößler, 1998), wurde der Begriff „Entwicklungsländer“ erst im Zusammenhang mit den Verhandlungen um die Gründung der Vereinten Nationen 1944/45 verwendet. Er ersetzte Begriffe wie „rückständige“ oder „koloniale“ Länder, u. a. um die normativen Ansprüche der nachholenden Entwicklung und der Unabhängigkeit zum Ausdruck zu bringen. Die Charta der Vereinten Nationen, das am 26.06.1945 verabschiedete Gründungsdokument der UN, verlangt die Förderung „der Voraussetzungen für wirtschaftlichen und sozialen Fortschritt und Entwicklung“ (Art. 55) (DGVN, o.J.) Die Weltbank (International Bank for Reconstruction and Development, IBRD) wurde u. a. mit dem Ziel der Entwicklungsfinanzierung gegründet, war zunächst aber primär mit dem Wiederaufbau nach dem 2. Weltkrieg beschäftigt. 1949 wurde als erstes UN-Programm, das sich speziell der Entwicklungsförderung widmete, das *United Nations Expanded Programme of Technical Assistance* (UNEPTA) gegründet, und 1956 ergänzt durch den *Special United Nations Fund for Economic Development* (SUNFED). 1965 entstand aus beiden das Entwicklungsprogramm der (UN Development Programme, UNDP).

Die Definition des Begriffs „Entwicklungsland“ ist in der Fachliteratur umstritten. Während die Vereinten Nationen zunächst von geringem Industrialisierungsniveau, sozialer Rückständigkeit (Armut, schlechte Gesundheitsversorgung etc.) und einem niedrigen Prokopf-Einkommen als wichtigsten Indikatoren ausgingen, wurde die Diskussion über Entwicklung in den folgenden Jahrzehnten zunehmend komplexer. Als Ausgangspunkt kann die Definition in Wikipedia (Stichwort „Entwicklungsland“) dienen, die dem Online-Lexikon der Entwicklungspolitik auf der Webseite des Bundesministeriums für wirtschaftliche Zusammenarbeit und Entwicklung (Version von 2014) folgt.

▶ Als Entwicklungsland wird ein Land bezeichnet, bei dem die Mehrzahl seiner Bewohner hinsichtlich der wirtschaftlichen und sozialen Bedingungen einen messbar niedrigeren Lebensstandard haben. Dies äußert sich vor allem durch eine schlechte Versorgungslage mit Nahrungsmitteln und Konsumgütern, Armut, Unterernährung und Hunger, Einschränkungen bei der Gesundheitsversorgung, eine hohe Kindersterblichkeitsrate und eine geringe Lebenserwartung, mangelhafte Bildungsmöglichkeiten, eine hohe Analphabeten- und Arbeitslosenquote.

Wie kann „Entwicklung" gefördert werden? Zunächst dominierte in den westlichen Ländern die Vorstellung von bestimmten Entwicklungsphasen, die jedes Land durchlaufen müsse (Rostow, 1967); dieser Prozess könnte durch geeignete Maßnahmen beschleunigt werden. Seit Ende der 1960er-Jahre setzte sich zunehmend die Erkenntnis durch, dass ein einfacher Nachvollzug der Entwicklung der Industrieländer nicht möglich sei. Zu dieser Erkenntnis trugen vor allem die Diskussionen über Dependenz und den peripheren Kapitalismus bei. Die Einbindung in globale ökonomische Beziehungen (ob gewaltvermittelt wie im Falle des Kolonialismus oder marktvermittelt) produziert jeweils spezifische Strukturen, eine Weltmarkteinbindung über den Export fortgeschrittener Industrieprodukte ganz andere als eine solche über den Export von „Kolonialwaren" (Kaffee, Kakao, Zucker, Gewürze) bzw. von unverarbeiteten mineralischen Rohstoffen. Das Schaubild (Abb. 1.1) aus einem Text von Osvaldo Sunkel (1972) veranschaulicht die Unterschiede zwischen der relativen Bedeutung moderner, integrierter gesellschaftlicher Sektoren und marginalisierter unterentwickelter Sektoren in zentralen und peripheren Gesellschaften des kapitalistischen Weltsystems.

Mit der kritischen Entwicklungsdiskussion der 1970er-Jahre spielten differenziertere Kriterien zur Charakterisierung von Entwicklung und Unterentwicklung eine zunehmende Rolle (u. a. Strukturen der Weltmarktintegration, postkoloniale Situation, marginale (informelle) Sektoren, strukturelle Heterogenität); in der gleichen Zeit lässt sich auch eine kritische Diskussion von Grundannahmen der Modernisierungstheorie im Mainstream feststellen. Fragen wie die Erfüllung von

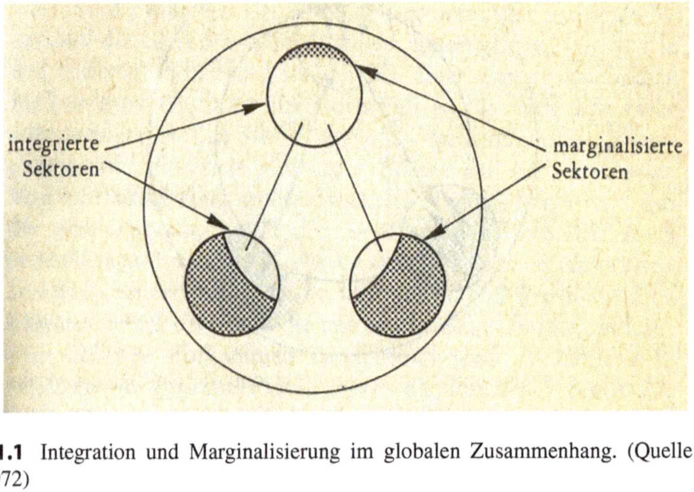

Abb. 1.1 Integration und Marginalisierung im globalen Zusammenhang. (Quelle: Sunkel, 1972)

Grundbedürfnissen und soziale Ungleichheiten treten in den Vordergrund. Der vom United Nations Development Programme 1990 eingeführte Index der menschlichen Entwicklung (*Human Development Index, HDI*) wird auf der Grundlage des Bruttoinlandsprodukts pro Kopf, der voraussichtlichen Dauer der Ausbildung eines Kindes im Einschulungsalter sowie der Lebenserwartung bei Geburt berechnet und bezieht damit einen gesundheitsbezogenen Wert in das Verständnis von „Entwicklung" ein (UNDP, 1990).

Diese Erkenntnisse führten dazu, dass gegenüber der Idee der nachholenden Entwicklung zunehmend Konzepte wie „ungleiche Entwicklung" (Entwicklung in einigen Regionen haben unterschiedliche, teilweise auch negative Auswirkungen auf andere Regionen) und „ungleichzeitige Entwicklung" an Bedeutung gewonnen haben. Letzteres bedeutet, dass der Wandel bestimmter gesellschaftlicher Bereiche in verschiedenen Gesellschaften unter unterschiedlichen Rahmenbedingungen angesichts der Auswirkungen des Entwicklungsstandes in jeweils fortgeschritteneren Regionen stattfindet. Die Übernahme von Maßnahmen zur Reduktion von Säuglings- und Kindersterblichkeit (Hygiene, Impfungen) hat erfreulicherweise in den meisten armen Ländern zu einem deutlichen Anstieg der Lebenserwartung und damit auch der Bevölkerungszahl geführt, womit allerdings der Ausbau der Gesundheitssysteme nicht Schritt halten konnte. Auch die Problematik des Zugangs zu Medikamenten verdeutlicht das Phänomen der ungleichzeitigen Entwicklung: Ob neue Medikamente und Behandlungsmethoden in einem Land mit hohen Ausgaben für Gesundheit entwickelt werden, oder ob dieselben Medikamente von einem armen Land mit sehr niedrigen Gesundheitsausgaben importiert werden müssen, macht einen erheblichen Unterschied – und zwar sowohl im Hinblick auf die weitere Entwicklung der Innovationskapazität als auch in Bezug auf die Möglichkeiten, diese, im allgemeinen teureren Medikamente allen, die sie benötigen, zur Verfügung zu stellen. Im Abschn. 2.4 wird auf diese Problematik genauer eingegangen.

Die zunehmende Differenzierung innerhalb der Entwicklungsländer führte zur Einführung neuer Kategorien wie die „am wenigsten entwickelten Länder" (*Least developed countries/LLDCs*), Schwellenländer (*Newly industrializing countries/ NICs*) und *emerging powers* (große Schwellenländer, die die Industrieländer politisch herausfordern wie Brasilien, China, Indien und evtl. Südafrika). Gleichzeitig wurde die Vorbildfunktion der „alten" Industrieländer (u. a. die Nachhaltigkeit ihrer Entwicklungspfade) infrage gestellt, so dass die Dichotomie „Entwickelte/ Industrieländer vs. Entwicklungsländer" seit den 1980er-Jahren verbreitet durch differenziertere Bezeichnungen ersetzt wurde. Gar nicht mehr korrekt ist der Begriff der „Industrieländer": Die Industrieproduktion ist im Rahmen der Globalisierung sukzessive in Schwellenländer und andere Niedriglohnländer verlagert worden; der Anteil der Industrieproduktion am Bruttoinlandsprodukt ist in den „alten“ Industrieländern inzwischen niedriger als in einigen der fortgeschritteneren Entwicklungsländern, weshalb der Begriff irreführend ist. Besser ist da eine differenziertere Unterscheidung auf der Basis des Pro-Kopf-Einkommens (Weltbank: *High Income (HICs), Upper and Lower Middle Income (U/LMICs), Low Income Countries (LICs)*) oder eines multidimensionalen Indikators wie des *Human Development Indexes (HDI)*. Aktuell (2025 fiscal year[1]), sind „low-income economies“ definiert als solche mit einem Bruttonationaleinkommen (BNE) pro Kopf (berechnet nach der sog. World Bank Atlas-Methode[2]) von $1.145 oder weniger im Jahre 2023; „lower middle-income economies“ jene mit einem pro-Kopf-BNE zwischen $1.146 und $4.515; „upper middle-income economies“ mit Werten zwischen $4.516 und $14.005; „high-income economies“ einem pro-Kopf-BNE von mehr als $14.005 (World Bank, 2024).

In diesem Text wird der Begriff „Entwicklungsländer“ für alle nicht zu den „high income countries“ zählenden Länder verwendet, was nicht der Klassifizierung in den UN-Statistiken entspricht, die sich weiterhin an längst vergangenen Positionen orientiert (so werden etwa Südkorea, Taiwan und selbst Singapur, eines der Länder mit dem aktuell weltweit höchsten Pro-Kopf-Einkommen und dem 5. Platz in der Rangliste des HDI, gleichauf mit Dänemark, weiterhin als „Entwicklungsländer“ klassifiziert, s. UNDESA, 2022, Annex). Der Einfachheit halber wird auch häufig von „reichen“ (HICs) und „armen“ Ländern (LICs) sowie Schwellenländern (MICs) gesprochen.

Wie schon angedeutet, wurde die Vorbildfunktion der alten Industrieländer schließlich auch durch den nicht-nachhaltigen Charakter von deren eigener historischer Entwicklung, basierend auf Ressourcenverschwendung, die umfangreiche Nutzung fossiler Brennstoffe mit den entsprechenden Auswirkungen auf den Klimawandel und einer mangelnden Nachhaltigkeit des westlichen Industrialisierungsmodells, infrage gestellt; viele der heutigen globalen Umweltprobleme hängen mit diesem Entwicklungsweg zusammen – eine Entwicklung, die diesem Weg folgt, in Ländern, in denen heute mehr als zwei Drittel des Menschheit leben,

---

[1] Im Rahmen des internationalen Rechnungswesens benutzt die Weltbank im Allgemeinen den Begriff des “fiscal years” (vom 1.7. des Vorjahres bis zum 30.6. des genannten Jahres, also fiscal year 2025 vom 1.7.2024 bis 30.6. 2025).

[2] Für die Berechnung des Bruttonationaleinkommens (Gross National Income) pro Kopf in US$ nutzt die Weltbank den sog. Atlas-Konversionsfaktor anstelle von aktuellen Wechselkursen, um die Auswirkungen der Fluktuation von Wechselkursen zu reduzieren. Dabei werden die durchschnittlichen Wechelkurse aus dem laufenden Jahr und der beiden Vorjahre berücksichtigt, sowie die Differenz zwischen der Inflationsrate des jeweiligen Landes zur durchschnittlichen weltweiten Inflation.

kann nur in eine globale Katastrophe führen. Bereits 1972 fand in Stockholm die erste Konferenz der Vereinten Nationen über die Umwelt des Menschen, kurz UNCHE (engl. United Nations Conference on the Human Environment) statt, die Ausdruck der beginnenden Kritik an der fehlenden ökologischen Nachhaltigkeit des westlichen Industrialisierungsmodells war. In den 1980er-Jahren wurde diese Kritik verstärkt durch Analysen und Diskussionen über den Zusammenhang zwischen einem primär auf fossilen Energiequellen beruhenden Industrialisierungs- und Konsummodell und einem weltweiten Klimawandel. Was bedeutet „nachhaltige Entwicklung"?

Der sog. Brundtland-Bericht, der 1987 veröffentliche Abschlussbericht der Weltkommission für Umwelt und Entwicklung (1987), lieferte die bis heute weitgehend akzeptierte Definition: Nachhaltige (in der deutschen Übersetzung zunächst „dauerhafte") Entwicklung ist die Übersetzung des englischen Begriffs sustainable development.

▶ Dauerhafte Entwicklung ist Entwicklung, die die Bedürfnisse der Gegenwart befriedigt, ohne zu riskieren, daß künftige Generationen ihre eigenen Bedürfnisse nicht befriedigen können… Im Wesentlichen ist dauerhafte Entwicklung ein Wandlungsprozeß, in dem die Nutzung von Ressourcen, das Ziel von Investitionen, die Richtung technologischer Entwicklung und institutioneller Wandel miteinander harmonieren und das derzeitige und künftige Potential vergrößern, menschliche Bedürfnisse und Wünsche zu erfüllen (Weltkommission für Umwelt und Entwicklung, 1987: 46, 49).

Der Brundtland- Bericht stellte eine wichtige Grundlage für die UN-Konferenz über Umwelt und Entwicklung (UNCED) in Rio de Janeiro im Jahre 1992 dar, die den Ausgangspunkt für die internationale Umweltpolitik der letzten Jahrzehnte bildet.

„Nachhaltige Entwicklung" verbindet somit die Problematik ökologischer Belastung mit der Notwendigkeit, die ökonomischen Voraussetzungen für soziale Entwicklung (im Sinne von Bedürfnisbefriedigung) zu schaffen – und zwar unter Erhaltung der sozioökologischen Voraussetzungen für zukünftige Generationen. Dies wird häufig in Form des sog. Nachhaltigkeitsdreiecks (Abb. 1.2) dargestellt.

Diese kurze Einführung in das Thema „Entwicklung" weist auf Bedingungen hin, mit denen sich arme Länder beim Auf-/Ausbau ihres Gesundheitssystems konfrontiert sehen – jedenfalls reicht es offenbar nicht aus, sich einfach am Vorbild der alten Industrieländer zu orientieren. Wie gezeigt wurde, hängt dies mit den Problemen der ungleichen und ungleichzeitigen Entwicklung im Weltsystem zusammen, aber auch mit der mangelnden Nachhaltigkeit des Entwicklungsweges der alten Industrieländer.

Abb. 1.2 Nachhaltigkeitsdreieck (© planspielagentur.de/W. Kämpfe)

Dies betrifft die Gesundheitspolitik sowohl in Bezug auf die Herausforderungen (etwa durch Umweltprobleme, Auswirkungen von Lebensformen und Konsummodellen der reichen auf die Entwicklung in den armen Ländern und damit auch entsprechender Krankheiten wie Herz-Kreislauf-Erkrankungen und Krebs) als auch auf ihre Antworten (High-Tech-Medizin, ihre Kosten und Übertragbarkeit auf arme Regionen, Dominanz der „Chemie" und ihre Nebenwirkungen, Vertrauen in Antibiotika und die Entwicklung von Resistenzen). „Gesundheit" stellt einen zentralen Aspekt der Bedürfnisse in der Gegenwart dar, wobei gleichzeitig die zukünftigen gesundheitlichen Folgen der Politik in allen Bereichen im Auge behalten werden müssen. Eine große Herausforderung bildet dabei auch die Kontrolle der (potenziell weltweiten) Verbreitung von Infektionskrankheiten. Diese verschiedenen Dimensionen von Gesundheitspolitik kommen auch in der Bedeutung, die dem Gesundheitsbereich im Rahmen der *Millennium Development Goals* (MDGs) aus dem Jahre 2000 sowie der 2015 verabschiedeten *Sustainable Development Goals* (SDGs) beigemessen wird, zum Ausdruck (s. Kap. 3).

Was aber ist überhaupt „Gesundheit"? Nach der Definition der WHO ist Gesundheit „ein Zustand des vollständigen körperlichen, geistigen und sozialen Wohlergehens und nicht nur das Fehlen von Krankheit oder Gebrechen." (Verfassung der Weltgesundheitsorganisation (1946),[3] Präambel) Vor allem die Aspekte des geistigen und sozialen Wohlergehens verweisen auf eine starke individuelle Komponente im Verständnis von Gesundheit, die wiederum auch mit kulturellen

[3] Offenbar liegt eine deutsche Übersetzung der WHO-Verfassung im Internet nur in Form dieser Schweizer Ratifikationsurkunde vor. Selbst das Stichwort „Weltgesundheitsorganisation (WHO)" der Wissenschaftlichen Dienste des Deutschen Bundestags enthält den Hinweis „Eine deutschsprachige Übersetzung ist abrufbar auf der Webseite des Bundesrates der Schweiz". (s. https://www.bundestag.de/resource/blob/645812/e382539acdd205358b958cb7a9e8ba53/WD-2-013-19-pdf-data.pdf), abgerufen 19.11.2024.

Differenzen zusammenhängt. Die weiteren Absätze der Präambel verweisen auf die Rolle von Gesundheit als Menschenrecht „sowie als ein globales öffentliches Gut“:

> „Der Besitz des bestmöglichen Gesundheitszustandes bildet eines der Grundrechte jedes menschlichen Wesens, ohne Unterschied der Rasse, der Religion, der politischen Anschauung und der wirtschaftlichen oder sozialen Stellung.
>
> Die Gesundheit aller Völker ist eine Grundbedingung für den Weltfrieden und die Sicherheit; sie hängt von der engsten Zusammenarbeit der Einzelnen und der Staaten ab. Die von jedem einzelnen Staate in der Verbesserung und dem Schutz der Gesundheit erzielten Ergebnisse sind wertvoll für alle.
>
> Ungleichheit zwischen den verschiedenen Ländern in der Verbesserung der Gesundheit und der Bekämpfung der Krankheiten, insbesondere der übertragbaren Krankheiten, bildet eine gemeinsame Gefahr für alle.“

Die Einfügung des Wortes „bestmöglich“ („auf das für ihn erreichbare Höchstmaß“ im rechtsverbindlichen UN-Sozialpakt, dem *International Covenant on Economic, Social and Cultural Rights, ICESCR*; 1966) verweist auf Beschränkungen, die sich aus individuellen Voraussetzungen ergeben (Behinderungen bei Geburt, Folgen persönlichen riskanten Verhaltens). Die letzten beiden Absätze verweisen darauf, dass Gesundheitspflege nicht nur ein individuelles und nationales Gut darstellt, sondern ein globales. Darauf wird vor allem im Abschn. 6.3 ausführlicher eingegangen.

Diese einleitenden Überlegungen weisen auf eine Reihe von Themen hin, die grundlegend zum Verständnis des Themas „Gesundheitsversorgung und nachhaltige Entwicklung in Entwicklungsländern“ sind und die in den einzelnen Kapiteln dieses Buches behandelt werden:

- *Gesundheitssituation in Entwicklungsländern*: Die typischen Probleme werden im Allgemeinen als Defizite gegenüber der Situation in den reichen Ländern dargestellt. Es gibt allerdings auch erhebliche Differenzen zwischen Gruppen von Entwicklungsländern, in denen natürlich einerseits Unterschiede im Pro-Kopf-Einkommen eine Rolle spielen, andererseits aber auch deren spezifische Verortung im globalen Zusammenhang, die jeweiligen Umweltbedingungen und Pfade politischer Entwicklung (Kap. 2 und 3).
- Während das Gesundheitssystem sich im Allgemeinen mit der Bekämpfung (und Prävention) von Krankheiten beschäftigt, ist der Gesundheitszustand einer Gesellschaft von vielen anderen Faktoren abhängig (u. a. Ernährung, Zugang zu sauberem Wasser, Verkehrssicherheit, militante Konflikte, politisches System und politische Kultur). In diesem Sinne wird das Konzept „*Health in all policies*“ eingeführt (Kickbusch & Buckett, 2010) (Abschn. 2.3).

- Gesundheit ist ein *konstitutives Element nachhaltiger Entwicklung*. In diesem Zusammenhang ist das Konzept nachhaltiger Entwicklung genauer zu klären ebenso wie die Wechselbeziehung zwischen Gesundheit und anderen Aspekten von nachhaltiger Entwicklung: Wichtige Aspekte ökologischer Nachhaltigkeit, vor allem auch die Bewältigung der Folgen des Klimawandels, sind Voraussetzung für ein gesundes Leben, während gleichzeitig „nachhaltige Entwicklung" ohne die Förderung des „höchsten erreichbaren Maßes an physischer und geistiger Gesundheit" nicht denkbar ist. (Abschn. 3.1).
- Dies kommt in den *Millennium Development Goals (MDGs)* zunächst in dem großen Gewicht zum Ausdruck, das gesundheitspolitischen Zielen gegeben wird. In den 2015 verabschiedeten *Sustainable Development Goals (SDGs)* wird dann die Verschränkung zwischen Gesundheit und anderen Aspekten nachhaltiger Entwicklung noch erheblich deutlicher (Abschn. 3.2 und 3.3).
- Im Mittelpunkt der Förderung von Gesundheit in Entwicklungsländern stehen die jeweiligen *Gesundheitssysteme;* hierzu wird eine Übersicht gegeben. Der historische Hintergrund sowie die aktuelle Entwicklung von Gesundheitssystemen in unterschiedlichen Ländergruppen werden skizziert. Dabei wird die Annäherung an das Ziel eines universellen Zugangs zur Gesundheitsversorgung (*Universal Health Coverage, UHC*) seit etwa 2010 zunehmend als zentraler Messwert für die Qualität der nationalen Gesundheitsversorgung angesehen (Kap. 4 und 7).
- Um den Zusammenhang zwischen Gesundheitsversorgung und den jeweiligen nationalen Entwicklungspfaden und Rahmenbedingungen besser zu verstehen, werden *Fallstudien zu drei sehr unterschiedlichen Ländern* präsentiert, die die Vielfalt von Entwicklungsprozessen im Gesundheitsbereich verdeutlichen: Costa Rica, Indien und die Demokratische Republik Kongo (Kap. 5); in einem abschließenden Unterkapitel (Abschn. 5.5) wird der unterschiedliche Umgang mit COVID-19 vergleichend dargestellt. Auf die begrenzten Möglichkeiten, die länderspezifischen Entwicklungspfade und Rahmenbedingungen durch internationale Gesundheitspolitik zu beeinflussen, wird hingewiesen.
- Die Entwicklung der *Internationalen Gesundheitspolitik* hin zu einem komplexen System der Interaktion vielfältiger Akteure im Rahmen von Global Health Governance (GHG) wird zunächst im Hinblick auf Aspekte internationaler Regulierung sowie der Bereitstellung globaler öffentlicher Güter, die weltweit zur Erhaltung von Gesundheit unabdinglich sind (z. B. Kooperation zur Kontrolle von Infektionskrankheiten, u. a. auch im Zusammenhang mit der COVID-19 Pandemie), diskutiert (Kap. 6).
- Kap. 7 konzentriert sich auf die *Internationale Kooperation zur Förderung nationaler Gesundheitsversorgung* in Entwicklungsländern. Dies betrifft einer-

seits unterschiedliche Strategien der internationalen Kooperation sowie der Mobilisierung der notwendigen Ressourcen und der Schaffung nachhaltiger Rahmenbedingungen für Gesundheit.

Dabei durchzieht die Spannung zwischen global orientierten normativen Zielen (etwa: Definitionen von Gesundheit in der WHO-Verfassung, im UN-Sozialpakt sowie Zielvorgaben in den Sustainable Development Goals) und dem effektiven Potenzial einer nachhaltigen Gesundheitsversorgung in jedem einzelnen Land dieses Buch. Ziel ist es, das „effektive Potenzial" in drei Schritten herauszuarbeiten:

(1) Bestandsaufnahme der realen Situation von Gesundheit und Gesundheitsversorgung im Überblick
(2) Handlungspotenzial nationalstaatlicher Gesundheitspolitik (Schwerpunkt Entwicklungsländer)
(3) Inter- und transnationale Kooperation: Schritte zur Annäherung an das Ziel „globale Gesundheit"?

Literatur

DGVN (Deutsche Gesellschaft für die Vereinten Nationen). (o.J.). *Charta der Vereinten Nationen und Statut des Internationalen Gerichtshofs*. DGVN.

Hein, W., & Kohlmorgen, L. (2008). Global health governance: Conflicts on global social rights. *Global Social Policy, 1/2008*, 80–108.

Kickbusch, I., & Buckett, K. (Hrsg.). (2010). *Implementing health in all policies: Adelaide 2010*. Department of Health, Government of South Australia.

Kößler, R. (1998). *Entwicklung*. Westf. Dampfboot.

Lindgren, E., & Ebi, K. L. (2010). Climate change and communicable diseases in the EU Member States. In *Handbook for national vulnerability, impact and adaptation assessments*. European Centre for Disease Prevention and Control.

Rostow, W. W. (1967). *Stadien wirtschaftlichen Wachstums. Eine Alternative zur marxistischen Entwicklungstheorie* (2. Aufl.). Vandenhoeck & Ruprecht.

Sunkel, O. (1972). Transnationale kapitalistische Integration und nationale Desintegration: Der Fall Lateinamerika. In D. Senghaas (Hrsg.), *Imperialismus und strukturelle Gewalt* (S. 258–315). Suhrkamp.

UNDP (United Nations Development Programme). (1990). *Human development report 1990*. Oxford University Press.

United Nations. Department of Economic and Social Affairs (UNDESA). (2022). *World economic situation and prospects 2022. Annex. Data sources, country classifications and aggregation methodology*. https://www.un.org/development/desa/dpad/wp-content/uploads/sites/45/WESP2022_ANNEX.pdf. Zugegriffen am 25.09.2024.

Verfassung der Weltgesundheitsorganisation. (1946). unterzeichnet in New York am 22. Juli 1946, Ratifikationsurkunde von der Schweiz hinterlegt am 29. März 1947. https://www.admin.ch/ch/d/sr/i8/0.810.1.de.pdf. Zugegriffen am 25.09.2024.

Weltkommission für Umwelt und Entwicklung. (1987). *Unsere gemeinsame Zukunft. Der Brundtland-Bericht der Weltkommission für Umwelt und Entwicklung*. Eggenkamp.

Wikipedia. *Stichwort „Entwicklungsland"*. https://de.wikipedia.org/wiki/Entwicklungsland. Zugegriffen am 11.07.2024.

World Bank. (2024). *World Bank country and lending groups. Country classification.* https://datahelpdesk.worldbank.org/knowledgebase/articles/906519-world-bank-country-and-lending-groups. Zugegriffen am 25.09.2024.

Gesundheitssituation in Entwicklungsländern

2

Zusammenfassung

Die wichtigsten Gesundheitsindikatoren werden erläutert und die wichtigsten Trends in der Weltgesundheit dokumentiert. Dabei werden die Unterschiede zwischen Ländern mit hohem und solchen mit niedrigem Einkommen herausgearbeitet und auf markante Differenzen zwischen verschiedenen Gruppen von Entwicklungsländern (regional und nach Niveau der wirtschaftlichen Entwicklung) hingewiesen. Dabei ist zu berücksichtigen, dass viele der relevanten Daten primär in Bezug auf nationale Gesellschaften und die weiterhin verbreiteten Kategorien „entwickelte vs. unterentwickelte" Länder vorliegen.

Nachdem im einleitenden Kapitel die zentralen Charakteristika der Entwicklungsländer skizziert wurden, werden in diesem Kapitel werden nun zunächst die wichtigsten Gesundheitsindikatoren erläutert. Anhand dieser Indikatoren wird eine Übersicht über die wichtigsten Trends in der Weltgesundheit gegeben, wobei einerseits die Unterschiede zwischen Ländern mit hohem und solchen mit niedrigem Einkommen herausgearbeitet werden, andererseits auf markante Unterschiede zwischen verschiedenen Gruppen von Entwicklungsländern untereinander (regional und nach Niveau der wirtschaftlichen Ent wicklung) hingewiesen wird.

Wichtige Informations- und Datenquellen zur Gesundheitssituation in Entwicklungsländern liefern neben spezifischen Artikeln, die in diesem Kapitel zitiert werden, primär die Weltbank (*World Development Indicators*); die WHO (WHO Fact sheets; *Global Health Estimates*, Global Health Observatory) sowie Beiträge

W. Hein, *Nachhaltige Gesundheitsversorgung in Entwicklungsländern und Global Health Governance*, SDG – Forschung, Konzepte, Lösungsansätze zur Nachhaltigkeit, https://doi.org/10.1007/978-3-658-47224-5_2

von Lancet[1] Arbeitgruppen zu zentralen Problem (*Universal Health Coverage Collaborators*; *Lancet Countdown on Health and Climate Change*). Schließlich ist auch auf das *Institute for Health Metrics and Evaluation (IHME)* hinzuweisen, das vor allem visualisierte Übersichten der wichtigsten Daten zu Global Health und zur Gesundheitsfinanzierung durch staatliche und nichtstaatliche Akteure zur Verfügung stellt (angebunden an die University of Washington School of Medicine in Seattle und mit erheblicher Unterstützung durch die Bill & Melinda Gates Foundation).

2.1 Gesundheit in Industrie- und Entwicklungsländern

Welches sind die wichtigsten Indikatoren für den Gesundheitszustand einer Gesellschaft bzw. irgendeiner anderen sozialen Einheit sowohl im räumlichen (etwa einer Provinz oder eines Stadtteils) Sinne als auch im Sinne sozialer Schichten (etwa: Einkommensgruppen, Berufsgruppen usw.)? Wir werden in diesem Buch vor allem die folgenden Indikatoren benutzen, wobei im Wesentlichen die Definitionen der Weltgesundheitsorganisation benutzt werden.

▶ • Lebenserwartung: Wenn nicht weiter spezifiziert, ist die Lebenserwartung bei Geburt gemeint; es kann aber auch sinnvoll sein, die verbleibende Lebenserwartung nach Erreichen eines bestimmten Alters anzugeben – etwa in Ländern mit hoher Säuglings- und Kindersterblichkeit die Lebenserwartung nach Erreichen des 5. Lebensjahres.

▶ • Säuglings- und Kindersterblichkeit: Anteil der Kinder, die vor Erreichung des ersten Lebensjahres bzw. im Zeitraum der ersten fünf Lebensjahre sterben (bezogen auf 1000 Lebendgeburten).

▶ • Müttersterblichkeit: Tod einer Frau während der Schwangerschaft oder innerhalb von 42 Tagen nach Beendigung der Schwangerschaft aufgrund von Ursachen, die in Beziehung zur Schwangerschaft oder deren Behandlung stehen oder durch diese verschlechtert werden (meist bezogen auf 100.000 Schwangerschaften).

[1] Die Zeitschrift Lancet ist eine der ältesten (gegr. 1823) und wichtigsten internationalen medizinischen Fachzeitschriften (https://www.thelancet.com/).

- Todesursachen: Medizinisch wird eine (konkrete) Erkrankung oder äußere Gewalteinwirkung als Todesursache bezeichnet. Zu den Todesursachen im weiteren Sinn zählen Ereignisse und Umstände, die Todesfälle nach sich ziehen können, zum Beispiel übermäßiger Alkoholkonsum.

- Verbreitung bestimmter Krankheiten: Typische Häufigkeit von Krankheiten je nach Entwicklungsniveau (Ausgangspunkt: Infektionskrankheiten als „Krankheiten der Armen", chronische Krankheiten als „Krankheiten der Reichen": s. Weltgesundheitsbericht 2000).

- Burden of Disease (BoD): Das Projekt *Global Burden of Disease (GBoD)* hat sich die Erfassung der gesellschaftlichen Belastung durch Krankheiten (Summe der Auswirkungen von Todesfällen, Krankheitsverlauf, Behinderung und Risikofaktoren) in Ländern und Bevölkerungsgruppen, zur Aufgabe gemacht (Maßeinheit *Disability-Adjusted Life Years (DALYs)*, s. folgender Punkt) (Murray et al., 1994).

- Der Indikator „Verlust an Jahren gesunden Lebens" (*Disability Adjusted Life Years, DALYs*) wurde 1993 von der Weltbank in einer Studie zur globalen Belastung durch Krankheiten eingeführt und errechnet sich aus dem Verlust an Lebensjahren als Folge eines frühzeitigen Todes durch Krankheit oder Unfall sowie durch einen Indikator, der auf der Grundlage vorhandener Untersuchungen bzw. durch Expertenbefragung zum Grad der Behinderung durch die Folgen einer Krankheit ermittelt wird (World Bank, 1993: 26). Es „beschreibt den Unterschied zwischen einer tatsächlichen Situation und einer idealen Situation, in der jede Person bei voller Gesundheit bis zu dem Alter lebt, das den Standardwerten der Lebenserwartung entspricht" (Wikipedia, Stichwort DALY).[2]

Die Tab. 2.1 und 2.2 und die Abb. 2.2 und 2.3 geben einen Überblick über grundlegende Unterschiede der Gesundheitssituation in armen und reichen Ländern. Angesichts der im einleitenden Kapitel skizzierten Differenzierung innerhalb der Entwicklungsländer wurden diese in Tab. 2.1 bereits nach drei verschiedenen Einkommensgruppen differenziert (LICs, LMICs und UMICs): Die drei Basisindikatoren „Lebenserwartung", „Säuglingssterblichkeit" und „Unterernährung von Kindern" (gemessen als Wachstumsrückstand in Bezug auf Größe und Gewicht,

[2] Für eine detailliertere Diskussion der DALYs vgl. WHO 2020, WHO methods and data sources for global burden of disease estimates 2000–2019 (https://cdn.who.int/media/docs/default-source/gho-documents/global-health-estimates/ghe2019_daly-methods.pdf?sfvrsn=31b25009_7).

Tab. 2.1 Basisindikatoren zur Gesundheitssituation in unterschiedlichen nationalen Einkommensgruppen

	Lebenserwartung bei Geburt		Säuglingssterblichkeit (je 1000 Lebendgeborene)		Unterernährung (%), 0–5 Jährige, (nach Gewicht)	Inzidenz v. Tuberkulose (je 100.000 Einw.)
Jahr	1990	2021	1990	2021	2022	2022
Low income	49,7	62,5	108,9	46,8	6,7	181,0
Lower middle income	58,6	66,5	83,2	34,8	9,6	206,0
Upper middle income	67,4	74,9	43,4	11,1	2,1	95,0
High income	74,4	78,8	10,7	4,2	0,4	8,9

Quellen: World Bank Databank, https://databank.worldbank.org/source/health-nutrition-and-population-statistics, Series: Life expectancy at birth; mortality rates. Infant; prevalence of wasting; incidence of tuberculosis

Tab. 2.2 Todesursachen nach Einkommensgruppen

	Infektionskrankheiten Müttersterblichkeit Mangelernährung*		Nicht-ansteckende Krankheiten**		Verletzungen (Verkehrsunfälle)***	
Jahr	2000	2019	2000	2019	2000	2019
Low Income	65,4 %	46,8 %	26,6 %	42,2 %	8,0 (2,1) %	11,0 (4,0) %
Lower middle income	47,6 %	28,6 %	44,1 %	62,6 %	8,2 (2,0) %	8,8 (2,5) %
Upper middle income	13,9 %	8,2 %	77,7 %	84,2 %	10,4 (3,0) %	7,7 (2,4) %
High income	6,6 %	6,6 %	87,3 %	87,8 %	6,1 (1,6) %	5,6 (0,9) %

* sog. Armutsbezogene Krankheiten

** lange auch „Krankheiten der reichen Länder, vor allem Krebs, Herz Kreislauferkrankungen, neurologische psychische Erkrankungen"

+++ Unfälle, Naturkatastrophen und Gewalt

Quelle: WHO, Global Health Estimates 2019: Estimated Deaths by Cause and Region (url: https://www.who.int/docs/default-source/gho-documents/global-health-estimates/ghe2019_cod_wbincome_2000_201933383745-a750-4d94-8491-fb209dcece6f.xlsx?sfvrsn=e7bafa8_5, abgerufen 17.11.2024

wobei Kinder bei unter 20 % des durchschnittlichen altersgemäßen Gewichts bzw. der entsprechenden Körpergröße, als unterernährt gelten, detailliertere Diskussion in WHO, 2024) http://apps.who.int/nutrition/landscape/help.aspx?menu=0&helpid=391&lang=EN) werden ergänzt durch die Prävalenz offener Tuberkulose. Lebenserwartung und Säuglingssterblichkeit haben sich zwar in allen Einkommensgruppen zwischen 1990 und 2015 deutlich verbessert, wobei sich allerdings die Werte zwischen den LICs und den UMICs im Allgemeinen stärker unterscheiden als zwischen den UMICs und den HICs.

Wie die Daten der Tab. 2.2 zeigen, bestehen ebenfalls große Unterschiede in den typischen Todesursachen zwischen entwickelten Ländern (HICs) und Entwicklungsländern (UMCs, LMCs und LICs), aber auch zwischen verschiedenen Gruppen von Entwicklungsländern je nach Einkommensniveau. Diese Tabelle beruht auf WHO-Daten zu den Jahren 2000 und 2019: Dabei wird deutlich, dass noch im Jahre 2000 ein markanter Unterschied zwischen den typischen „Krankheiten der Armen" (vor allem Infektionskrankheiten) und den „Krankheiten der Reichen" (vor allem Krebs und einer Reihe chronischer Krankheiten) bestand, sehr deutlich in den Ländern mit niedrigen Einkommen (LICs) und, etwas weniger ausgeprägt, in den LMICs. Diese Unterschiede reduzierten sich bis 2021/2022 erheblich; dabei rückt die Gruppe der UMICs in der Struktur der Todesursachen noch näher an die HICs, als das schon 2000 der Fall war.

Insgesamt zeigen die Daten, dass in den LICs und LMICs auch die Belastung durch nicht-ansteckende Krankheiten deutlich zunimmt, während die „Krankheiten der Armen" weiterhin eine starke Rolle spielten, weshalb häufig auch von einer „doppelten Krankheitslast" (Double Burden of Disease) gesprochen wird. In Bezug auf Verletzungen als Todesursache sind vor allem zwei Aspekte wichtig: „Collective Violence" (Krieg, soziale Unruhen) spielt in der Gruppe der LICs mit 1,2 % (2000) und 1,6 % (2019) aller Sterbefälle eine erheblich größere Rolle als weltweit (0,1/0,2 %); der Anteil von Verkehrsunfällen an den Todesursachen steigt in den LICs und LMICs von 2000 bis 2019 deutlich an, während sie in den UMICs und den HICs sinken (siehe Tab. 2.2). Dies reflektiert einerseits die wachsende Bedeutung der Mobilität, aber gleichzeitig die hohe Unsicherheit der Verkehrsmittel und -wege in den ärmeren Ländern sowie eine verbesserte Sicherheit in den UMICs und HICs.

Abb. 2.2 zeigt die regionale Belastung durch Krankheiten („Burden of Disease") basierend auf Daten zu den jeweiligen *WHO-Regionen* (s. Exkurs) absolut und in Bezug auf die relative Bedeutung der einzelnen Krankheiten. „Burden of Disease" (BoD) bezieht sich, wie oben betont, nicht nur auf Todesursachen, sondern auch auf die Folgen von Krankheiten im Hinblick auf durch sie erzeugte langfristige Behinderungen, also einen „Verlust an gesunden Lebensjahren" sowie die damit zusammenhängenden gesellschaftlichen Kosten. Da die Abgrenzung dieser Regionen etwas ungewöhnlich ist, soll darauf in einem kurzen Exkurs etwas detaillierter eingegangen werden.

Exkurs: WHO-Regionen

Viele WHO-Statistiken nehmen Bezug auf die sog. WHO-Regionen, die in dieser Karte dargestellt werden und deren Abgrenzungen nicht heute gängigen Bezeichnungen entsprichen, sondern nur historisch verstanden werden kann (Abb. 2.1).

Von diesen sechs Regionen (African Region, Americas, European Region, Western Pacific, Eastern Mediterranean und Western Pacific Region) sind nur zwei in Bezug auf die Zugehörigkeit zu Einkommensgruppen einigermaßen homogen, nämlich die afrikanische Region, zu der die meisten LICs und viele LMICS gehören sowie einige wenige UMICs, und die südostasiatische Region (vor allem LMICs und zwei UMICs (Thailand, Indonesien); die vier anderen Regionen vereinen jeweils eine Gruppe von HICs mit einer größeren Anzahl von UMICs (vgl. World Bank, World Development Indikators). ◄

Abb. 2.1 WHO-Regionen

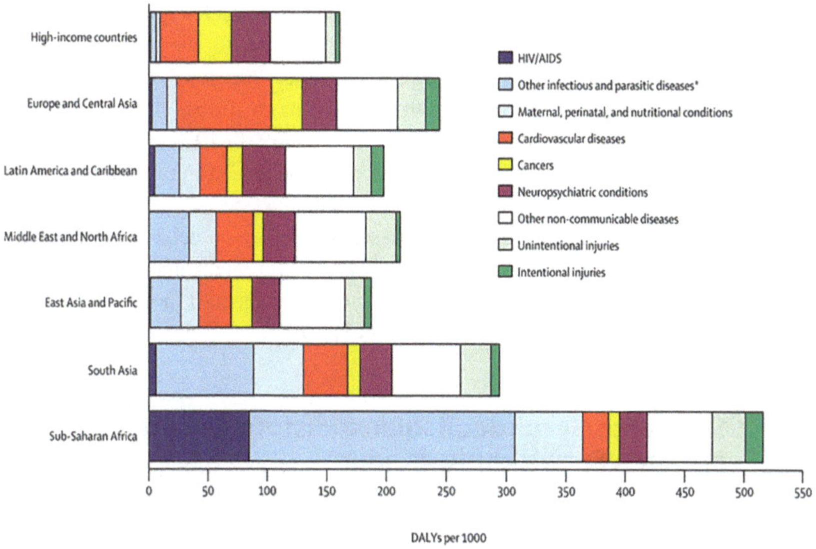

Abb. 2.2 DALYs per 1000 population by region and cause group, 2001. (Quelle. Lopez et al., 2006 (basierend auf WHO-Daten))

Dass erhebliche regionale Differenzen zwischen unterschiedlichen Krankheiten im Hinblick auf Mortalität einerseits, dem BoD andererseits bestehen, liegt auf der Hand. Neuropsychiatrischer Erkrankungen (violetter Balken in Abb. 2.2) z. B. führen selten kurzfristig zum Tod, reduzieren aber die Möglichkeiten „gesunder Lebensführung" und bringen erhebliche gesellschaftliche Kosten mit sich. Nach Abb. 2.2 trugen diese Krankheiten im Jahre 2001 etwa 20 % zum BoD in den HICs bei, während ihr Anteil an den Todesursachen lediglich 4,5 % (Quelle: WHO, 2021, darin Daten für Neurological conditions; Mental and substance use disorders Daten für 2000) betrug. Leider finden sich keine aktuelleren Veröffentlichungen, die die Daten zu BoD, Krankheitstvpen und regionalen Unterschieden in ähnlich anschaulicher Form zusammenfassen (vgl. etwa Vos et al., 2012, Figure 7). Darüber hinaus erschweren die unterschiedliche Klassifikation der Regionen und Krankheiten in den jeweiligen Quellen weitergehende Vergleiche. Die Daten zur Belastung durch Infektionskrankheiten im subsaharischen Afrika und in Südasien (South-East Asia Region der WHO) entsprechen offensichtlich der weiterhin hohen Bedeutung dieser Krankheiten als Todesursache in den LICs und LMICs (s.o.), zu denen die weitaus meisten Länder dieser Regionen gehören.

Es liegt nahe, dass die schlechtere Gesundheitssituation in den ärmeren Ländern auf die Unterschiede in der Qualität der sozialen Infrastruktur im Allgemeinen und die extremen Unterschiede in den Gesundheitsausgaben im Besonderen zurückzuführen sind (s. dazu den folgenden Abschn. 2.2). Das gilt besonders für die starke Belastung durch Infektionskrankheiten, für deren Kontrolle in den ärmeren Ländern Hygiene und präventive Maßnahmen (vor allem: Impfungen) meist unzureichend entwickelt sind. Das hat sich auch bei der Bekämpfung von COVID-19 als Schwachstelle erwiesen. Es gibt aber ein zusätzliches Problem für die armen Entwicklungsländer, das mit dem Begriff der „vernachlässigten Krankheiten" bezeichnet wird: Da die Kaufkraft für Medikamente in diesen Ländern sehr gering ist, wurden von der Pharmaindustrie nur geringe Investitionen in die Entwicklung von Medikamenten und Impfstoffen für Krankheiten, die ausschließlich (oder weitestgehend) in armen Ländern auftreten getätigt (s. dazu detaillierter im Abschn. 2.4).

2.2 Schlechte Gesundheitsdienstleistungen in den ärmeren Entwicklungsländern

Zur Kennzeichnung der Qualität der Gesundheitsfürsorge in einem Land gibt es eine umfangreiche Datensammlung der WHO, die seit einigen Jahren durch das *Global Health Observatory* systematisch zusammengestellt werden. Die folgenden Indikatoren sind in diesem Zusammenhang besonders wichtig:

1. Öffentliche Gesundheitsausgaben in % des BIP
2. Ärzte und weiteres medizinisches Personal
3. Anteil der Bevölkerung mit Zugang zu sauberem Trinkwasser
4. Anteil der Bevölkerung mit Zugang zu sanitären Anlagen
5. Kosten und Qualität medizinischer Behandlung
6. Krankenhausbetten pro Einwohner
7. Registrierung von Geburten
8. Registrierung von Todesursachen

In diesem Abschnitt werden vor allem Daten zu den ersten beiden Gruppen von Indikatoren diskutiert. Auf die Indikatoren (3) und (4) wird im folgenden Abschnitt zum Thema „Umweltbedingungen und andere gesellschaftliche Rahmenbedingungen" eingegangen, während auf (5) bis (8) später im Zusammenhang der Länderfallstudien Bezug genommen wird.

In vielen armen Ländern besteht weiterhin ein erheblicher Mangel an finanziellen Ressourcen für grundlegende Gesundheitsdienstleistungen, so dass z. T. noch nicht einmal Minimalstandards der Gesundheitsversorgung gewährleistet werden

Tab. 2.3 Entwicklung der Pro-Kopf-Ausgaben für Gesundheit in unterschiedlichen Ländergruppen

Land	2000	2010	2015	2019	Gruppe
Algerien	61,58	229,21	291,55	248,21	LMIC
Bangladesh	8,56	20,80	33,85	45,86	LMIC
Brasilien	312,54	896,70	785,26	853,39	UMIC
Chile	356,95	867,73	1127,02	1375,80	HIC
China	42,11	186,49	390,10	535,13	UMIC
Costa Rica	248,75	660,59	883,92	921,59	UMIC
Cuba	180,81	612,47	986,73	1031,92	UMIC
Deutschland	2344,35	4611,28	4624,56	5440,25	HIC
DR Kongo	19,87	12,89	19,74	20,57	LIC
Haiti	29,78	54,92	67,40	56,99	LMIC
Katar	602,12	1206,00	1891,78	1807,16	HIC
Indien	18,50	45,13	58,92	63,75	LMIC
Madagaskar	13,12	21,95	23,23	19,85	LIC
Malaysia	110,75	290,18	380,11	436,61	UMIC
Polen	238,00	809,20	803,96	1014,04	HIC
Ruanda	9,32	49,32	49,98	51,40	LIC
Schweiz	3559,82	7705,18	9382,79	9666,82	HIC
Singapur	797,29	1496,78	2302,60	2632,71	HIC
Südafrika	247,59	635,09	503,76	546,69	UMIC
Südkorea	474,24	1365,91	1919,04	2624,53	HIC
Türkei	199,50	539,33	453,12	396,47	UMIC
USA	4543,44	6454,40	9393,07	10921,01	HIC
UK	2029,52	3904,51	4477,29	4312,89	HIC

können. Das niedrige Pro-Kopf-Einkommen erlaubt nur sehr geringe Gesundheitsausgaben pro Kopf, wobei im internationalen Vergleich ein Bild extremer Ungleichheit besteht (s. Tab. 2.3). Diese Situation wird durch teilweise beträchtliche soziale und regionale Ungleichgewichte innerhalb der einzelnen Länder noch verschlechtert; darüber hinaus verschlingt in einigen armen Ländern auch ein höherer Anteil der Militärausgaben noch weitere öffentliche Mittel (Abb. 2.3).

Während z. B. in Madagascar 2019 lediglich 19,85 US$ pro Kopf für Gesundheit ausgegeben wurden und der Durchschnitt für die Low Income Countries (LICs) 39,25 US$ betrug, lagen die entsprechenden Ausgaben für die Einkommensgruppen LMICs und UMICs bei 128,69 und 482,79 US$, in der Schweiz bei 9666,82 US$, in den USA bei 10921,01 US$ und im Durchschnitt der HICs bei 2937,29 US$ (Daten für 2019, s. auch Tab. 2.3); (https://apps.who.int/gho/data/node.main.GHEDCHEpcUSSHA2011?lang=en).

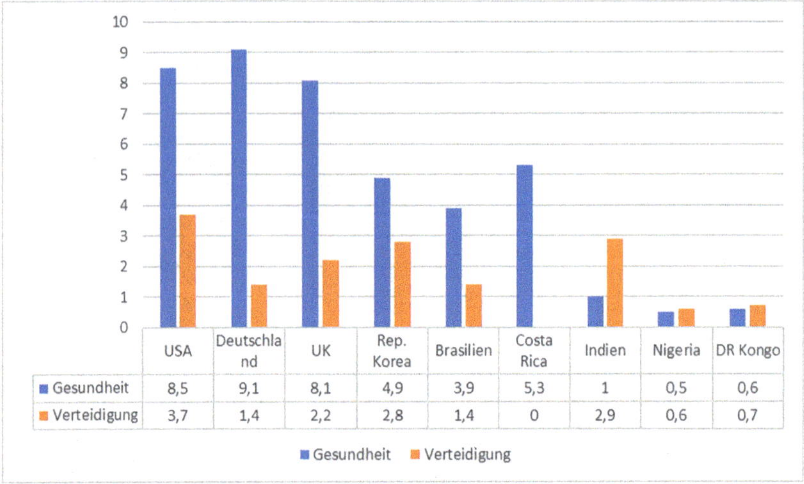

Abb. 2.3 Öffentliche Ausgaben für Gesundheit und Verteidigung in % des BIP (2019/2020). Quellen: Eigene Bearbeitung auf der Basis von Daten der Weltbank https://data.worldbank.org/indicator/SH.XPD.GHED.GD.ZS (Gesundheit) und https://data.worldbank.org/indicator/MS.MIL.XPND.GD.ZS?view=chart (Militär)

Der Weltgesundheitsbericht 2010 (Schwerpunkt: Finanzierung von Gesundheitssystemen) schätzte, dass die LICs ihre Pro-Kopf-Ausgaben für Gesundheit auf 60 US$ steigern müssten, um alle kritischen Leistungen bereitstellen zu können (WHO, 2010). Auch 2019 blieben die Daten noch weit dahinter zurück (s.o.). Berücksichtigt man die Verknüpfungen des Gesundheitssektors mit anderen Bereichen, wie bereits im einleitenden Kapitel erwähnt wurde („Health in all policies"), sind tatsächlich erhebliche weitere Mittel nötig. (vgl. z. B. Yazbeck, 2009). Internationale Entwicklungskooperation hat – wie im Kap. 7 noch diskutiert wird – bisher nur einen geringfügigen Einfluss auf diese Situation. Tab. 2.3 gibt einen Überblick über die Entwicklung der Gesundheitsausgaben von 2000 bis 2019 für ausgewählte Entwicklungsländer sowie eine Reihe von HICs.

Die Auswahl der Länder in der Tab. 2.3 wurde mit dem Ziel getroffen, typische Ländergruppen zu repräsentieren; eine detaillierte Analyse ist an dieser Stelle nicht möglich. Alle Länder mit weniger als 100 US$ Pro-Kopf-Gesundheitsausgaben sind LICs oder LMICs (Indien); unter den UMICs reicht die Spanne von 396 US$ (Türkei) bis 1032 US$ (Cuba). Das deutet daraufhin, dass bereits innerhalb der Kategorie „Entwicklungsländer" die Gesundheitsausgaben extrem unterschiedlich sind (Cuba etwa 52-mal so viel wie Madagaskar). Ehemalige Entwicklungsländer (Singapur, Südkorea und Katar als Ölland, heute alle vom Einkommen her als HICs eingestuft) erreichen ein Niveau der Gesundheitsausgaben, das zwar noch

Tab. 2.4 Arbeitskräfte im Gesundheitswesen (pro 1000 Einwohner)

Land	Jahr	Ärzte	Pflegepersonal*	Apotheker
Algerien	2013–18	1,72	1,55	0,45
Bangladesh	2018–20	0,67	0,49	0,18
Brasilien	2017–19	2,31	7,43	0,68
Chile	2020	2,84	4,35	0,61
China	2017–19	2,23	3,53	0,32
Costa Rica	2020	3,30	3,81	1,20
Cuba	2018	8,42	7,56	k.A.
Deutschland	2019–20	4,44	14,19	0,66
DR Kongo	2016–28	0,38	1,13	0,02
Haiti	2018	0,26	0,40	0,03
Katar	2018–19	2,49	7,19	0,89
Liberia	2013–19	0,05	2,14	0,22
Indien	2017–20	0,74	2,38	0,87
Madagaskar	2018	0,20	0,98	0,01
Malaysia	2015–20	2,29	4,24	0,35
Moldawien	2019–20	3,10	4,68	0,30
Polen	2020	3,77	6,87	0,97
Ruanda	2018–19	0,12	0,85	0,07
Schweiz	2019–20	4,38	18,26	0,67
Singapur	2016–19	2,46	6,27	0,51
Südafrika	2016–19	0,79	4,99	0,27
Südkorea	2019	2,49	8,18	0,76
Türkei	2019	1,93	3,05	0,41
USA	2010–18	2,61	15,72	0,93
United Kingdom (UK)	2020	3,00	8,85	0,84

Quelle: World Health Organization, National Health Workforce Accounts Data Portal (https://apps.who.int/nhwaportal/Home/Index)
*Werte für Nursing und Midwifery Personnel addiert

unter dem des UK (Großbritannien) bleibt, aber mit 1800 bis 3000 US$ in einer ähnlichen Dimension liegt. Dass aus der Höhe der Ausgaben allein nicht auf die Qualität der Gesundheitsversorgung geschlossen werden kann, wird noch zu diskutieren sein (s. auch Tab. 2.4 und 2.5).

In den meisten Ländern sind die Gesundheitsausgaben seit 2000 deutlich gestiegen; Schwankungen liegen bei Rohstoffexportländern z. T. an den sehr volatilen Weltmarktpreisen und den daraus resultierenden erheblichen Fluktuationen im verfügbaren Einkommen, aber auch an Wechselkursänderungen. Für den Ländervergleich bei Gesundheitsausgaben ist es aber dennoch sinnvoll, den jeweils aktuellen Dollarkurs (und nicht Kaufkraftparitäten) zu verwenden, da gerade im Falle armer Länder viele medizinische Instrumente und Medikamente importiert und in Dollars bezahlt werden müssen.

Tab. 2.5 Universal Health Coverage Service Coverage Index: Entwicklung seit 2000

Land	2000	2010	2017	2021
Algerien	56	67	74	74
Bangladesh	23	37	48	52
Brasilien	68	76	> 80	> 80
Chile	65	77	> 80	> 80
China	47	66	79	> 80
Costa Rica	66	75	> 80	> 80
Cuba	56	78	> 80	> 80
Deutschland	79	> 80	> 80	> 80
DR Kongo	21	30	40	42
Haiti	27	42	53	54
Katar	52	67	72	76
Liberia	20	33	40	45
Indien	30	49	60	63
Madagaskar	17	25	30	35
Malaysia	52	69	77	76
Moldawien	51	63	71	71
Polen	66	75	> 80	> 80
Ruanda	19	39	48	49
Schweiz	75	> 80	> 80	> 80
Singapur	64	70	> 80	> 80
Südafrika	43	63	71	71
Südkorea	73	> 80	> 80	> 80
Türkei	57	66	77	76
USA	78	> 80	> 80	> 80
Unit. Kingdom (UK)	2020	3,00	> 80	> 80

Quelle: WHO & World Bank (2023): 97–102.

Das unterschiedliche Niveau der Gesundheitsausgaben spiegelt sich auch in der relativen Zahl der Arbeitskräfte im Gesundheitswesen wider (Tab. 2.4). Dies hängt primär mit drei Faktoren zusammen, nämlich einerseits den Ausbildungskosten für medizinisches Personal (sowie den zur Verfügung stehenden Ausbildungsstätten), den finanzierbaren Arbeitsplätzen im Gesundheitssystem sowie den Effekten des sog. Braindrains (ausgelöst durch unterschiedliche Lohnniveaus und Qualifikationsmöglichkeiten, aber auch durch gesellschaftliche Krisen). Wenn in den westafrikanischen Ländern, die vor allem von der Ebola-Epidemie 2014–16 betroffen waren, Liberia und Guinea, nur 51 bzw. 136 Ärzte arbeiteten, d. h. auf etwa 245.000 bzw. 138.000 Einwohner ein Arzt kam (Afri-Dev.Info, 2014) waren diese Gesundheitssysteme nicht in der Lage, eine größere Krise zu bewältigen. Die Situation hat sich in Liberia bis 2018 offenbar etwas verbessert (vgl. Tab. 2.4).

Tab. 2.4 erlaubt für die berücksichtigten Länder einen Vergleich zu den Pro-Kopf-Ausgaben für Gesundheit. Erwartungsgemäß variiert auch die Zahl der Arbeitskräfte im Gesundheitswesen erheblich zwischen und auch innerhalb der einzelnen Landesgruppen. So liegt in den HICs die Zahl der Ärzte zwischen 2,4 und 4,4 Ärzten pro 1000 Einwohner bei einer noch deutlich höheren Zahl des Pflegepersonals; in den armen Ländern kommt dagegen teilweise noch nicht einmal 0,1 Arzt auf 1000 Personen. Während einige der fortgeschritteneren Entwicklungsländer (im allgemeinen UMICs) bereits eine Ärztedichte aufweisen, die das Niveau der Länder des Globalen Nordens erreichen (Brasilien, China, Costa Rica, Malaysia), liegt sie in den ärmsten Ländern bei Werten, die eine ausreichende Versorgung auch nicht annähernd möglich machen.

Allerdings variieren die Daten nicht nur mit dem Niveau des Pro-Kopf-Einkommens, sondern sind von vielfältigen politischen Faktoren abhängig, vor allem der langfristigen sozialen Orientierung eines Landes. Beispiele dafür sind Costa Rica (s. dazu die Länderfallstudie) und vor allem Cuba, das ungewöhnlich gute Daten aufweist: Bei einem mittleren Ausgabenniveau liegt die Ärztedichte über dem Niveau gut ausgestatteter HICs, wobei die schlechte Bezahlung des medizinischen Personals sicherlich dazu beiträgt, eine umfangreiche Beschäftigung in diesem Sektor zu erlauben. Der hohe Gesundheitsstandard des Landes (Lebenserwartung bei Geburt: 78,3 zum Vergleich: WHO Region Americas (inkl. Nordamerika): 77,3; Kindersterblichkeit 6,2 von 1000, Americas: 11,0 von 1000 (jeweils Daten für 2022), Impfung gegen Masern (2021): 100 %, Americas: 87 %)[3] spricht jedenfalls für eine erfolgreiche Gesundheitspolitik. Um Genaueres zum Hintergrund der Entwicklung nationaler Gesundheitsversorgung sagen zu können, ist die Auswertung umfangreicherer quantitativer und qualitativer Daten notwendig, was im Kap. 5 anhand von drei Länderbeispielen gezeigt werden soll.

Auffällig sind auch die Daten für die post-sozialistischen Länder in Osteuropa (hier am Beispiel Moldawiens), die beim Personal im Gesundheitswesen immer noch weitgehend auf dem Niveau der HICs liegen, aber im erreichten Gesundheitsniveau deutlich zurückbleiben. Während die Lebenserwartung bei Geburt in Moldawien bei 73 Jahren und die „healthy life expectancy" bei 64,5 Jahren sowie die Sterblichkeit bei Kindern unter fünf Jahren bei 14 von 1000 liegen, sind die entsprechenden Daten in Deutschland bei 82, 71 und 4, in Costa Rica bei 81, 70 und 8.

Tab. 2.5 gibt mit einem Index, der die Qualität der Gesundheitsdienstleistungen in den jeweiligen Ländern zusammenzufassen beansprucht, einen Eindruck von

[3] Quellen für Lebenserwartung und Kindersterblichkeit: https://opendata.paho.org/en/core-indicators, für Masernimpfung: https://ais.paho.org/imm/IM_JRF_COVERAGE.asp). abgerufen jeweils 27.09.2024).

der Entwicklung der Kapazität nationaler Gesundheitssysteme zwischen 2000 und 2021. Die Entwicklung dieses Universal Health Coverage Service Coverage Index (SCI) ist Ausdruck einer seit etwa 2010 zunehmenden integralen Fokussierung der internationalen Gesundheitskooperation auf Universal Health Coverage (UHC); auf diesen Prozess im Rahmen von GHG wird weiter unten in den Kap. 6 und 7 detaillierter eingegangen, In seiner aktuellen Form dient der SCI u. a. als Grundlage für das Monitoring von SDG 3.8 (s. oben Abschn. 3.3). (Hogan et al., 2018).

Der genannte Index beruht auf sechzehn Leitindikatoren zur Abdeckung essentieller Gesundheitsdienstleistungen, in den Bereichen der Gesundheit von Müttern, Säuglingen und Kindern, Infektionskrankheiten, nicht-übertragbare Krankheiten, Unfällen sowie Kapacity von Dienstleistungen und dem Zugang zu Medikamenten (WHO webpage; Hogan et al., 2018).

Die in Tab. 2.5 präsentierten Indexwerte bestätigen insgesamt die nicht überraschende Erkenntnis, dass die Entwicklung der zuvor präsentierten Daten zu einzelnen Indikatoren von Gesundheit recht eng mit der Qualität der Gesundheitssysteme in den einzelnen Einkommensgruppen zusammenhängen (s. dazu unten Abschn. 4.3). Die LICs und LMICs zeigen eine deutliche Verbesserung, die sich allerdings in einer Reihe von Ländern zwischen 2017 und 2021 abschwächte bzw. ganz zum Stillstand kam. In jedem der hier dokumentierten Länder blieben aber erhebliche Unterschiede zu den UMICs und HICs bestehen.

2.3 Umweltbedingungen und andere gesellschaftliche Rahmenbedingungen („Health in all policies")

Gute Gesundheitsdienstleistungen sind zweifellos ein wichtiger Faktor zur Verbesserung des Gesundheitsniveaus einer Bevölkerung. Das Gesundheitssystem i.e.S. ist allerdings in ein umfangreiches System allgemeiner gesellschaftlicher und globaler Rahmenbedingungen eingebettet, wobei komplexe Wechselbeziehungen zwischen den verschiedenen gesellschaftlichen Sektoren und Dynamiken, sowohl für die Erklärung gesundheitlicher Probleme und Fortschritte als auch für die Entwicklung von Strategien zu berücksichtigen sind. In diesem Zusammenhang ist, wie bereits kurz erwähnt, ein Diskurs zum Thema „Gesundheit in allen Politikbereichen" („Health in all policies": CSDH, 2008, Ch. 10; Kickbusch & Buckett, 2010, s. auch Smith et al., 2003: 257 f.) entstanden. Parallel dazu gewann das Konzept „One health" an Bedeutung, das auf dem Verständnis beruht, dass die Gesundheit von Mensch, Tier und Umwelt eng miteinander zusammenhängt und den Schnittstellen zwischen Menschen, Nutz- und Haustieren, Wildtieren und den Ökosystemen, in denen sie leben, eine besondere Bedeutung zukommt. (WHO, o.J.: One Health). In diesem Unterkapitel werden wir zunächst einmal auf die primär lokalen und regionalen Wechselbeziehungen zwischen Entwicklung und Umwelt eingehen (vgl. dazu auch Hein, 1992), während in den Kap. 3 und 4 der Zusammenhang mit dem Klimawandel stärker in den Vordergrund treten wird.

In einer Reihe von Politikfeldern sind die Verbindungen zur Gesundheitssituation einer Gesellschaft offensichtlich. Hygienische Bedingungen wie der Zugang zu sauberem Wasser, sicheren sanitären Einrichtungen und der Entsorgung von Schmutzwasser sowie ein gewisses Niveau der Sauberkeit im allgemeinen Lebens- und Wohnumfeld (saubere Flüsse, Seen und Siedlungen, Systeme der Abfallbeseitigung) reduzieren die Gefahren durch Krankheitserreger in der Umwelt. Nahrungsmittel ohne Schadstoffbelastung und eine gesunde Ernährung sowie gute Wohn- und Arbeitsbedingungen tragen dazu bei, den Gesundheitszustand der Menschen zu verbessern und ihr Immunsystem zu stärken. Bildung und Erziehung spielen eine wichtige Rolle in der Prävention von Krankheiten, und Strukturen von Good Governance sind fundamental für den Ausbau und das Management von Gesundheitssystemen sowie zur Verbesserung des Zugangs zu Medikamenten.

Insgesamt sind die Lebensbedingungen in vielen Entwicklungsländern durch eine mangelhafte Anpassung hygienischer Bedingungen an eine wachsende Bevölkerung und veränderte Konsumstrukturen sowie durch die mangelnde Kontrolle der Emissionen von Industrie, Verkehr und Landwirtschaft im Zusammenhang mit nachholender Industrialisierung und einer häufig unkontrollierten Förderung landwirtschaftlicher Produktion (Agrarchemikalien, Expansion auf ungeeignete Flächen) gekennzeichnet. Tab. 2.6 gibt einen (nicht erschöpfenden) Überblick über die potenziellen Auswirkungen von Problemen in verschiedenen Politikbereichen (und damit mangelhafter gesellschaftlicher Rahmenbedingungen) auf die Gesundheitssituation und die Gesundheitsversorgung in den jeweiligen Gesellschaften.

Tab. 2.7 gibt eine detailliertere Aufstellung der gesundheitlichen Auswirkungen verschiedener Umweltfaktoren und verweist auf die vielfältigen Dimensionen des Zusammenhangs von Umweltproblemen und der Verursachung von Krankheiten. Dabei wird deutlich, dass diese Probleme sowohl auf die Implikationen von Unterentwicklung (etwa ungereinigte Nutzung von unsauberem Wasser als Trink- bzw. Waschwasser; offenes Feuer in geschlossenen Räumen) als auch von mangelnder Umweltkontrolle bei Modernisierungsprozessen in Industrie und Landwirtschaft zurückzuführen sind (Industrieabwässer, mangelhafte Entsorgung von Abfällen bis hin zum Einsatz von Medikamenten in der Viehzucht und deren Auswirkungen auf die Entwicklung von Resistenzen gegen Medikamente, die für die Bekämpfung einer Vielzahl von Menschen betreffenden Infektionskrankheiten zentral sind). Mängel in der politischen Setzung bzw. der Kontrolle von Grenzwerten tragen zu diesen Problemen bei.

Tab. 2.7 präsentiert eine Übersicht zu den Auswirkungen von Umweltproblemen auf diverse Gesundheitsgefahren, während Tab. 2.8 Daten zu den hygienischen Bedingungen (Zugang zu sauberem Trinkwasser und sanitären Anlagen) sowie den

Tab. 2.6 Gesellschaftliche Rahmenbedingungen für Gesundheit

Politikbereich	Bedeutung für Gesundheit
Sozialpolitische Orientierung	Grundlage für eine solide Finanzierung von Gesundheitspolitik; Brücke zum Verständnis von Gesundheitspolitik als Menschenrecht
Korruptionskontrolle	Verhinderung der Verteuerung von Gesundheitsleistungen durch illegale Aneignung von Teilkosten (etwa beim Krankenhausbau, Beschaffung von Medikamenten, medizinischen Einrichtungen und Geräten)
Grundbedürfnisse	Absicherung einer medizinischen Grundversorgung, die gesellschaftliche Teilhabe sicherstellt (orthopädische Geräte, Zahnersatz etc.)
Arbeitsbedingungen	Unfallschutz, akzeptable Innenluft, keine gefährlichen Substanzen
Energieversorgung	Reduktion der Luftverschmutzung durch unsaubere Brennstoffe, Katastrophengefahr durch Bruch bzw. Überlaufen von Staudämmen
Umweltpolitik (mangelhafte Gesetzgebung bzw. Kontrolle von Grenzwerten)	(s. Tab. 2.7)

Quelle: eigene Zusammenstellung

Tab. 2.7 Umweltbedingungen und ihre Auswirkungen auf Gesundheit

Typ der Umweltbelastung	Hervorgerufene Krankheiten
Luftverschmutzung	Atemwegs-, Lungen-, Herzerkrankungen, Krebs
Gewässer: natürliche Belastung und Verschmutzung	Verschiedene Infektionskrankheiten, Parasiten, Vergiftung
Belastung der Raumluft durch offenes Feuer (Kochen und ggfs. Heizen)	Atemwegs-, Lungen-, Herzerkrankungen, Krebs
Belastetes Trinkwasser	Verschiedene Infektionskrankheiten; chronische Krankheiten durch schleichende Vergiftung (Schwermetalle etc.)
Entsorgungsprobleme (Haushaltsabwässer und ungenügende Müllentsorgung)	Infektionserkrankungen, Parasiten, Luftverschmutzung durch Müllverbrennung (s.o.)
Ökologische Belastung am Arbeitsplatz	Atemwegserkrankungen, Vergiftungen, Krebs
Gefährdung durch Pestizide in der Landwirtschaft (Landarbeiter, Anbauregionen, Lebensmittel)	Krebs und verschiedene chronische Krankheiten, Vergiftungen, Hormonstörungen
Einsatz von Medikamenten in der Viehzucht	Entwicklung von Resistenzen bei Krankheitserregern gegen die Wirkstoffe von Medikamenten
Unfallgefahr durch Erosion (Nutzung pre-kärer Flächen für Landwirtschaft und Hausbau)	Diverse Unfallfolgen

Quelle: eigene Zusammenstellung

Tab. 2.8 Rahmenbedingungen für Gesundheit: Hygiene (2020) und Luftverschmutzung (2019)

	Zugang zu Trinkwasser (%)[a]	Zugang zu sanitären Anlagen (%)[b]	DALYs durch Luftverschmutzung (per 100.000)[c]
Algerien	72,4	17,6	815
Bangladesh	58,5	38,7	1169
Brasilien	85,8	48,7	557
Chile	98,8	78,6	493
China	95,0 (urban)	70,0	1638
Costa Rica	80,5	30,2	361
Cuba	94,9	36,6	1068
DR Kongo	19,0	12,7	1436
Deutschland	100,0	97,1	738
Haiti	no data	no data	955
Indien	56,1 (rural)	45,9	1710
Katar	96,2	97,2	435
Madagaskar	20,5	10,4	889
Malaysia	93,8	77,5 (2018)	1230
Moldawien	74,1	78,9 (urban)	1632
Poland	98,3	90.5	1540
Ruanda	12,1	73,8 (rural)	869
Schweiz	94,3	99,7	406
Singapur	100,0	100,0	683
Südafrika	81,1 (urban)	no data	1148
Südkorea	99,2	99,9	657
USA	97,3	98,3	530
Ver. Königreich (UK)	99,8	98,1	541

Quellen: WHO, The Global Health Observatory. Indicators, https://www.who.int/data/gho/data/indicators. Abgerufen 27.09.2024

[a]Population using safely managed drinking-water services (%); https://www.who.int/data/gho/data/indicators/indicator-details/GHO/population-using-safely-managed-drinking-water-services-(-), abgerufen 27.09.2024

[b]Population using safely managed sanitation services (%); https://www.who.int/data/gho/data/indicators/indicator-details/GHO/population-using-safely-managed-sanitation-services-(-), abgerufen 27.09.2024. WHO-Definition: „improved sanitation facility that is not shared with other households and where excreta are safely disposed of in situ or treated off situ" (dieselbe url, siehe icon:metadata).

[c]Ambient air pollution attributable DALYs (per 100 000 population); https://www.who.int/data/gho/data/indicators/indicator-details/GHO/mbd-aap-ambient-air-pollution-attributable-dalys, abgerufen 27.09.2024. „Ambient air pollution results from emissions from industrial activity, households, cars and trucks which are complex mixtures of air pollutants, many of which are harmful to health" (dieselbe url, icon: metadata)

Folgen von Luftverschmutzung in ausgewählten Ländern mit unterschiedlichem Pro-Kopf-Einkommen zusammenstellt. Um Bezüge zwischen den in den Tab. 2.3, 2.4 und 2.5 präsentierten Daten zu Gesundheitsausgaben und Personal im Gesundheitssektor sowie zu den Dienstleistungen im Bereich von UHC zu ermöglichen, wurden weitgehend dieselben Länder ausgewählt – dazu einige andere mit interessanten Werten vor allem zu den Folgen von Luftverschmutzung.

Die Daten zur Hygiene korrelieren weitgehend mit den Daten zu Gesundheitsausgaben und Arbeitskräften im Gesundheitssektor, wobei die lateinamerikanischen Länder weitgehend die Werte der alten Industrieländer erreichen. Es gibt einige „Ausrutscher" in der Tabelle (niedrige Daten für Zugang zu sanitären Anlagen in Costa Rica und Cuba, hoher Wert für Ruanda), die wahrscheinlich auf Abweichungen in den jeweiligen nationalen Definitionen zurückzuführen sind. Dagegen ist die Situation bei der Luftverschmutzung komplexer: Hier interagieren vor allem drei Faktoren: zunehmende Luftbelastung durch die Verbrennung von Kohlenwasserstoffen in fester und flüssiger Form, Reduktion der Belastung durch umweltpolitische Maßnahmen und verschiedene Auswirkungen von natürlichen Faktoren, vor allem Aspekten der Bodenbedeckung.

Die relativ hohen Werte in Südasien (Indien und Bangladesh), Ost- und Südostasien (China, Malaysis) sowie Südafrika sind wahrscheinlich im Wesentlichen verursacht durch Verbrennungsemissionen von unterschiedlichen Quellen (u. a. Gebrauch von festen Brennstoffen (Holz, Kohle) in Haushalten, Kohlekraftwerke, offene Verbrennung in der Landwirtschaft). Bezogen auf die Einwohnerzahl gab es im Jahre 2019 die höchsten durchschnittlichen Feinstaubkonzentrationen (PM2.5) in Nordafrika and im Nahen und Mittleren Osten, vor allem verursacht durch windgetriebenen Mineralstaub und mineralische Partikel bei geringer Bodenbedeckung (Wüsten). Die weltweit höchsten Konzentrationen von Feinstaub (durchschnittliche jährliche Konzentration von Partikeln mit einem Durchmesser von weniger oder gleich 2,5 Mikrometern in urbanen Regionen, gewichtet nach der jeweiligen Einwohnerzahl) finden sich 2019 in Kuwait (64,08). Ägypten (63,16), Afghanistan (62,44) und Katar (59,04). Extrem niedrige Werte weisen die skandinavischen Länder auf (Finnland 5,47; Schweden 5,96: Norwegen 6,3).[4] (vgl. auch Health Effects Institute & IHME, 2017, 3 f).

Der in den Tab. 2.6, 2.7 und 2.8 gegebene Überblick macht deutlich, dass gesundheitliche Auswirkungen von Umweltproblemen zwar auf den ersten Blick

[4] Daten von WHO, Global Health Observatory, Concentrations of fine particulate matter (PM2.5), (https://www.who.int/data/gho/data/indicators/indicator-details/GHO/concentrations-of-fine-particulate-matter-(pm2-5)).

auf einen Mangel an „Entwicklung“ zurückzuführen sind, wie etwa auf den mangelhaften Zugang zu sauberem Wasser (Trinkwasser, aber auch Wasser zum Waschen von Geschirr und Kleidung), einer fehlenden Sorgfalt im Umgang mit Fäkalien sowie der Entsorgung von Abwasser und anderen Abfällen und der mangelnden Kontrolle von schädlichen Abgasen aus Industrie und Transport. Die wachsenden Herausforderungen hängen aber auch mit den Konsequenzen einer unvollständigen Modernisierung zusammen: Mit der Veränderung der Konsummuster hat die Menge an Abfällen (Verpackung) exponentiell zugenommen. Sowohl der wachsende Umfang dieser Abfälle selbst als auch deren Materialien (Plastik, Schwermetalle etc.) bringen sowohl unmittelbare Gesundheitsgefahren (wiederum eine Frage der Hygiene) mit sich als auch indirekte über die Belastung der Böden. Über das Grundwasser und die Lebensmittelproduktion gelangen sie wieder in den Nahrungskreislauf und tragen z. T. auch in vielfältiger Weise zur Verbreitung von Infektionskrankheiten bei (direkt über die Verbreitung von Krankheitserregern, aber auch als Brutstätten von Parasiten). Darüber hinaus ist an die wachsende Verwendung von Agrarchemikalien (Düngemittel und Pestizide) durch die Modernisierung der Landwirtschaft zu denken, die wiederum erhebliche Auswirkungen auf Böden und Gewässer, die Belastung von Nahrungsmitteln und die unmittelbar in der Landwirtschaft tätige und häufig nicht professionell geschützte Bevölkerung haben. In bestimmten Fällen ist diese Belastung auch eine Folge von unmittelbar im Gesundheitssektor eingesetzten Chemikalien, wie etwa DDT zur Malariabekämpfung. Auch die Umweltbelastung durch Rückstände bei der Produktion von Medikamenten sowie durch deren unsachgemäße Entsorgung sind hier zu nennen (vor allem Berichte aus Indien (Umweltbundesamt, 2016: 53)).

Schließlich führen auch die Auswirkungen des Klimawandels in Form eines zunehmenden Auftretens von Extremereignissen (Dürren, Überschwemmungen, extreme Hitzeepisoden, verheerende Stürme) zu wachsenden Schäden und gravierenden gesundheitlichen Konsequenzen weltweit, vor allem aber in den armen Ländern des Südens. Akute Hilfsleistungen von Seiten der wohlhabenderen Länder und kostspielige Anpassungsmaßnahmen zum besseren Schutz gegen diese Entwicklungen sind auch in diesem Zusammenhang nötig – lange bevor selbst konsequente Maßnahmen zum Klimaschutz wirksam werden können (Romanello et al., 2023; s. dazu auch Abschn. 3.4).

Dies lenkt der Blick jenseits der aktuellen Komplexität der Interaktionen zwischen „Gesundheit“ und vielfältigen Aspekten gesellschaftlicher Entwicklung zurück auf das in der Einleitung genannte Phänomen der „ungleichzeitigen Entwicklung“.

2.4 Ungleichzeitige Entwicklung und Kosten des Zugangs zu innovativen Produkten

Wie eingangs erwähnt, entwickelte sich die moderne Gesundheitsversorgung mit den Hauptelementen einer weitgehend flächendeckenden ärztlichen Versorgung (in Arztpraxen und stationärer Versorgung in Krankenhäusern), umfangreicheren hygienischen Maßnahmen, Absicherung der Pflege durch Krankenversicherungen bzw. staatlicher Kostenübernahme sowie des Entstehens einer pharmazeutischen Industrie in den meisten Ländern des globalen Nordens bereits im letzten Drittel der 19. Jahrhunderts. Diese Veränderungen im Verständnis von und im Umgang mit „Gesundheit" vollzog sich in einem langen Prozess der Interaktionen vieler Faktoren des historischen Wandels der jeweiligen Gesellschaften, nicht abgeschottet von äußeren Einflüssen, doch weitgehend im Zusammenhang mit dem Entstehen nationaler Strukturen (s. etwa zum Konzept der „autozentrierte Entwicklung" Menzel, 1988; Hein, 2001).

In den vorkolonialen Gesellschaften des Südens waren Formen traditioneller Medizin ein inhärenter Bestandteil der jeweiligen lokalen Kultur. Diese wurden in der Kolonialzeit (auch in Handelszentren und weltmarktorientierten Produktionszweigen nicht-kolonialisierter Gebiete) durch das Wachsen der Städte und der Plantagenproduktion zunächst nur langsam zurückgedrängt; eine organisierte Gesundheitsversorgung entstand nur für Personal der Kolonialmacht (Verwaltung, Militär) bzw. weiße Immigranten und ggfs. einer schmalen einheimischen Elite.

Nach der politischen Unabhängigkeit strebten lokale Eliten und Institutionen internationaler Entwicklungskooperation eine (nach den internationalen normativen Vorgaben durchaus gebotene) möglichst rasche Entwicklung moderner Gesundheitssysteme an, stießen damit allerdings auf die typischen Probleme ungleichzeitiger Entwicklung.[5] Die erhebliche Ungleichzeitigkeit des Ausbaus der Gesundheitsversorgung zwischen den „alten" Industrieländern und den meisten Entwicklungsländern implizierte Schwierigkeiten bei Strategien nachholender

[5] Das Konzept der „Ungleichzeitigkeit" (ähnlich auch der „Gleichzeitigkeit der Ungleichzeitigkeit") wird vor allem in der Geschichtswissenschaft und in der Soziologie in vielfältigen Zusammenhängen diskutiert. Es geht dabei um die Entwicklung einer Gesellschaft in Wechselbeziehungen zu anderen Gesellschaften, die (in unterschiedlichen Aspekten) fortgeschrittener sind (bezogen etwa auf die Entwicklung des Kapitalismus), bzw. zu soziokulturellen Elementen der eigenen Gesellschaft, die Normen, Werten und Zielen aus früheren Zeiten festhielten (u. a. in Bezug auf den Faschismus). In der Diskussion wird der Begriff weitestgehend Ernst Bloch (Erbschaft dieser Zeit, Zürich 1935) zugeschrieben, der in Bezug auf den Nationalsozialismus schreibt: „Nicht alle sind im selben Jetzt da… [Dabei wirkten dann] Antriebe und Reserven aus vorkapitalistischen Zeiten und Überbauten, echte Ungleichzeitigkeiten mithin, die eine sinkende Klasse in ihrem Bewusstsein rezent macht […].

Entwicklung gesundheitspolitischer Institutionen und nicht nur dieser: Bereits in der Einleitung wurde auf das Dilemma hingewiesen, dass dem Rückgang von Säuglings- und Kindersterblichkeit (Hygiene, Impfungen) und dem resultierenden Bevölkerungswachstum keine annähernd proportionale Entwicklung der Gesundheitsversorgung entsprach. Es kam aus kulturellen und mikroökonomischen Gründen (vor allem Bedeutung der Kinderarbeit in der Subsistenzlandwirtschaft) nicht zu einem Rückgang der Kinderwünsche, d. h. ein „demographischer Übergang“ (auch demographischer Transition), der in den alten Industrieländern bereits Ende des 19. Jahrhunderts einsetzte, blieb zunächst aus (Hauser, 1974). Die Transformation sozio-ökonomischer Bedingungen und kultureller Faktoren erwies sich als viel komplexer als die Durchführung von Impfkampagnen, die die Säuglings- und Kindersterblichkeit senkten. Strategien der Familienplanung und Bevölkerungskontrolle, die vor allem von der Weltbank seit Ende der 1960er-Jahre energisch gefördert wurden, verbunden mit einem Diskurs über die sog. „Bevölkerungsexplosion“, stießen auf erheblichen Widerstand. Die Vermittlung zwischen ethischen Aspekten einer solchen Politik und den sozio-ökonomischen Implikationen eines starken Bevölkerungswachstums ist sehr schwierig, wie die Diskussionen über die repressive „Ein-Kind-Politik“ der Volksrepublik China und die massive Förderung der Sterilisation durch Indira Ghandi in Indien zeigen.

Der Versuch der Übertragung gesundheitspolitischer Institutionen in völlig andere gesellschaftliche Kontexte, die oft durch verbreitete Armut geprägt waren, hat häufig zu Systemen geführt, die dort nur einen geringen Teil der Bevölkerung erreichten. Mangelnde finanzielle Ressourcen verhinderten Investitionen in eine Ausweitung der sozialen Infrastruktur, aber auch in Maßnahmen zur Bewältigung ökologischer Schäden durch importierte Produkte und Verfahren.

Ungleichzeitige Entwicklung betrifft in besonderem Maße auch den Charakter medizinischer Innovationen, die sich nicht an den Bedürfnissen der ärmeren Länder orientieren, sowie die daraus resultierenden Kosten für neue Medikamente und medizinische Geräte.

Investitionen in medizinische Forschung und die Entwicklung von Medikamenten orientieren sich vor allem an der Zahlungsfähigkeit der entsprechenden Bevölkerung (einschließlich derjenigen in wichtigen Importländern). Dies führt zu einem überproportionalen Anteil der Forschungsausgaben für Medikamente zu den typischen Krankheiten des Globalen Nordens und andererseits zum Phänomen der sog. „vernachlässigten Krankheiten“, zu deren Behandlung kaum geforscht wurde.

“ (Bloch, 1935, S. 104, zit. nach, Erxleben (2024, S. 68 f.). Der Begriff der Ungleichzeitigkeit wird heute aber auch verbreitet in Bezug auf die Diffusion von Technologien oder die Entwicklung/Zukunft der Globalisierung verwendet (s. Google-Recherche zu „Ungleichzeitigkeit Technologien“).

Die Kosten für die vorhandenen Medikamente waren mit den gesundheitspolitischen Ressourcen armer Länder nicht bzw. höchstens sehr selektiv (etwa für die Versorgung des wohlhabenderen Teiles der Bevölkerung) zu finanzieren. Die lokale Innovationsfähigkeit in der pharmazeutischen Industrie ist auch heute noch in vielen Ländern sehr niedrig; aufgrund der extremen Ungleichheit der Gesundheitsausgaben ist vor allem der Import von neuen, unter Patentschutz stehenden Medikamenten und medizinischen Geräten nur beschränkt möglich, was eine flächendeckende Versorgung ausschließt. (s. ausführlicher im Kap. 6).

Wie angedeutet, spielen Aspekte des Patenrechts, d. h. der Schutzrechte an Erfindungen, in diesem Zusammenhang eine wichtige Rolle. Die moderne Form solcher Schutzrechte entstand im 15. und 16. Jahrhundert vor allem in den oberitalienischen Stadtstaaten und in England. Das Patentrecht gewährte Erfindern ein Monopol (für eine begrenzte Zeit) und verhinderte damit die Nutzung der Erfindung durch andere – es sei denn gegen Kauf einer Lizenz. Typischerweise spielten Patente zunächst in den technisch fortgeschritteneren Ländern eine wichtige Rolle, während andere Länder versuchten, ihr eigenes Gewerbe durch die Nachahmung solcher Produkte zu fördern und daher häufig auf längere Zeit keine (oder eine relativ begrenzte) Patentgesetzgebung einführten. In der zweiten Hälfte der 20. Jahrhunderts war dies vor allem in der pharmazeutischen Industrie und in der Softwareproduktion von großer Bedeutung. (Boldrin & Levine, 2008).

Das Übereinkommen über handelsbezogene Aspekte der Rechte des geistigen Eigentums (im englischen Original: *Agreement on Trade-Related Aspects of Intellectual Property Rights, TRIPS*) im Rahmen der Welthandelsorganisation (WTO) hat den Zugang zu Medikamenten erheblich beeinflusst, da Entwicklungsländer unter Druck gesetzt werden konnten, international vereinbarte Patentregeln einzuführen und damit – verkürzt gesagt – die Produktion von Nachahmerpräparaten zu verbieten. Dies hat (zunächst vor allem im Zusammenhang mit dem Zugang zu Medikamenten für die Behandlung von HIV/AIDS) zu erheblichen Konflikten – grob gesagt – zwischen Ländern des globalen Nordens und des globalen Südens unter starker Beteiligung der internationale Zivilgesellschaft vor allem im Rahmen des TRIPS-Abkommens geführt. Die daraus resultierenden Verhandlungen (zentral: die sog. *Doha Declaration on TRIPS and Public Health* aus dem Jahre 2001, s.u. Abschn. 6.2) sowie Kompromisse zwischen der Pharma-Industrie, Vertretern des Südens und die internationalen Zivilgesellschaft haben einen verbesserten Zugang zu Medikamenten ermöglicht, auch wenn dies weiterhin ein umkämpftes Feld darstellt (Hein & Moon, 2013).

Das Patentrecht sichert also einerseits dem Erfinder einen Gewinn aus der Nutzung seiner Erfindungen und fördert damit Innovationen, es erschwert allerdings auch die nachholende Entwicklung von Innovationskapazitäten in technologisch weniger entwickelten Ländern. Die WHO hat 2008 eine *Global Strategy and Plan of Action on Public Health, Innovation and Intellectual Property* (GSPoA) in Angriff genommen, die allerdings nur begrenzte Erfolge erzielen konnte (s. dazu detaillierter Abschn. 6.2; auch: Hein, 2016).

Ungleichzeitigkeit in der technischen und wissenschaftlichen Entwicklung in einer interdependenten Welt schafft somit gerade auch im medizinischen Bereich Probleme, die den Ausbau der Gesundheitsversorgung in armen Ländern zusätzlich verkomplizieren.

Literatur

Afri-Dev.Info. (2014). *Ebola epidemic & human resources for health challenges. 2014 Africa factsheet on health workforce*. http://www.afri-dev.info/wp-content/uploads/2015/07/2014-Africa-Factsheet-on-Ebola-Challanges-Health-Workforce-Human-Resources-for-Health-Shortages-fin.pdf. Zugegriffen am 18.11.2024.

Bloch, E. (1935). *Erbschaft dieser Zeit*. Oprecht & Helbling.

Boldrin, M., & Levine, D. K. (2008). *Against intellectual monopoly*. Cambridge University Press.

CSDH (Commission on Social Determinants of Health). (2008). *Closing the gap in a generation: Health equity through action on the social determinants of health*. Final report of the commission on social determinants of health, World Health Organization.

Erxleben, P. (2024). *Kritische Theorie aktualisieren. Adorno und Foucault in den Kraftfeldern von Subjekt, Ma cht und Ideologie*. transcript Verlag. https://doi.org/10.14361/9783839472484-006. https://www.transcript-open.de/isbn/7248. Zugegriffen am 18.11.2024.

Hauser, J. A. (1974). *Bevölkerungsprobleme der Dritten Welt*. Verlag Paul Haupt.

Health Effects Institute & Institute for Health Metrics and Evaluation (IHME). (2017). *State of global air/2017*. A special report on global exposure to air pollution and its disease burden, Health Effects Institute.

Hein, W. (Hrsg.). (1992). *Umweltorientierte Entwicklungspolitik* (2. Aufl., S. 14). Schriften des Deutschen Übersee-Instituts.

Hein, W. (2001). „Autozentrierte Entwicklung" – Überlegungen zur Neufundierung eines immer noch wichtigen Konzeptes. In R. E. Thiel (Hrsg.), *Neue Ansätze zur Entwicklungstheorie* (2. Aufl., S. 218–238). DSE/IZEP.

Hein, W. (2016). *Intellectual property rights and health. The constraints of WHO authority and the rise of global health governance as an element of contestation*. WZB discussion paper SP IV 2016-110, WZB.

Hein, W., & Moon, S. (2013). *Informal norms in global governance: Negotiating global intellectual property rights, human rights and access to medicines*. Ashgatw.

Hogan, D. R., et al. (2018). Monitoring universal health coverage within the sustainable development goals: Development and baseline data for an index of essential health services. *The Lancet Global Health, 6*(2), e152–e168.

Kickbusch, I., & Buckett, K. (Hrsg.). (2010). *Implementing health in all policies: Adelaide 2010*. Department of Health, Government of South Australia.

Lopez, A. D., et al. (2006). Global and regional burden of disease and risk factors, 2001: Systematic analysis of population health data. *The Lancet, 367*(9524), 1747–1757.

Menzel, U. (1988). *Auswege aus der Abhängigkeit – Die entwicklungspolitische Aktualität Europas*. Suhrkamp.

Murray, C. J., Lopez, A. D., & Jamison, D. T. (1994). The global burden of disease in 1990: Summary results, sensitivity analysis and future directions. *Bull. World Health Organ., 72*, 495.

Romanello, M., et al. (2023). The 2023 report from the Lancet Countdown on health and climate change: The imperative for a health-centred response in a world facing irreversible harms. *Lancet, 402*, 2346–2394.

Smith, R., et al. (2003). *Global public goods for health. Health economic and public health perspectives*. Oxford University Press.

Umweltbundesamt. (2016). Pharmaceuticals in the environment: Global occurrence and potential cooperative action under the Strategic Approach to International Chemicals Management (SAICM), Texte 67/2016. https://www.umweltbundesamt.de/sites/default/files/medien/1968/publikationen/iww_abschlussbericht_saicm_arzneimittel_final.pdf. Zugegriffen am 27.09.2024.

Vos, T., et al. (2012). Years lived with disability (YLDs) for 1160 sequelae of 289 diseases and injuries 1990–2010: A systematic analysis for the global burden of disease study 2010. *The Lancet, 380*(9859), 2163–2196.

WHO & World Bank (2023). *Tracking universal health coverage. 2023 global monitoring report*. WHO, IBRD/World Bank. https://iris.who.int/bitstream/handle/10665/374059/9789240080379-eng.pdf?sequence=1. Zugegriffen am 14.11.2024.

WHO (webpage). The global health observatory. UHC service coverage index (3.8.1). https://www.who.int/data/gho/indicator-metadata-registry/imr-details/4834. Zugegriffen am 16.11.2024.

Wikipedia. *Stichwort „DALY"*. https://de.wikipedia.org/wiki/DALY. Zugegriffen am 26.09.2024.

World Bank. (1993). World development report 1993. Investing in health.

World Bank, World Development Indicators. The world by income and region. https://datatopics.worldbank.org/world-development-indicators/the-world-by-income-and-region.html. Zugegriffen am 26.09.2024.

World Health Organization (WHO). (2010). *World health report 2010: Health system financing. The path to universal coverage*. WHO.

World Health Organization (WHO). (2021). *The global health observatory. Global health estimates: Leading causes of death, cause-specific mortality, 2000–2021*. https://www.who.int/data/gho/data/themes/mortality-and-global-health-estimates/ghe-leading-causes-of-death. Zugegriffen am 26.09.2024.

World Health Organization (WHO). (2024). *Help topic: Malnutrition in children. Stunting, wasting, overweight and underweight*. http://apps.who.int/nutrition/landscape/help.aspx?menu=0&helpid=391&lang=EN. Zugegriffen am 26.09.2024.

World Health Organization (WHO). (o.J.). Health topics. One Health. https://www.who.int/health-topics/one-health#tab=tab_1. Zugegriffen am 27.09.2024.

Yazbeck, S. (2009). *Attacking inequality in the health sector: A synthesis of evidence and tools*. World Bank.

Gesundheit als Bestandteil nachhaltiger Entwicklung

3

Zusammenfassung

„Gesundheit" kann nicht einfach als ein Bereich von Sozialpolitik verstanden werden, sondern hängt von vielfältigen Rahmenbedingungen gesellschaftlicher Entwicklung ab, die sich mit dem sozioökonomischen Wandel, dem Bevölkerungswachstum und den Vereinbarungen zu den Sustainable Development Goals (SDGs) stark verändern („Health in all Policies"). „Gute Gesundheit" (SDG 3) verlangt u. a. eine allgemeine Gesundheitsversorgung (Universal Health Coverage, UHC). Der Vergleich mit der globalen Klimapolitik macht deutlich, dass die Gesundheitsfinanzierung ein erhebliches Defizit an internationaler Institutionalisierung aufweist.

3.1 Gesundheit und Umwelt

Die Behandlung der Gesundheitssituation in EL im Kap. 2 hat gezeigt, dass „Gesundheit" nicht einfach als ein Bereich von Sozialpolitik verstanden werden kann, sondern dass Gesundheit von vielfältigen Rahmenbedingungen gesellschaftlicher Entwicklung abhängt, die sich mit dem sozioökonomischen Wandel und dem Bevölkerungswachstum stark verändern („*Health in all Policies*"), und darüber hinaus vom Wandel der Umweltbedingungen beeinflusst wird („*One Health*"). Das zunehmende Verständnis der Phänomene ungleicher und ungleichzeitige Entwicklung haben die Effektivität einer einfachen Übertragung gesundheitspolitischer Modelle der Industrieländer in Frage gestellt.

W. Hein, *Nachhaltige Gesundheitsversorgung in Entwicklungsländern und Global Health Governance*, SDG – Forschung, Konzepte, Lösungsansätze zur Nachhaltigkeit, https://doi.org/10.1007/978-3-658-47224-5_3

Auch wenn die internationale Komponente von „Gesundheit“ seit dem 19. Jahrhundert wahrgenommen wird und eine politische Rolle gespielt hat (s. Einleitung), konzentrierte sich die Diskussion über Gesundheitspolitik für lange Zeit auf die Nationalstaaten und die Beziehungen zwischen diesen. Auch für die Realisierung von „Gesundheit“ als Menschenrecht waren zuallererst die Nationalstaaten verantwortlich; ärmere Staaten sollten entsprechend den nationalen „Möglichkeiten“ unterstützt werden (ICESCR). Seit den 1980er-Jahren kam es zu verschiedenen internationalen Vereinbarungen, die die Umweltbelastungen in Entwicklungsländern als Folge von internationalen Handelsbeziehungen begrenzen sollten, so etwa den 1985 von der FAO verabschiedeten Internationalen Verhaltenskodex für Pestizidmanagement und das 1989 verabschiedete *„Basler Übereinkommens über die Kontrolle der grenzüberschreitenden Verbringung gefährlicher Abfälle und ihrer Entsorgung*“. Im *„Stockholmer Übereinkommen über persistente organische Schadstoffe*“ (2001) wurde u. a. nach bereits jahrzehntelanger Kritik an der krebserregenden Wirkung von DDT (Verbot der Ausbringung in der US-Landwirtschaft bereits 1972, Exportverbot 1981) dessen Anwendung bis auf wenige Ausnahmen verboten. In der Folge des *Johannesburg World Summit on Sustainable Development* (2002) wurde im Rahmen des Umwelt-Programms der UN (UNEP) auf der First International Conference on Chemicals Management (ICCM1) (Februar 2006 in Dubai) der *Strategic Approach to International Chemicals Management (SAICM)* verabschiedet. Angestrebt wird bis zum Jahre 2020 ein fundiertes Management von Chemikalien während ihrer gesamten Nutzungsdauer (life cycle), um sicherzustellen, dass diese in einer Weise produziert und genutzt werden, die signifikante negative Auswirkungen auf Umwelt und menschliche Gesundheit minimieren (International Conference on Chemicals Management (ICCMI), 2006).

Diese spezifischen Vereinbarungen reflektieren eine sich seit den 1970er-Jahren zunehmend durchsetzende Überzeugung, dass „nachhaltige Entwicklung“ in letzter Konsequenz einen weltweiten Transformationsprozess verlange, wie schließlich 1987 im sog. Brundtland-Bericht (Weltkommission für Umwelt und Entwicklung 1987) definiert. Die Nutzung von Ressourcen (und damit vor allem der lebensermöglichenden Atmosphäre) ist nicht lediglich ein Problem des Umweltschutzes in einzelnen Teilen der Welt, sondern verlangt einen weltweiten Wandlungsprozess. In diesem Zusammenhang ist auch „Gesundheit“ zu sehen: nicht nur als Ziel partikularer Verbesserungen in einzelnen Gesellschaften, sondern als ein essenzielles Bedürfnis gegenwärtiger und zukünftiger Generationen (in normativer Hinsicht) und gleichzeitig als eine zentrale Voraussetzung eines erfolgreichen Transformationsprozesses. In diesem Sinne ist die Gesundheitssituation in den ärmeren Gesellschaften auch im materiellen Interesse der reicheren.

„Gesundheit“ wird jetzt als konstitutives Element nachhaltiger Entwicklung im Sinne von sozialer Gerechtigkeit und der Förderung sozialer Stabilität (vom

Brundtland-Bericht über „Human Development" (UNDP) zu den SDGs) wahrgenommen. Im Rahmen der Definition „nachhaltiger Entwicklung" im Brundtland-Bericht (s. Einleitung) wird Gesundheit zweifellos als ein „Grundbedürfnis" der Gegenwart angesehen. Parallel dazu verstärkt das generell wachsende Gewicht der Umweltdiskussion auch die Aufmerksamkeit für die Auswirkungen von Umweltbedingungen auf die Gesundheit.

Dabei wird klar, dass viele der langfristigen Umweltbelastungen wie z. B. die Verschmutzung von Gewässern, besonders der Weltmeere, die Zerstörung der Bodenfruchtbarkeit, vor allem aber der Klimawandel auch die Gesundheit zukünftiger Generationen bedrohen. Der Klimawandel hat einerseits unmittelbare gesundheitliche Implikationen (zunehmende Hitze, Starkregen und Überschwemmungen, regional bisher unbekannte Krankheitserreger), interagiert andererseits mit den ökonomischen Existenzgrundlagen vor allem in der Landwirtschaft, die wiederum armutsverstärkend wirken und Hungersnöte mit sich bringen.

Andererseits stellt „Gesundheit" auch eine Voraussetzung für Entwicklung und Wachstum dar. Die Behandlung von vermeidbaren Krankheiten, der Verlust durch den frühen Tod gut ausgebildeter Arbeitskräfte sowie die Belastung durch die Folgeschäden von Krankheiten (siehe oben die Erläuterung von *Disability-adjusted life-years*) entziehen Gesellschaften wichtige Ressourcen zur Förderung von Entwicklung. Vor allem der sog. Sachs Report (Bericht der *Commission on Macroeconomics and Health*, Sachs, 2001) betonte diese Seite des Zusammenhangs „Entwicklung > Gesundheit > Entwicklung". Dieser Link wurde bereits in der in Rio 1992 verabschiedeten Agenda 21 hergestellt:

> Gesundheit und Entwicklung stehen in einer engen Wechselbeziehung zueinander. Sowohl unzulängliche Entwicklung und die daraus entstehende Armut als auch fehlgeleitete Entwicklung und der daraus resultierende Überverbrauch können, verbunden mit einer kontinuierlich steigenden Weltbevölkerung, in Entwicklungsländern wie auch in entwickelten Ländern Ursache gravierender umweltbedingter Gesundheitsprobleme sein. Die in der Agenda 21 vorgesehenen Maßnahmen müssen gezielt auf die gesundheitlichen Grundbedürfnisse der Weltbevölkerung eingehen, da dies eine unverzichtbare Voraussetzung für die Verwirklichung der Ziele der nachhaltigen Entwicklung und des grundlegenden Umweltschutzes ist(United Nations Sustainable Development (1992): Agenda 21, Abschn. 6.1).

3.2 Die Millennium Development Goals (MDGs, 2000)

Die 55. Generalversammlung der Vereinten Nationen (auch als Millenniums-Gipfel bezeichnet), verabschiedete im September 2000 die sog Millenniums-Entwicklungsziele (*Millenium Development Goals, MDGs*), die einen Maßnahmenkatalog mit konkreten Zielen im Bereich der Grundbedürfnisbefriedigung und zur Halbierung der Armut in der Welt bis zum Jahr 2015 darstellen. „Gesundheit", ökologische Nachhaltigkeit und Gleichstellung der Geschlechter werden in den Kontext einer globalen armutsorientierten Entwicklungsstrategie gestellt, wobei die Tatsache, dass drei der insgesamt acht Hauptziele gesundheitsbezogen sind, die große Bedeutung widerspiegelt, die diesem Sektor beigemessen wird. Die große Sorge vor der weiteren Ausbreitung von HIV/AIDS und der destabilisierenden Wirkung dieser Pandemie vor allem im subsaharischen Afrika, die auch auf den G8-Gipfeln der Jahre 1998 und 2000 eine wichtige Rolle spielten, stand u. a. im Hintergrund der starken Fokussierung auf Gesundheit. Die folgende Aufstellung enthält die acht MDGs sowie Verweise auf in diesem Zusammenhang formulierte „Zielvorgaben", die direkt auf Gesundheit bezogen sind. (Vereinte Nationen. Generalversammlung, 2001):

(1) *Bekämpfung von extremer Armut und Hunger*: Zwischen 1990 und 2015 soll der Anteil der Menschen halbiert werden, die weniger als den Gegenwert von einem US-Dollar pro Tag zum Leben haben, sowie derjenigen, die Hunger leiden.
(2) *Primarschulbildung* für alle.
(3) *Gleichstellung der Geschlechter*/Stärkung der Rolle der Frauen.
(4) Senkung der *Kindersterblichkeit*: Zwischen 1991 und 2015 Senkung der Kindersterblichkeit von unter Fünfjährigen um zwei Drittel (von 10,6 % auf 3,5 %).
(5) Verbesserung der *Gesundheitsversorgung* der Mütter: Zwischen 1990 und 2015 Senkung der *Sterblichkeitsrate von Müttern* um drei Viertel, sowie bis 2015 der allgemeine Zugang zu reproduktiver Gesundheit.
(6) Bekämpfung von *HIV/AIDS*, *Malaria* und anderen schweren Krankheiten: Bis 2015 die Ausbreitung von HIV/AIDS, Malaria und anderen schweren Krankheiten zum Stillstand bringen und Bewirkung einer Trendumkehr, bis 2010 ein weltweiter Zugang zu medizinischer Versorgung für alle HIV/AIDS-Infizierten.
(7) Ökologische *Nachhaltigkeit*: Bis 2015 Reduktion des Anteils der Menschen ohne dauerhaft gesicherten Zugang zu hygienisch einwandfreiem Trinkwasser von 65 % auf 32 %; bis 2020 deutliche Verbesserung der Lebensbedingungen von mindestens 100 Mio. Slumbewohnern und –bewohnerinnen.
(8) *Aufbau einer globalen Partnerschaft für Entwicklung*: Gewährleistung des Zugangs zu unentbehrlichen Arzneimitteln zu erschwinglichen Preisen in Entwicklungsländern in Zusammenarbeit mit den Pharmaunternehmen.

Während sich die Ziele (1) bis (7) direkt an die betroffenen Länder richten, verlangt das Ziel (8) eine „globale Partnerschaft", d. h. eine Unterstützung der ärmeren

Länder durch die wohlhabenderen Teile der Weltbevölkerung. Dies wendet sich ebenfalls primär an die reicheren *Staaten*, bezieht aber auch die Kooperation mit dem „privaten Sektor" ein (s. Bezug auf Pharmaunternehmen). Die MDGs gruppieren sich noch nicht explizit um das Ziel der nachhaltigen Entwicklung; die einzelnen Ziele und deren genauere Charakterisierung durch die jeweiligen „Unterziele" verdeutlichen jedoch, dass die Verbesserung der Grundbedürfnisbefriedigung der gegenwärtigen Weltbevölkerung in einem integrierten Zusammenhang gesehen wird, ausgehend von MDG 1: Bekämpfung von extremer Armut und Hunger. Der offensichtliche Bezug aller acht Punkte zum Thema Gesundheit, der in einigen Unterzielen explizit formuliert wird, verweist auf den oben angesprochenen Diskurs zu *Health in all Policies*. Die *UN Commission on Sustainable Development* (etabliert 1992 auf der UNCED in Rio de Janeiro) bezeichnet „Gesundheit und nachhaltige Entwicklung" als ein cross-cutting issue (United Nations Sustainable Development, website).

Der *Millennium Development Goals Report 2015* fasst die wichtigsten Erfolge und ihre Grenzen in Bezug auf die MDGs zusammen (Vereinte Nationen, 2015). Während der Anteil der extrem Armen (Einkommen von weniger als $1.25 pro Tag) an der Gesamtbevölkerung der Entwicklungsländer von 47 % im Jahre 1990 auf 14 % 2015 (absolut von 1.9 Mrd. auf 836 Mio.) und der Anteil der unterernährten Bevölkerung von 23,3 % auf 12,9 % sank (Ziel 1), wurden die hochgesteckten Ziele (4) und (5) deutlich verfehlt: Die Kindersterblichkeit sank weltweit von 90 (1990) auf 43 (2015) pro 1000 Lebensgeborenen, d. h. um knapp mehr als die Hälfte anstatt zwei Drittel. Die Müttersterblichkeit sank um 45 % anstatt 75 %. Die Zielformulierung zur Bekämpfung von „HIV/AIDS, Malaria und anderen schwere Krankheiten" blieb vager; bei HIV wurde insofern eine Trendumkehr erreicht, als die Zahl der jährlichen Neu-Infektionen seit 1997 (3,47 Mio.) kontinuierlich gesunken ist (auf 2,1 Mio. 2015), ebenso die Zahl der AIDS-Toten seit 2005 (2,0 Mio., 2015: 1,1 Mio.).

Der MDG-Report betont allerdings, dass die Erfolge sehr ungleich verteilt sind, was Unterschiede zwischen Ländern und Regionen betrifft, aber auch eine fortbestehende Diskriminierung von Mädchen und Frauen, enorme Unterschiede zwischen den ärmsten und den reichsten Haushalten und solche zwischen ländlichen und städtischen Regionen. Weiterhin wird die extreme Bedrohung menschlicher Entwicklung durch Konflikte hervorgehoben; bereits Ende 2014 wurde mit etwa 60 Mio. Flüchtlingen (davon 38 Mio. Flüchtlinge innerhalb ihres Heimatlandes) die höchste Zahl seit Ende des 2. Weltkriegs registriert (Vereinte Nationen, 2015, S. 9 f.). Diese Zahl ist seitdem (zuletzt durch den Ukraine-Krieg) stark angestiegen: Für Mitte 2022 schätzt der UNHCR Mid-Year Trends Report (UNHCR, 2022) die Zahl der Flüchtlinge (*forcibly displaced people*) weltweit auf etwa 103 Mio„ wovon etwa 60 Mio. interne Flüchtlinge sind.

3.3 Die Sustainable Development Goals (SDGs, 2015)

Am 25.9.2015 setzte der *United Nations Sustainable Development Summit* auf der Grundlage des Evaluierungsprozesses der MDGs neue Ziele für die Zeit bis 2030, die nun systematischer auf das Ziel der „nachhaltigen Entwicklung" bezogen wurden (offizieller Name: *Transforming our world: the 2030 Agenda for Sustainable Development*, kurz Agenda 2030 (United Nations, 2015)). Das Jahr 2015 ist auch insofern für die internationale Umweltpolitik von großer Bedeutung, als auf der UN-Klimakonferenz (21. Vertragsstaatenkonferenz der *UN Framework Convention on Climate Change UNFCCC*) am 12.12.2015 das *Paris Agreement on Climate Change* (UNFCCC, 2016) beschlossen wurde, das die Begrenzung der globalen Erwärmung auf deutlich unter 2 °C, möglichst 1,5 °C im Vergleich zu vorindustriellen Levels, eine Verpflichtung aller Mitgliedsstaaten zu konkreten Klimaschutzbeiträgen und eine Unterstützung der ärmeren Länder mit mindestens 100 Mrd. US$ jährlich für Maßnahmen der Anpassung an den Klimawandel vorsieht.

Die „Gemeinsamen Prinzipien und Verpflichtungen" (s. Abb. 3.1) der Agenda 2030 werden in den Artikeln 10 und 11 zusammengefasst, die u. a. auf den Ergebnissen von internationalen Konferenzen und Aktionsplänen seit der Rio-Konferenz von 1992 basieren.

Diese „Ziele für nachhaltige Entwicklung" (*Sustainable Development Goals, SDGs*) sind nicht so spezifisch formuliert wie die MDGs, sondern beziehen sich auf die Gesamtheit aller gesellschaftlichen Bereiche, die für nachhaltige Entwicklung von Bedeutung sind. Die im Folgenden wiedergegebene Übersicht aus der offiziellen UN-Webseite zu „Sustainable Development" (UN Department of Economic and Social Affairs. Sustainable Development, website) zeigt, dass die MDGs erheblich restrukturiert und erweitert wurden (s. Abb. 3.2). Das Ziel der „ökologischen Nachhaltigkeit" wurde in die Ziele (6) und (11–15) aufgespalten, während die drei gesundheitsbezogenen MDGs im Ziel (3) zusammengefasst wurden. Darüber hinaus wurden mit den Zielen (7–9) die Bereiche der Ökonomie und der Infrastruktur stärker in den Vordergrund gestellt. Schließlich wurden die in der Auswertung der MDGs (s.o.) besonders betonten Problembereiche zu eigenständigen Zielen erhoben (10: Reduktion von Ungleichheit; 16: Frieden und Gerechtigkeit).

„Gute Gesundheit" („Ein gesundes Leben für alle Menschen jeden Alters gewährleisten und ihr Wohlergehen fördern")[1] ist hier nur noch ein Ziel von 17; aller-

[1] Deutsche Übersetzung zum SDG 3 und Teilziele in: Vereinte Nationen, 2015; https://www.un.org/depts/german/gv-70/band1/ar70001.pdf.

Shared principles and commitments:

10. The new Agenda is guided by the purposes and principles of the Charter of the United Nations, including full respect for international law. It is grounded in the Universal Declaration of Human Rights, international human rights treaties, the Millennium Declaration and the 2005 World Summit Outcome. It is informed by other instruments such as the Declaration on the Right to Development.

11. We reaffirm the outcomes of all major United Nations conferences and summits which have laid a solid foundation for sustainable development and have helped to shape the new Agenda. These include the Rio Declaration on Environment and Development, the World Summit on Sustainable Development, the World Summit for Social Development, the Programme of Action of the International Conference on Population and Development, the Beijing Platform for Action and the United Nations Conference on Sustainable Development. We also reaffirm the follow up to these conferences, including the outcomes of the Fourth United Nations Conference on the Least Developed Countries, the third International Conference on Small Island Developing States, the second United Nations Conference on Landlocked Developing Countries and the Third United Nations World Conference on Disaster Risk Reduction.

Abb. 3.1 Agenda 2030: Gemeinsamen Prinzipien und Verpflichtungen. (**Quelle:** United Nations, 2015)

Abb. 3.2 Überblick zu den SDGs. (Quelle: UNDESA Sustainable Development, website))

dings wird Gesundheit umfassend betrachtet, d. h. die drei gesundheitsbezogenen MDGs stellen nun nur noch drei der insgesamt 13 *Targets* (Teilziele) innerhalb des Ziels „Gesundheit" dar.

Die folgenden 13 Teilziele konkretisieren das Ziel „Gesundheit". Die Nummerierung folgt dem Originaltext, wobei die erste Ziffer auf das übergreifende SDG-Ziel verweist, die zweite auf die Teilziele und die durch Buchstaben (also 3.a) gekennzeichneten Targets auf die wichtigsten Maßnahmen zur Erreichung dieser Ziele.

3.1 Bis 2030 die weltweite Müttersterblichkeit auf unter 70 je 100.000 Lebendgeburten senken.

3.2 Bis 2030 den vermeidbaren Todesfällen bei Neugeborenen und Kindern unter 5 Jahren ein Ende setzen, mit dem von allen Ländern zu verfolgenden Zielen, die Sterblichkeit bei Neugeborenen mindestens auf 12 je 1000 Lebendgeburten und bei Kindern unter 5 Jahren mindestens auf 25 je 1000 Lebendgeburten zu senken.

3.3 Bis 2030 die Aids-, Tuberkulose- und Malariaepidemien und die vernachlässigten Tropenkrankheiten beseitigen und Hepatitis, durch Wasser übertragene Krankheiten und andere übertragbare Krankheiten bekämpfen.

3.4 Bis 2030 die Frühsterblichkeit aufgrund von nichtübertragbaren Krankheiten durch Prävention und Behandlung um ein Drittel senken und die psychische Gesundheit und das Wohlergehen fördern.

3.5 Die Prävention und Behandlung des Substanzmissbrauchs, namentlich des Suchtstoffmissbrauchs und des schädlichen Gebrauchs von Alkohol, verstärken.

3.6 Bis 2020 die Zahl der Todesfälle und Verletzungen infolge von Verkehrsunfällen weltweit halbieren.

3.7 Bis 2030 den allgemeinen Zugang zu sexual- und reproduktionsmedizinischer Versorgung, einschließlich Familienplanung, Information und Aufklärung, und die Einbeziehung der reproduktiven Gesundheit in nationale Strategien und Programme gewährleisten.

3.8 Die allgemeine Gesundheitsversorgung (im englischen Text „Universal Health Coverage" (UHC)), einschließlich der Absicherung gegen finanzielle Risiken, den Zugang zu hochwertigen grundlegenden Gesundheitsdiensten und den Zugang zu sicheren, wirksamen, hochwertigen und bezahlbaren unentbehrlichen Arzneimitteln und Impfstoffen für alle erreichen.

3.9 Bis 2030 die Zahl der Todesfälle und Erkrankungen aufgrund gefährlicher Chemikalien und der Verschmutzung und Verunreinigung von Luft, Wasser und Boden erheblich verringern.

3.a Die Durchführung des Rahmenübereinkommens der Weltgesundheitsorganisation zur Eindämmung des Tabakgebrauchs in allen Ländern in geeigneter Weise stärken.

3.b Forschung und Entwicklung zu Impfstoffen und Medikamenten für übertragbare und nichtübertragbare Krankheiten, von denen hauptsächlich Entwicklungsländer betroffen sind, unterstützen, den Zugang zu bezahlbaren unentbehrlichen Arzneimitteln und Impfstoffen gewährleisten, im Einklang mit der Erklärung von Doha über das TRIPS-Übereinkommen und die öffentliche Gesundheit, die das Recht der Entwicklungsländer bekräftigt, die Bestimmungen in dem Übereinkommen über handelsbezogene Aspekte der Rechte des geistigen Eigentums über Flexibilitäten zum Schutz der öffentlichen Gesundheit voll auszuschöpfen, und insbesondere den Zugang zu Medikamenten für alle zu gewährleisten.

3.c Die Gesundheitsfinanzierung und die Rekrutierung, Aus- und Weiterbildung und Bindung von Gesundheitsfachkräften in den Entwicklungsländern und insbesondere in den am wenigsten entwickelten Ländern und den kleinen Inselentwicklungsländern deutlich erhöhen.

3.d Die Kapazitäten aller Länder, insbesondere der Entwicklungsländer, in den Bereichen Frühwarnung, Risikominderung und Management nationaler und globaler Gesundheitsrisiken stärken.

Hier sei kurz darauf verwiesen, dass dem Target 3.b im Zusammenhang mit der Entwicklung von und dem Zugang zu Impfstoffen gegen COVID-19 eine besondere Bedeutung zukommt (s.u. Abschn. 6.5). Wie schon bei den MDGs spielen auch bei den SDGs eine Reihe von „targets" innerhalb der anderen Ziele eine wichtige Rolle für die Förderung von Gesundheit; so etwa in Bezug auf Faktoren wie Sicherheit gegenüber Katastrophen und Gewalt, nachhaltiger Konsum von Lebensmitteln, Entwicklung angepasster Technologien und Technologietransfer.

Vor dem Hintergrund der in den Kap. 2 und Abschn. 3.1 skizzierten Probleme der Gesundheitssituation in Entwicklungsländern und deren Zusammenhang mit den jeweiligen Umweltbedingungen und -risiken lässt sich konstatieren, dass die SDGs die Herausforderung der Gesundheitsversorgung umfassend und differenziert reflektieren. Allerdings fällt auf, dass die Frage der institutionellen Akteure zur Umsetzung der identifizierten Ziele und damit das Thema des Aufbaus bzw. der Konsolidierung nationaler Gesundheitssysteme in diesem Rahmen eher marginal berücksichtigt werden (in den Zielen 3.8, 3c und 3d, aber ohne Bezug auf zu unterstützende Akteure). Ziel 16 bezieht sich auf Aspekte von nationaler Good Governance (s.o.). Kritisch anzumerken ist auch, dass das SDG 13 („Umgehend Maßnahmen zur Bekämpfung des Klimawandels und seiner Auswirkungen ergreifen") nicht auf die gesundheitlichen Auswirkungen des Klimawandels eingeht (s.o. Abschn. 3.1, s. auch Zhao et al., 2021), die nicht nur indirekt über die Zerstörung von Lebensgrundlagen (Landwirtschaft, Überschwemmung von Wohngebieten, Wasserversorgung), sondern auch direkt über extreme Hitze und die Verbreitung von Krankheitserregern auftreten. Dies verweist wiederum auf das Thema „Health in all Policies".

Interessant sind die Ziele für den Bereich der Global Governance, dem die SDGs ja ihrem Charakter nach (Prozess ihres Entstehens und der Verständigung über ihre Implementierung) zuzuordnen sind. Die SDGs formulieren ebenso wie die MDGs zwar zunächst Ziele für nationale Politik, haben aber den Anspruch, globale Normen zu setzen. Das Ziel 17 („Umsetzungsmittel stärken und die Globale Partnerschaft für nachhaltige Entwicklung mit neuem Leben erfüllen") verlangt den Ausbau der globalen Partnerschaft für nachhaltige Entwicklung, „ergänzt durch Multi-Akteur-Partnerschaften zur Mobilisierung und zum Austausch von Wissen, Fachkenntnissen, Technologie und finanziellen Ressourcen, um die Erreichung der Ziele für nachhaltige Entwicklung in allen Ländern und insbesondere in den Entwicklungsländern zu unterstützen." (Vereinte Nationen GV, 2015, Art, 17.16: 29). Das hier zum Ausdruck kommende Konzept von Global Governance bestärkt die Entwicklung der weltweiten Zusammenarbeit im Gesundheitsbereich, wie in der ausführlichen Behandlung dieses Themas im Kap. 6 deutlich werden wird.

Als zentrale Plattform der Vereinten Nationen zur Weiterverfolgung und Fortschrittskontrolle der Agenda 2030 und der SDGs dient das sog. *UN High-level Political Forum on Sustainable Development (HLPF)* (website), das bereits im Jahr 2013 eingerichtet wurde. Dies ist eine alljährliche Konferenz der UN-Mitgliedsstaaten zu jeweils unterschiedlichen Themen. Im Jahre 2017 stand das Thema „Eradicating poverty and promoting prosperity in a changing world" im Mittelpunkt, wobei die Ziele 1, 2, 3, 5, 9 und 14 behandelt werden, also auch der Bereich „Gesundheit". Das Ziel *Global Partnership for Sustainable Development*, d. h. vor allem auch die Bereitstellung und Nutzung der notwendigen Ressourcen, wird in jedem Jahr behandelt. Im Jahr 2018 ging es um das Thema *Transformation towards sustainable and resilient societies,* 2019 um *Empowering people and ensuring inclusiveness and equality* und 2020 um das Thema *Accelerated action and transformative pathways: realizing the decade of action and delivery for sustainable development.* Von 2021 bis 2023 stehen die Auswirkungen der COVID-19 Pandemie auf nachhaltige Entwicklung im Vordergrund. Das HLPF 2024 (Juli 2024) behandelt als Schwerpunktthema *Reinforcing the 2030 Agenda for Sustainable Development and eradicating poverty in times of multiple crises: The effective delivery of sustainable, resilient and innovative solutions.* Angesichts der bisher wenig zufriedenstellenden Bilanz zur bisherigen Umsetzung der SDGs, der aktuellen internationalen Konflikte und Probleme der Finanzierung der Agenda 2030, wurden die Erwartungen auf das im September 2024 stattfindende *Summit of the Future* der UN-Vollversammlung vertagt.

Zur Aufgabe des HLPF gehört auch die Diskussion nationaler Reviews, die auf freiwilliger Basis erstellt werden. Die Agenda 2030 ermutigt „die Mitgliedstaaten außerdem, regelmäßige und alle Seiten einbeziehende Überprüfungen der Fortschritte auf nationaler und subnationaler Ebene durchzuführen, die von den Ländern gesteuert und vorangetrieben werden" (Vereinte Nationen, 2015, Art. 79). Im Juli 2019 wurde eine Umfrage unter Teilnehmern der HLPF-Sitzungen zur Evaluierung der Arbeit des HLPF durchgeführt, wobei u. a. vorgeschlagen wurde, die Beteiligung der Zivilgesellschaft zu stärken, den Fokus stärker auf die Verknüpfungen zwischen den SDGs, konkrete Empfehlungen sowie auf die Diskussion der nationalen Fortschrittsberichte zu legen (UN-HLPF, website survey).

Die enge Wechselbeziehung zwischen „Gesundheit" und anderen Bereichen nachhaltiger Entwicklung wurde im Falle der COVID-19-Pandemie in besonderem Maße deutlich: einerseits die Entwicklung der Gesundheitssysteme als wichtige Voraussetzung für den Umgang mit der Pandemie (von Testverfahren bis zur Behandlung von Schwerkranken), andererseits die sehr hohen ökonomischen und sozialen Kosten von Präventionsmaßnahmen. Während viele globale Gesundheitsindikatoren zwischen 2015 und 2020 eine positive Entwicklung zeigten (wenn auch mit regional sehr ungleichen Fortschritten), brachte COVID-19 erhebliche Rückschläge (UNDESA, website goal3).

3.4 Gesundheit, nachhaltige Entwicklung und Entwicklungspolitik

Die Agenda 2030 muss in einem engen Zusammenhang zum *Paris Agreement on Climate Change* (offizielle Übersetzung: Übereinkommen von Paris vom 12. Dezember 2015) gesehen werden, das auf der Grundlage der 1992 verabschiedete Klimarahmenkonvention (*UN Framework Convention on Climate Change, UNFCCC*) 2015 verhandelt wurde und im Jahre 2016 in Kraft trat (UNFCCC, 2016). Im Unterschied zum Kyoto-Protokoll, das zuvor im Mittelpunkt der internationalen Klimapolitik stand und verpflichtende Ziele der Reduktion von CO_2-Emissionen vorsah, wird nach dem Paris Agreement on Climate Change eine ähnliche Logik wie bei den MDGs und SDGs verfolgt: Ziele werden vorgegeben, werden allerdings lediglich auf der Grundlage freiwilliger Selbstverpflichtungen jedes Landes verfolgt. Ein zentrales Element des Prozesses besteht in der kontinuierlichen Evaluierung mit Korrekturen der Maßnahmen je nach Erfolg bzw. Zurückbleiben hinter den Zielen. Ziele und Versäumnisse zu formulieren ist eine Sache, die Mobilisierung der nötigen Finanzierung eine andere. Dabei ist zu berücksichtigen, dass die SDGs und die Agenda 2030 das umfassende Thema der nachhaltigen Entwicklung behandeln, also multidimensional sind (vgl. die Themen der HLPFs), während die Klimapolitik auf ein Thema fokussiert ist, mit den beiden Komponenten Mitigation (Reduktion der Emission von klimaschädlichen Gasen) und Anpassung an den Klimawandel (SDG 13). Auch im Vergleich mit dem SDG 3 (Gesundheit) verfügt die Klimapolitik über ein integriertes und relativ starkes Institutionensystem. Da die Klimapolitik nicht im Mittelpunkt dieses Buches steht, werde ich mich im Folgenden auf einen kurzen Vergleich in Bezug auf die Mobilisierung von Ressourcen konzentrieren.

Das höchste Entscheidungsgremium der UNFCCC stellt die Mitgliederkonferenz (*Conference of the Parties, COP*) dar, die auf ihren jährlichen Treffen die Fortschrittsberichte der Mitglieder diskutiert und Entscheidungen zur effektiven Implementierung der Konvention trifft. Sie wird dabei unterstützt durch den Weltklimarat (International Panel on Climate Change (IPCC)), einer unabhängigen wissenschaftlichen Beratungsorganisation unter der Schirmherrschaft der *World Meteorological Organization* und dem *United Nations Environment Programme.*

Auf der Basis einer völkerrechtlich verbindlichen Konvention und vor dem Hintergrund höchster weltweiter Aufmerksamkeit haben die COPs des UNFCCC einen zentralen Einfluss auf die wichtigsten Aspekte der Mobilisierung finanzieller Ressourcen für die Klimapolitik. Dennoch bestehen auch hier Probleme, die selbst gesteckten Globalziele zu erreichen. Trotz aller Schwierigkeiten einer exakten Bestimmung der geleisteten Zahlungen besteht Einigkeit darüber, dass das Ziel der Unterstützung der ärmeren Länder mit mindestens 100 Mrd. US$ pro Jahr ab 2020 deutlich verfehlt wurde (UNFCCC Standing Committee on Finance, 2022) Die OECD berechnet einen Betrag von 83 Mrd; während Oxfam unter Berücksichtigung der Rückzahlung von Krediten und dem realen klimapolitischen Anteil von Projekten auf Nettozahlungen von lediglich $21–24,5 Mrd. als „true value" dieser Leistungen kommt (Oxfam, 2022). Inzwischen ist man dem 100 Mrd.- Ziel offenbar nähergekommen. Angesichts des als Folge von Klimakatastrophen erheblich höheren Bedarfs an Mittel für Anpassungsmaßnahmen, wird allerdings für die Zeit ab 2025 über einen deutlich höheren jährlichen Bedarf verhandelt (UNFCCC, 2023).

Die Frage der globalen Gesundheitsfinanzierung im Rahmen eines Konzeptes nachhaltiger Entwicklung ist allerdings noch erheblich komplexer, da es hier bisher keine internationalen Vereinbarungen zur Finanzierung gegeben hat. Auch im Kontext der Finanzierung von Anpassungsmaßnahmen im Rahmen des UNFCCC sind bisher wenig Mittel in den Gesundheitsbereich geflossen (s.u. Abschn. 4.2). Die WHO ist grundsätzlich nicht als Finanzierungsorganisation angelegt, bereits 1990 betrug der Anteil der WHO an der gesamten Development Assistance for Health (DAH)[2] ledig-

[2] „Development Assistance for Health" (DAH) ist der Begriff, unter dem seit etwa 2010 die wichtigsten Daten zur gesundheitsbezogenen Entwicklungshilfe aufgearbeitet und präsentiert wurden, insbesondere vom Institute for Health Metrics and Evaluation (IHME, s.u. Abschn. 7.3.1). „Development assistance for health is defined as financial and in-kind contributions made by channels of development assistance to improve health in developing countries. It includes all disease-specific contributions as well as general health sector support, and excludes support for allied sectors." (IHME, 2009, p.13). „Channels of development assistance" umfassen in diesem Zusammenhang staatliche und nicht-staatliche Quellen der Finanzierung.

Die im Folgenden genannten Daten sind der Website https://vizhub.healthdata.org entnommen (s.u. Abschn. 7.3.1).

lich etwa 15 % von insgesamt ca. 10 Mrd. US$; die wichtigsten Finanzierungsquellen waren bilaterale Hilfe sowie andere UN-Institutionen (einschl. der Weltbank). Vor allem mit der HIV/AIDS-Pandemie stieg die internationale Gesundheitsfinanzierung stark an und erreichte in den 2010er-Jahren ein durchschnittliches Niveau von jährlich gut 40 Mrd. US$ bei sich weiterhin differenzierenden Quellen und bezogen auf eine Vielzahl von „Health Focus Areas". Die Covid-Pandemie führt zu einem erneuten steilen Anstieg auf bis zu ca. 84 Mrd. US$ im Jahre 2021, sank allerdings bis 2023 wieder auf etwa 62 Mrd.$, erreichte also fast das Niveau der Klimafinanzierung. Das ist eine beträchtliche Summe, aber angesichts der extremen Unterschiede in den Pro-Kopf-Ausgaben für Gesundheit und der immensen Zahl der betroffenen Menschen ist das ein Tropfen auf den heißen Stein. Indien etwa müsste bei einer Bevölkerung von 1,294 Mrd. Menschen, allein 1,294 Mrd. $ zusätzlich für Gesundheit zur Verfügung haben, um die Pro-Kopf-Ausgaben nur um einen einzigen Dollar (!) zu erhöhen. Diese Problematik wird im Abschn. 7.4 detaillierter behandelt.

Auch wenn man den Austritt der USA aus dem Pariser Klimaabkommen und schließlich auch der WHO nach dem Wahlsieg von Biden, der diese Schritte rückgängig machte, zunächst als eine Episode der ersten Trump-Präsidentschaft bezeichnen mag, wird deutlich, wie verletzlich selbst die an sich schon unzureichenden Leistungen globaler Zusammenarbeit sind (s.u., Kap. 6 und 7). Die WHO gründete etwa im Mai 2020 die WHO Foundation „to mobilize greater private capital and partnership to advance the mission of WHO" als Grundlage zusätzlicher Finanzierung durch Geber, die von der direkten WHO-Finanzierung zwecks Erhaltung der Unabhängigkeit der Organisation ausgeschlossen sind (vor allem: Pharmaindustrie) (Aust & Feihle, 2022; Maani et al., 2021). Die Stiftung blieb allerdings wirtschaftlich unbedeutend[3] – was sich nach dem erneuten Sieg Trumps im November 2024 ändern könnte.

Im Abschn. 3.1 wurden die vielfältigen Zusammenhänge zwischen nachhaltiger Entwicklung und Gesundheit skizziert. Die gesundheitsbezogenen Ziele der SDGs bilden somit einen wichtigen Referenzpunkt für das Thema dieses Buchs. Allerdings ist es nicht gelungen, für globale Gesundheitspolitik eine ähnlich dauerhafte Aufmerksamkeit und Finanzierung sicherzustellen wie für die Klimapolitik. Dafür dürften verschiedene Ursachen verantwortlich sein, die mit der langfristigen historischen Entwicklung einer fragmentierten, vor allem auf Nationalstaaten bezogenen Verantwortung für „Gesundheit" zusammenhängen – während die Dringlichkeit der Klimakrise als existenzielles Problem der Menschheit zu einer umfassenderen Mobilisierung geführt hat. Parallel dazu sollte aber die institutionelle Struktur der Klima-

[3] Bis September 2021 wurden gerade einmal € 30 Mio. mobilisiert (Pedrero, 2022); im Internet sind kaum Berichte über die Entwicklung der Stiftung seit 2020 verfügbar. Auf der dünnen Internet-Plattform (https://who.foundation/, abgerufen 19.11.2024) werden weiterhin vor allem Partner gesucht.

politik beachtet werden, die sich auf der Basis der völkerrechtlich verbindlichen Klimakonvention und fokussiert auf das Ziel der Reduzierung der Emission von Treibhausgasen entwickelt hat, und zu der es in der globalen Gesundheitspolitik keine Entsprechung gibt. Wäre es nicht denkbar, ausgehend von einer gemeinsamen Verantwortung der Staaten für Gesundheit als einer zentralen Dimension nachhaltiger Entwicklung und unter Anerkennung einer historischen Verantwortung der „alten" Industrieländer für Jahrhunderte ungleicher Entwicklung eine *Konvention zur Förderung von Universal Health Coverage* (die Kontrolle der Verbreitung von Infektionskrankheiten einbeziehend) zu vereinbaren und verbindliche Mechanismen internationaler Kooperation und Transferleistungen zu vereinbaren?

In den folgenden beiden Kapiteln werden zunächst Gesundheitspolitik und Gesundheitssysteme auf der nationalen Ebene (Kap. 4 und 5) und die Ursachen bestehender Ungleichheiten behandelt. Die in den SDGs eher marginal angesprochene Governance-Problematik wird im Mittelpunkt der Kap. 6 und 7 stehen, die sich mit der internationalen Gesundheitspolitik beschäftigen; sie verweist allerdings auf die Schwierigkeiten, in realen politischen Auseinandersetzungen die verschiedenen Aspekte der Agenda 2030 konsistent miteinander zu verknüpfen.

Literatur

Aust, H. P., & Feihle, P. (2022). The WHO foundation and the law of international organizations: Towards better funding for global health? *International Organizations Law Review, 19*, 332–364.

Institute for Health Metrics and Evaluation (IHME). (2009). *Financing global health 2009: Tracking development assistance for health*. IHME. Chapter 1: Tracking global health resource flows, S. 13. https://www.healthdata.org/sites/default/files/files/policy_report/2009/FGH2009/IHME_FGH2009_Chapter1.pdf. Zugegriffen am 10.10.2024.

International Conference on Chemicals Management (ICCMI). (2006). *Strategic approach to international chemicals management*. http://www.saicm.org/About/SAICMOverview/tabid/5522/language/en-US/Default.aspx. Zugegriffen am 02.10.2024.

Maani, N., et al. (2021). The new WHO Foundation – Global health deserves better (Commentary). *BMJ Global Health 2021*. https://gh.bmj.com/content/6/2/e004950. Zugegriffen am 19.11.2924.

Oxfam. (2022). *Climate finance short-changed. The real value of the $100 billion commitment in 2019–20* (Oxfam Briefing Note – October 2022). https://www.oxfam.de/system/files/documents/bn-climate-finance-short-changed-191022-en_embargoed.pdf. Zugegriffen am 10.10.2024.

Pedrero, A. (2022, October 17). WHO seeks flexible funds from business via WHO Foundation. *GMA News Online*. https://www.gmanetwork.com/news/money/companies/848385/who-seeks-flexible-funds-from-business-via-who-foundation/story/. Zugegriffen am 10.10.2022.

Sachs, J. D. (Chair). (2001). *Macroeconomics and health: Investing in health for economic development*. Report of the commission on macroeconomics and health, WHO.

UN Department of Economic and Social Affairs (UNDESA) (website goal3). *Ensure healthy lives and promote well-being for all at all ages*. https://sdgs.un.org/goals/goal3. Zugegriffen am 09.10.2024.

UN Department of Economic and Social Affairs (UNDESA) (website). *Sustainable development*. https://sdgs.un.org/goals. Zugegriffen am 06.10.2024.

UN High-level Political Forum on Sustainable Development (HLPF), website (allgemein). https://hlpf.un.org/. Zugegriffen am 09.10.2024.

UN High-level Political Forum on Sustainable Development (HLPF), website, survey. Comprehensive HLPF survey results. evaluation of the HLPF after 4 years. https://hlpf.un.org/sites/default/files/migrated/documents/24802Comprehensive_HLPF_Survey_Results_FINAL.pdf. Zugegriffen am 09.10.2024.

UNFCCC. (2023). *New collective quantified goal on climate finance*. https://unfccc.int/sites/default/files/resource/UNFCCC_NCQG2023_flyer_web.pdf. Zugegriffen am 09.10.2024.

UNFCCC Standing Committee on Finance. (2022). *Report on progress towards achieving the goal of mobilizing jointly USD 100 billion per year to address the needs of developing countries in the context of meaningful mitigation actions and transparency on implementation*. https://unfccc.int/sites/default/files/resource/J0156_UNFCCC%20100BN%202022%20Report_Book_v3.2.pdf. Zugegriffen am 09.10.2024.

UNHCR Mid-Year Trends Report. (2022). https://www.unhcr.org/statistics/unhcrstats/635a578f4/mid-year-trends-2022

United Nations. (2015). *Transforming our world: The 2030 agenda for sustainable development*. https://sustainabledevelopment.un.org/post2015/transformingourworld/publication

United Nations Framework Convention on Climate Change (UNFCCC). (2016). *The Paris agreement*. https://unfccc.int/sites/default/files/resource/parisagreement_publication.pdf. Zugegriffen am 09.10.2024.

United Nations Sustainable Development. (1992). United Nations Conference on Environment & Development Rio de Janerio [sic!], Brazil, 3 to 14 June 1992 AGENDA 21. https://www.un.org/depts/german/conf/agenda21/agenda_21.pdf. Zugegriffen am 06.10.2024.

United Nations Sustainable Development (UNSD) (website). Sustainable development goals, knowledge platform, health and population. https://sustainabledevelopment.un.org/topics/healthandpopulation. Zugegriffen am 06.10.2024.

Vereinte Nationen. (2015). *Millenniums-Entwicklungsziele. Bericht 2015*. Vereinte Nationen, deutsche Version.

Vereinte Nationen. Generalversammlung. (2001). *Weiterverfolgung der Ergebnisse des Millenniums-Gipfels. Anhang Millenniums-Entwicklungsziele*. https://www.un.org/depts/german/gs_sonst/roadmap01.pdf. Zugegriffen am 06.10.2024.

Vereinte Nationen. Generalversammlung. (2015). *Resolution 70/1. Transformation unserer Welt: die Agenda 2030 für nachhaltige Entwicklung*. https://www.un.org/depts/german/gv-70/band1/ar70001.pdf. Zugegriffen am 09.10.2024.

Weltkommission für Umwelt und Entwicklung. (1987). *Unsere gemeinsame Zukunft. Der Brundtland-Bericht der Weltkommission für Umwelt und Entwicklung*. Eggenkamp.

Zhao, M., et al. (2021). Assessment of the economic impact of heat-related labor productivity loss: A systematic review. *Climatic Change, 167*, 22. https://doi.org/10.1007/s10584-021-03160-7

Gesundheitssysteme in Entwicklungsländern: Überblick

4

Zusammenfassung

Dieses Kapitel gibt eine Einführung zu den typischen Modellen von Gesundheitssystemen und analysiert in historischer Perspektive die Schwierigkeiten, inklusive Systeme in EL aufzubauen. Diese betreffen die schwächere Finanzierungsgrundlage, die häufig extremen Ungleichheiten zwischen Land und Stadt, ungleiche Einkommensverteilung und Zugang zu Gesundheitsdienstleistungen einschließlich der Problematik der „Out-of-Pocket"-Zahlungen. Die politischen und ökologischen Rahmenbedingungen werden diskutiert (Good/Bad Governance, Umweltprobleme, insbesondere als Folge des Klimawandels) und die aktuelle Qualität der Gesundheitsversorgung in unterschiedlichen Ländergruppen dokumentiert.

In diesem Kapitel wird eine Einführung in die wichtigsten Charakteristika von Gesundheitssystemen in EL gegeben mit Bezug u. a. auf die Ungleichheiten zwischen Land und Stadt, den Zugang unterschiedlicher sozialer Gruppen zu Gesundheitsdienstleistungen sowie das Verhältnis zwischen privaten und öffentlichen Leistungen einschließlich der Problematik der „Out-of-Pocket"-Zahlungen (Barzahlungen der Leistungsempfänger). In diesem Zusammenhang werden die politischen und ökologischen Rahmenbedingungen diskutiert: Good Governance, Umweltentwicklung, insbesondere im Zusammenhang mit dem Klimawandel (s u. Abschn. 4.2.6), und die Qualität der Gesundheitsversorgung.

W. Hein, *Nachhaltige Gesundheitsversorgung in Entwicklungsländern und Global Health Governance*, SDG – Forschung, Konzepte, Lösungsansätze zur Nachhaltigkeit, https://doi.org/10.1007/978-3-658-47224-5_4

4.1 Gesundheitsversorgung: Organisation von Ansprüchen und Leistungen

Im Kap. 2 haben wir Indikatoren zur Gesundheitssituation und -versorgung in verschiedenen Ländern miteinander verglichen und lediglich einige Vermutungen über die Ursachen günstiger bzw. ungünstiger Entwicklungen geäußert (Verfügbarkeit von finanziellen und menschlichen Ressourcen in der Gesundheitsversorgung, Qualität der sozialen Infrastruktur, Umweltbedingungen). Wird das Menschenrecht auf Gesundheit (s. Kap. 1) als normative Grundlage akzeptiert, stellen sich drei grundsätzliche Fragen:

(1) Wie wird das universelle Menschenrecht auf den „bestmöglichen Gesundheitszustand" in individuelle „entitlements" (rechtlich abgesicherte Ansprüche) umgesetzt? Wie unterscheiden sich diese Ansprüche für verschiedene gesellschaftliche Gruppen? Werden diese Ansprüche durch individuelle finanzielle Leistungen erworben oder werden sie in der entsprechenden Gesellschaft auf der Grundlage sozialer Rechte – entsprechend den vorhandenen ökonomischen Möglichkeiten – garantiert?

(2) Wie werden die vorhandenen Ressourcen organisiert, um eine optimale Infrastruktur der Gesundheitsversorgung zu gewährleisten? Dabei geht es etwa um die Organisation der ambulanten Versorgung in Arztpraxen, Krankenhäusern und Gesundheitsposten, der stationären Versorgung, die u. a. von der Ausstattung von Krankenhäusern auf unterschiedlichen Ebenen abhängig ist, das Angebot an medizinischen Labors und anderen Dienstleistungen (etwa: radiologische Kliniken). Diese Infrastruktur befindet sich – je nach der Struktur des jeweiligen Gesundheitssystems – primär in staatlicher oder privater Hand, wobei gemischte Systeme heute die Regel sind. Die private Trägerschaft von Einrichtungen wie Krankenhäusern sowie des Angebots anderer medizinischer Dienstleistungen impliziert die Frage, durch welche Formen der Kontrolle und Intervention der Staat den Zugang zu essentiellen medizinischen Leistungen sowie deren Qualität garantiert.

(3) Zusammenfassend: Wird insgesamt das Ziel einer allgemeinen Gesundheitsversorgung im Sinne des SDG Targets 3.8 (Universal Health Coverage, UHC), also der Absicherung gegen finanzielle Risiken, den Zugang zu hochwertigen grundlegenden Gesundheitsdiensten und den Zugang zu sicheren, wirksamen, hochwertigen und bezahlbaren unentbehrlichen Arzneimitteln und Impfstoffen für alle, erreicht?

Grundsätzlich sind vier Formen der Finanzierung von Gesundheitsdienstleistungen möglich (Schwartz et al., 2012; Mills, 2014): Diese können über ein Versicherungssystem mit weitgehender Pflichtversicherung (Sozialversicherungsmodell) oder mit überwiegend freiwilliger Versicherung bezahlt werden (Marktmodell), können aber auch im Wesentlichen durch staatliche Leistungen abgedeckt werden oder schließlich durch sog. „Out-of-Pocket-payments" vom Leistungsempfänger nach Inanspruchnahme der jeweiligen Leistungen. Diese vier Finanzierungsformen treten in den meisten Ländern in kombinierter Form auf, doch werden im Allgemeinen unterschiedliche Gesundheitssysteme durch die Dominanz der einen oder anderen Finanzierungsform gekennzeichnet:

(a) Das *Sozialversicherungsmodell* stellte die Grundlage der 1883 vom damaligen Reichskanzler Otto von Bismarck eingeführten Krankenversicherung dar: es beruht auf Beiträgen von Arbeitgebern und Arbeitnehmern in formellen Beschäftigungsverhältnissen (später durch verschiedene Komponenten erweitert). Zentrale Charakteristika sind die Dreiecksbeziehung zwischen Pflichtversicherten, Krankenkassen und Leistungserbringern, die direkt mit den Krankenkassen abrechnen, sowie nach Einkommen gestaffelte Beiträge. Grundsätzlich besteht das Sozialversicherungsmodell in Deutschland bis heute; auch in den Niederlanden, Österreich, Belgien und Frankreich stellt es die Grundlage des Zugangs zu gesundheitlichen Dienstleistungen dar.
(b) Das *Marktmodell* geht von der Versicherungsfreiheit mit risikoabhängigen Beiträgen aus; Leistungen werden zwischen Patienten und Anbietern abgerechnet und (je nach Vertrag) von den Versicherungen erstattet. Beispiele sind vor allem die Gesundheitssysteme der USA und der Schweiz.
(c) Im *staatlichen Modell* stehen nationale Gesundheitsdienste im Mittelpunkt, weitestgehend aus Steuermitteln finanziert und auf einer hierarchischen staatlichen Ressourcenallokation beruhend; Beispiele liefern vor allem Großbritannien, Spanien, Schweden und Italien. Überall sind diese Modelle allerdings durch Reformprozesse modifiziert worden, so dass aufbauend auf den jeweiligen Grundstrukturen gemischte Systeme entstanden sind.
(d) Fast überall werden besondere medizinische Leistungen, die weder öffentlich angeboten noch in privaten Versicherungspaketen enthalten sind, von den Patienten bar bezahlt. Das gilt im Prinzip in allen Ländern, derartige *„Out-of-Pocket-Zahlungen"* spielen aber vor allem in vielen sehr armen Gesellschaften eine erhebliche Rolle (vgl. die Länderstudien Indien, Abschn. 5.3 und DR Kongo, Abschn. 5.4), da viele Leistungen vom öffentlichen Gesundheitssystem nicht oder nur in unzureichender Qualität angeboten werden. Dies hat für arme Familien häufig ruinöse Folgen bzw. führt dazu, dass Familien der unteren Mittelschicht häufig als Folge der Behandlung schwerer Krankheiten in den Bereich der relativen bzw. absoluten Armut absinken.

Diese Entwicklung unterschiedlicher Kombinationen zwischen öffentlichen und privaten Leistungen rückt für die Beurteilung der gesellschaftlichen Umset-

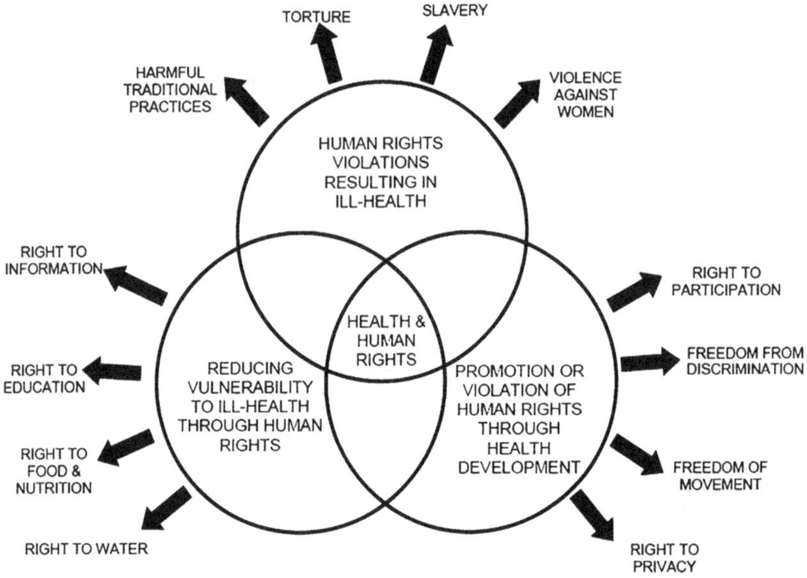

Abb. 4.1 Gesundheit und Menschenrechte. (**Quelle:** IOM, WHO und OHCHR (2013): 15)

zung gesundheitsbezogener Menschenrechte, d. h. der Inklusivität von Gesundheitssystemen, in den Vordergrund: Wie wird garantiert, dass tatsächlich alle Mitglieder einer Gesellschaft Zugang zur essentiellen Gesundheitsversorgung erhalten und – was schließlich ein noch komplexeres Problem darstellt – an gesunden Lebensbedingungen teilhaben?

In einer gemeinsamen Publikation von WHO, der Internationalen Organisation für Migration (IOM) und dem UN Office of the High Commissioner for Human Rights, (OHCHR) wurde ein Schaubild veröffentlicht, das die vielfältigen Beziehungen zwischen „Gesundheit" als Menschenrecht und Menschenrechten in anderen gesellschaftlichen Bereichen verdeutlicht und damit implizit auf das Konzept „Health in all policies" hinweist (Abb. 4.1).

4.2 Historischer Hintergrund

4.2.1 Anfänge und Nord-Süd-Konflikt der 1970er-Jahre

Die Gesundheitssysteme der meisten Entwicklungsländer haben einen historischen Hintergrund in den Wechselbeziehungen zwischen Strategien der Kolonialmächte, ihre eigenen Interessen abzusichern (Kolonialverwaltung, Siedler, z. T. exportorientierte Produktion und Handel), und traditionellen Heilmethoden. In den Fallstudien zu Indien und dem Kongo wird darauf eingegangen werden; an dieser Stelle muss wegen der großen Unterschiede zwischen einzelnen Gebieten aber darauf verzichtet werden.

Ich beginne mit einem Blick auf Lateinamerika, da die Länder dieses Kontinents (mit ganz wenigen Ausnahmen) mit Ende des 2. Weltkriegs schon auf mehr als ein Jahrhundert politischer Unabhängigkeit zurückblicken konnten. Die Nachkriegszeit war in den fortgeschritteneren Ländern Lateinamerikas durch relativ hohe gesamtwirtschaftliche und industrielle Wachstumsraten gekennzeichnet, die jedoch mit einer verstärkten sozialen Ungleichheit einhergingen (Bursztyn et al., 2010). Die partielle Modernisierung der Gesundheitssysteme entsprach der strukturellen Heterogenität der lateinamerikanischen und karibischen Gesellschaften, ganz gleich, ob diese Systeme nun dem Bismarckschen Modell der Krankenversicherung (s.o. Modell a) oder dem britischen Modell des National Health Service folgten (Modell c) (Bardroff, 2003). Soziale Sicherung im Krankenversicherungsmodell war begrenzt auf Lohnarbeiter im modernen Sektor der Privat wirtschaft sowie im Staatssektor und wurde im Allgemeinen über einen Lohnabzug finanziert. Wachsende Proteste gegen die Vernachlässigung der Armen in allen Sozialsystemen und ihre zunehmende Marginalisierung führten zu verstärkten sozialen und politischen Konflikten, die verbreitet nach Militärputschen – mit oder ohne ausländische Intervention – unterdrückt wurden.

In den 1960er- und 1970er-Jahren verstärkte sich das Bewusstsein in Lateinamerika, aber auch in anderen inzwischen unabhängig gewordenen Ländern des globalen Südens, dass ihre neue Position in der Staatengemeinschaft nicht ausreichte, um die Unterentwicklung zu überwinden. Die entwicklungspolitische Modernisierungsstrategie hatte u. a. aufgrund fehlender Mittel und politischer Machtverhältnisse nur den wohlhabenden Teil der wenigen größeren Städte erreicht. Viele dieser Länder organisierten sich in der Bewegung der Blockfreien Staaten (gegründet 1955 in Bandung, Indonesien) und später in der Gruppe der 77, um ihre Stellung in den internationalen Beziehungen zu verbessern. In dieser Zeit des sog. Nord-Süd-Konfliktes kämpften progressive Akteure des Nordens im Bündnis mit sozial-orientierten Regierungen des Südens, vor allem vermittelt über die UN-Organisationen, für eine Veränderung der Weltwirtschaftsordnung und effektive Maßnahmen zur Verbesserung der sozialen Situation im Süden, in erster Linie zur Sicherung der Grundbedürfnisse.

Die Konferenz von Alma Ata, organisiert von WHO und UNICEF im Jahre 1978, forderte „Gesundheit für Alle bis zum Jahre 2000“ auf der Grundlage einer effektiven Basisgesundheitsversorgung (Primary Health Care, PHC). Die Erklärung von Alma Ata „called for urgent and effective national and international action to develop and implement primary health care throughout the world and particularly in developing countries in a spirit of technical cooperation and in keeping with a New International Economic Order.“ (CSDH, 2008: 33).

Ende der 1970 und Anfang der 1980er-Jahre führte der Beginn der Verschuldungskrise im Globalen Süden zu einem wachsenden Druck der internationalen Finanzorganisationen auf hochverschuldete Regierungen zur Übernahme einer austeritätsorientierten Politik der Strukturanpassung.

4.2.2 Strukturanpassung, neoliberale Reformen und Fragmentierung der Gesundheitssysteme

Im Mittelpunkt der Austeritätspolitk stand ein Bündel von Maßnahmen, die später unter dem Namen *Washington-Consensus* zusammengefasst werden sollten. Wichtigste Punkte waren ein Abbau der Staatsdefizite, ein Ausgleich der Zahlungsbilanzen, eine Abwertung der nationalen Währungen und eine strikte Geldpolitik, um die Inflation zu bekämpfen. Ein umfangreicher Ausbau von PHC wurde jetzt als nicht finanzierbar angesehen. In diesem Sinne trat zunehmend eine selektive Basisgesundheitsversorgung (*Selective Primary Health Care*) in den Vordergrund, die sich auf die Bekämpfung der verheerendsten Infektionskrankheiten (etwa Malaria und Tuberkulose) konzentrieren sollte.

Die staatliche Finanzierung der Gesundheitspolitik wurde begrenzt und sollte mehr und mehr durch die Einführung privatwirtschaftlicher Elemente in die Gesundheitssysteme ergänzt werden (Betz, 1998: 455, World Bank, WDR, 1993). Der Privatisierungsprozess fand u. a. seinen Ausdruck im Konzept der *Managed Care* in Chile (Einschränkung der freien Arztwahl zugunsten von geplanten, vertraglich geregelten Abläufen mit festen Kosten zur Behandlung spezifischer Krankheitsbilder) und der Einführung eines zweigleisigen Systems in Kolumbien. Hier (wie auch zuvor schon in anderen lateinamerikanischen Ländern) wurden private Versicherungen für die wohlhabendere und ein subventioniertes System für die ärmere Bevölkerung eingeführt, aber 1997 waren immer noch 46 % der Bevölkerung in keinem der Systeme registriert (s. Bardroff, 2003: 133–136). Auch wenn die Stärkung der privaten Komponente zunächst die öffentlichen Kassen entlastete und möglicherweise zu einer Effektivierung gewisser Bereiche der Gesundheitsversorgung führte, so wurde seit Mitte der 1990er-Jahre die Fragmentierung der Gesundheitssysteme (Separation zwischen öffentlichen und privaten Sektoren und ein Mangel an Kohärenz im Gesamtsystem) zunehmend kritisiert (Bossert et al., 2014). Diese Kritik stand im Einklang mit der auch in Weltbank und IWF wachsenden Kritik an der Strukturanpassungspolitik und den Forderungen nach Armutsbekämpfung als neuem Schwerpunkt der internationalen Entwicklungskooperation (s. etwa Hein, 2001: 319–328; Stiglitz, 1998; Tetzlaff, 1996).

Hier ist nicht der Ort, um die Ergebnisse der Strukturanpassungspolitik zusammenfassend zu analysieren, was auch eine Differenzierung nach Ländern und dem partiellen Festhalten an staatsinterventionistischen Konzepten verlangen würde. Insgesamt kann jedoch von einer Stagnation der Sozial- und Gesundheitspolitik, vor allem von einer Zunahme sozialer Ungleichheit durch die Verstärkung liberaler Elemente gesprochen werden. Im Jahre 2000 war die internationale Gemeinschaft vom angestrebten Ziel der „Gesundheit für Alle" weit entfernt.

4.2.3 Stärkung inklusiver Weltgesundheitspolitik seit Ende der 1990er-Jahre

Nach langen Jahren zunehmender Kritik vor allem durch neue soziale Bewegungen und eine wachsende Bedeutung internationaler zivilgesellschaftlicher Organisationen konstatierten auch die Internationalen Finanzorganisationen, vor allem die Weltbank, in der zweiten Hälfte der 1990er-Jahren das weitgehende Scheitern der Strukturanpassungspolitik vor allem im sozialpolitischen Bereich. Die Weltbank beschäftigte sich bereits im Weltentwicklungsbericht des Jahres 1993 ausführlich mit den Gesundheitssystemen in Entwicklungsländern, wobei die Beschleunigung eines armutsorientierten Wachstums, die Verbesserung der Bildung vor allem von Mädchen und Frauen sowie eine effizientere staatliche Intervention bei Nutzung von Marktmechanismen die zentralen Ausgangspunkte darstellen. Dabei wurden allerdings die Erkenntnis der *Commission on Macroeconomics and Health* (s.o. Abschn. 3.1, Sachs, 2001), dass eine Verbesserung der Gesundheitssituation eine wesentliche Voraussetzung für wirtschaftliche Entwicklung darstellt, noch nicht thematisiert. Zu Recht kritisierte der Weltbankbericht, dass staatliche Finanzierung häufig teure Interventionen bevorzugte, die vor allem der wohlhabenderen urbanen Bevölkerung zugutekamen. Andererseits ist die Forderung widersprüchlich, diesen Bereich privaten Investitionen bei gleichberechtigter Zulassung ausländischer Akteure zu überlassen, aber gleichzeitig die lokale wissenschaftliche Entwicklung zu fördern. Diese Problematik wird im Kap. 6 ausführlicher behandelt (s. die Zusammenfassung in World Bank, 1993, p.6).

Angesichts der Gefährdung weltgesellschaftlicher Stabilität in einer Reihe von Ländern wurde Armutsbekämpfung und in diesem Zusammenhang auch die internationale Gesundheitspolitik („Global Health") wieder verstärkt als die zentrale Aufgabe der internationalen Entwicklungszusammenarbeit (EZ) betrachtet. Dies kam auch in der Orientierung der Millennium Development Goals (MDGs) zum Ausdruck (s.o., Abschn. 3.2). Gesundheit wurde zunehmend als eine Voraussetzung für Wohlstand angesehen und nicht erst als dessen Folge (Savedoff & Schultz, 2000).

Insgesamt wurde seit der Jahrtausendwende die seit den 1980er-Jahren dominierende „vertikale Strategie" der Bekämpfung spezifischer Krankheiten mit einem Schwerpunkt auf den Zusammenhang von Forschung, Prävention und Behandlung solcher Krankheiten, die in den betreffenden Ländern eine sehr hohe gesellschaftliche Belastung (BoD) darstellen, (siehe oben das Konzept der *Selective Primary Health Care*) wieder durch eine zunehmend ganzheitliche Orientierung an der Förderung von Gesundheitssystemen (horizontale Strategien) abgelöst. Eine bessere Koordination der vielfältigen Organisationen, die in Global Health tätig waren und meist die Bekämpfung spezifischer Krankheiten (vor allem HIV/AIDS) unterstützten, wurde auch im Zusammenhang mit der *Paris Declaration on Aid Effectiveness* (2005) angeregt (mehr dazu unten im Abschn. 6.2). Es kam zur Gründung verschiedener Global Health Partnerships zur Verbesserung der Gesundheitssysteme, vor allem die International Health Partnership+ (IHP+), vereinbart im Jahre 2007, mit 35 Ländern, 28 bi- und multilaterale Organisationen und einer Reihe von CSO als Mitglieder im Jahre 2015 (Evans & Kieny, 2015). Die WHO widmete ihre Weltgesundheitsberichte (World Health Reports, WHR) 2008 und 2010 den Themen Primary Health Care und Health Systems Financing, während die Weltbank eine Reihe von Arbeiten zu Universal Health Care/Coverage veröffentlichte. Eine zunehmende Bedeutung spielte im vergangenen Jahrzehnt auch die sog. Telemedizin, wobei über elektronische Kommunikation die Kompetenz höherrangiger Krankenhäuser auch in entlegenen Regionen genutzt werden kann. So wurde beispielsweise in Peru eine Technik entwickelt, durch die WLAN-Verbindungen über erheblich größere Entfernungen als gewöhnlich hergestellt und etwa zur Überwachung von Schwangerschaften in schwer zugänglichen Regenwaldregionen eingesetzt werden können (Interview des Autors mit Oscar Espinoza, Lima, 4.8.2014).

4.2.4 Defizite von Gesundheitssystemen in Entwicklungsländern

Als eine wesentliche Voraussetzung für die Förderung einer inklusiveren Gesundheitspolitik in Entwicklungsländern (im Sinne von Universal Health Coverage) wurden umfangreiche Analysen der *deficiencies of health care systems* durchgeführt. Die im folgenden wiedergegebene Tab. 4.1 gibt einen detaillierten Überblick über die ganz verschiedenartigen Hindernisse, die der Entwicklung effektiver Gesundheitsdienste entgegenstehen (Mills, 2014), der weitestgehend (mit Ausnahme des Punktes „Climatic and geographical dispositions“, s. dazu unten) auch heute noch gültig ist. Eine weitere wichtige Quelle in diesem Zusammenhang stellt die Health Systems Evidence Database der kanadischen McMaster University dar (https://www.healthsystemsevidence.org/, aufgerufen 19.11.2024).

Die Übersicht in Tab. 4.1 weist einerseits auf die wichtigsten Aspekte im Zusammenhang mit dem Zugang zu Gesundheitsleistungen hin (schlechte Infrastruktur, Man-

Tab. 4.1 Hindernisse für effektive Gesundheitsversorgung und mögliche Reaktionen

Level of Health Care System	Constraints	Responses
Community and household	Lack of demand for effective interventions	Provide financial incentives to encourage use of services, mobilize communities (e.g., by supporting creation of women's groups to spread information about antenatal and delivery services)
	Barriers to use of effective interventions (physical, financial, social)	Expand "close-to-client" services (e.g., those provided by village health workers and trained drug sellers), remove financial barriers at point of service through increased prepayment, increase responsiveness of providers (e.g., through pay-for-performance approaches)
Service delivery	Shortage and poor distribution of appropriately qualified staff, especially at primary care level	Increase numbers of health workers, implement task shifting (e.g., by training community health workers to treat common illnesses), increase allowances for work in remote areas
	Low staff pay and poor motivation	Increase pay, improve supervision
	Weak technical guidance, program management, and supervision	Strengthen training and supervision, contract management
	Inadequate drugs and medical supplies	Strengthen public systems of supply, make use of private retail system
	Lack of equipment and infrastructure, including poor accessibility of health services	Renovate, upgrade, and expand public facilities, contract nongovernmental organizations to provide services
Policy and strategic management in the health sector	Weak and overly centralized systems for planning and management	Decentralize planning and management
	Weak drug policies and supply systems	Introduce new supply mechanisms

(Fortsetzung)

Tab. 4.1 (Fortsetzung)

Level of Health Care System	Constraints	Responses
	Inadequate regulation of pharmaceutical industry and other segments of the private sector, improper industry practices	Strengthen regulation through legal mechanisms and incentives
	Lack of cooperative action and partnership for health between government and civic organizations	Require engagement of civic organizations in planning and service oversight
	Weak incentives to use inputs efficiently and to respond to user needs and preferences	Use output-based payments and external assistance programs
	Fragmented donor funding, which reduces flexibility and ownership; low priority given to systems support	Implement reforms to aid management and delivery (e.g., SWAPS, IHP+), provide increased financing for systems support
Government policy	Bureaucracy (e.g., civil service rules and remuneration, centralized management systems)	Make greater use of private sector in financing, management, and service delivery; move health management into autonomous agencies
	Limited communication and transport infrastructure	Not seen as health care issue
Political and physical environment	Governance and overall policy framework (e.g., corruption, weak government, weak rule of law and enforceability of contracts, political instability and insecurity, social sectors not given priority in funding decisions, weak structure for public accountability, lack of free press)	Encourage improved stewardship and accountability mechanisms by encouraging growth in civic organizations and supporting an active and informed media
	Climatic and geographic predisposition to disease, physical environment unfavorable for service delivery	Not amenable to change
Global	Fragmented governance and management structures for global health	Improve global coordination (e.g., the Paris Declaration, Accra Agenda for Action)
	Emigration of doctors and nurses to high-income countries	Seek voluntary agreements on migration of doctors and nurses

Quelle: Mills, 2014: 554 (basierend auf der Auswertung einer Reihe von Studien zu den notwendigen Elementen einer effektiven Gesundheitsversorgung und zu den diskutierten Ansätzen zu ihrer Bereitstellung)
* **Abkürzungen:** IHP+: Health Partnership Plus; SWAPS: Sectorwide Approaches

gel am Angebot von Leistungen im Hinblick auf Ausstattung von Krankenhäusern und Gesundheitsstationen und Personal sowie der Verfügbarkeit von Arzneimitteln etc.), andererseits auf Hindernisse bei der Entwicklung effektiver staatlicher Strategien. Darüber hinaus wird auf einzelne Probleme der globalen Kooperation verwiesen (s. genauer unten in den Kap. 6 und 7). Eine Vielzahl von konkreten Reaktionsmöglichkeiten auf diese Probleme werden benannt, die u. a. mit dem Verhältnis von öffentlichen und privaten Finanzierungsmechanismen in Verbindung stehen. Die Autorin geht im Text des Artikels ausführlicher darauf ein (Mills, 2014, s. auch unten, Abschn. 4.2.5). Wichtig erscheint mir in diesem Zusammenhang vor allem die Forderung nach dem Ausbau von „close-to-client"- Dienstleistungen, also von ausgebildetem lokalem Gesundheitspersonal sowie ausgebildeten Verkäufern von Medikamenten – in Entwicklungsländern werden Medikamente häufig informell auf der Straße und nicht in etablierten Apotheken verkauft (s. etwa Hitch et al., 2020).

Auf einen Schwachpunkt, der typisch für Ansätze im Bereich des sog. Health managements ist, sollte hier allerdings noch hingewiesen werden: Einerseits werden Governance-Probleme als eine wichtige Ursache der Schwächen von Gesundheitssystemen benannt, andererseits werden Reformkonzepte entwickelt, als gäbe es diese Governance-Probleme nicht. Die Pfadabhängigkeit politischer Systeme ist zwar selbst kein Gesundheitsproblem (es sei denn, im metaphorischen Sinne), hat aber erhebliche Auswirkungen auf die Chancen Gesundheitsreformen durchzusetzen.

4.2.5 Gesundheitssysteme und die Finanzierungsgrundlage der Gesundheitsversorgung

Im Abschn. 4.1 wurden die grundlegenden Modelle der Organisation von Ansprüchen und Leistungen in der Gesundheitsversorgung bereits vorgestellt; in Tab. 4.1 sind die Herausforderungen an Gesundheitssysteme und Ansätze zu deren Bewältigung zusammengefasst. Ein beträchtlicher Teil dieser Herausforderungen und des Mangels an ihrer effektiven Bewältigung betrifft in erster Linie den ärmsten Teil der Weltbevölkerung; die bleibende Bedeutung der „Out-of-Pocket"- Zahlungen und deren ruinöse Folgen für arme Familien verweist darauf, dass auch eine programmatische Reorientierung hin zu einer inklusiveren Weltgesundheitspolitik die Probleme der Ungleichheit nicht einfach in den Griff bekommt.

Dabei herrscht weitgehend Einigkeit, dass die Ärmsten eine vollständige Finanzierung ihrer Basis-Gesundheitskosten aus öffentlichen Haushalten benötigen, während Beschäftigte im formalen Sektor mit gesichertem Einkommen sich über Beiträge zu Krankenversicherungen absichern können. Unterschiedlich sind die Strategien, die zur Absicherung der Bevölkerung, die nur über ein niedriges Einkommen verfügen, aber nicht zu den absolut Ärmsten gehören. Hier gibt es die Alternative, auch diese Bevölkerungsgruppen durch steuerfinanzierte Programme abzusichern, oder aber diesen bezahlbare und möglichst weitreichende Versicherungsmöglichkeiten anzubieten. Die erste Lösung ist für viele Länder allerdings nur bedingt finanzierbar: „Given the limited tax base in low- and middle-income countries and the limited ability of many households to pay for health care, whether directly or through contributory insurance, progress toward financial protection will inevitably be gradual". (Mills, 2014: 555). Es gibt verschiedene Ansätze sog. Mikroversicherungen, die Basisleistungen gegen geringe Gebühren übernehmen, aber bisher nur in wenigen Ländern verfügbar sind und meist auch dann für die Ärmsten nicht bezahlbar sind.

Angesichts der vielfältigen politischen Möglichkeiten und ebenso vielfältigen Hindernissen für deren Erfolg, ist ein statistischer Überblick wenig aussagefähig (s. etwa World Bank, 2004: 202). Daher erlauben Fallstudien hier weitergehende Einsichten (s. unten, Kap. 5). Zuvor aber wird im folgenden Abschnitt, anknüpfend an Abschn. 2.3 und unter Einbezug der Diskussion über nachhaltige Entwicklung (Kap. 3) ein zusammenfassender Überblick über die Bedeutung der gesellschaftlichen Rahmenbedingungen in den Ländern des globalen Südens für die Schaffung gesunder Lebensbedingungen gegeben.

4.2.6 Schaffung gesunder Lebensbedingungen: Politische und ökologische Rahmenbedingungen für eine gesunde Gesellschaft

Wenn man Gesundheitssysteme im erweiterten Kontext der Schaffung gesunder Lebensbedingungen sieht, dann muss man wieder auf die Analyseperspektive von *Health in all Policies* zurückkommen. „Gesundheit" bedeutet mehr als die effektive Bekämpfung von Krankheiten. Auch der Einbezug der „Prävention" führt nur einen kleinen Schritt weiter, da er meist in Bezug auf die Abwehr bestimmter Krankheiten (sowohl von Infektionen als auch von chronischen Krankheiten) verwendet wird. Vier zentrale Aspekte sind in diesem Zusammenhang zu behandeln: Die Land-Stadt-Unterschiede, Ungleichheiten der Einkommensverteilung, die politischen Systeme sowie die Frage des Klimawandels. Die alleinige Fokussierung auf Systeme der Gesundheitsversorgung greift da zu kurz.

Weltweit gibt es deutliche *Unterschiede der Lebensbedingungen in städtischen und ländlichen Regionen*, besonders in den Entwicklungsländern. Dies hat erhebliche Auswirkungen auf die Gesundheitssituation. Wo immer extreme soziale Ungleichheiten als Ursachen für Defizite in der Gesundheitsversorgung eine wichtige Rolle spielen, haben Stadt-Land-Gegensätze eine zentrale Bedeutung. Selbst in einem fortgeschritteneren Entwicklungsland wie Südafrika ist die medizinische Versorgung in ländlichen Regionen erheblich schlechter als im urbanen Bereich (46 %

der Bevölkerung stehen nur 12 % der Ärzte zur Verfügung; WHO, 2000: 7). Neben der geringen Dichte von Versorgungsangeboten und medizinischem Personal und besonderen Problemen beim Zugang zu Medikamenten (etwa eine mangelhafte Kühlkette) führen viele andere Faktoren wie der im Allgemeinen schlechtere Zugang zu sauberem Wasser und sanitären Anlagen, eine häufig mangelhafte Infrastruktur im Kommunikations- und Verkehrsbereich zu Schwierigkeiten bei der medizinischen Versorgung in ländlichen Regionen. Starke Stadt-Land-Unterschiede etwa in der Säuglings-, Kinder- und Müttersterblichkeit (s. auch Abb. 4.2) sind u. a. das Resultat dieser Entwicklungsdisparitäten (s. World Bank, 2013: 95).

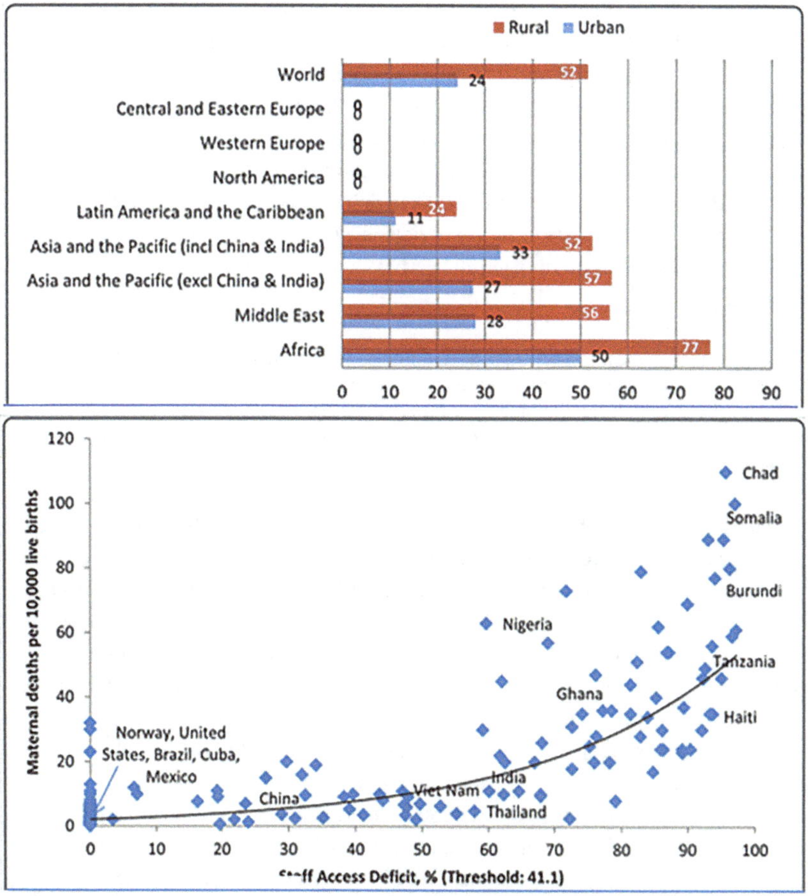

Abb. 4.2 Stadt-Land-Unterschiede: Mangel an medizinischem Personal, um UHC zu erreichen (oben), und im Bezug zur Müttersterblichkeit (unten). (**Quelle:** Scheil-Adlung et al., 2015: Figures 5 und 6)

Abb. 4.2 zeigt zunächst den prozentualen Mangel an Arbeitskräften im Gesundheits system in den einzelnen Weltregionen, um die Voraussetzungen für Universal Health Care zu erreichen. und zwar differenziert nach ländlichen und städtischen Regionen. In der unteren Grafik wird der Zusammenhang zwischen einem Fehlen von Arbeitskräften und der Müttersterblichkeit auf Länderebene dargestellt. Hier wird deutlich, dass ein starker Zusammenhang zwischen beiden Faktoren besteht (s. die Einträge für Chad, Somalia und Burundi); angesichts der noch größeren Defizite an Gesundheitspersonal in ländlichen Regionen dürften die gesundheitlichen Folgen hier noch ausgeprägter sein.

In vielen Veröffentlichungen findet man Verweise auf die schlechteren Lebensbedingungen in ländlichen Regionen. So verweist die WHO im Weltgesundheitsbericht 2013 darauf, dass im Jahre 2010 19 % der Bewohner ländlicher Regionen keinen Zugang zu einer verbesserten Wasserversorgung besaßen, verglichen mit nur 4 % der urbanen Bevölkerung (WHO, 2013: 20). Der Bezug auf die kritische Situation in ländlichen Regionen in armen Ländern spielt durchgehend eine wichtige Rolle in diesem Report; aufgrund einer mangelhaften Notfallversorgung betrug die Müttersterblichkeit 2008 in Burundi 290 von 100.000, in Schweden dagegen 2 pro 100.000 (ebda. 77 f.). Die WHO-Kommission zu den sozialen Determinanten von Gesundheit formulierte die folgenden Empfehlungen zur Verbesserung der Lebensbedingungen in ländlichen Regionen:

> „National and local government develop and implement policies and programmes that focus on: issues of rural land tenure and rights; year-round rural job opportunities; agricultural development and fairness in international trade arrangements; rural infrastructure including health, education, roads, and services; and policies that protect the health of rural-to-urban migrants". (CSDH, 2008: Recommendation 6.4, 69)

Allerdings ist das Thema der gesundheitsbezogenen Land-Stadt-Differenzen in den vergangenen Jahren etwas in den Hintergrund getreten gegenüber einer allgemeineren Diskussion von *Ungleichheiten aufgrund der Einkommensverteilung.* Ursachen sind einerseits der rasch zunehmende Urbanisierungsprozess der vergangenen Jahrzehnte, der mit einem Anwachsen des informellen Sektors einherging, andererseits das wachsende Bewusstsein von der Schwierigkeit der Abgrenzung zwischen „Land" und „Stadt" als Folge der Definition von Verwaltungseinheiten: Viele der großen Städte umfassen auch ländliche Regionen, während kleine Landstädte zunehmen urbanen Charakter annehmen (WHO, 2013).

Erhebliche Auswirkungen auf die Gesundheit haben auch Strategien der Exportförderung durch die Steigerung internationaler Wettbewerbsfähigkeit aufgrund niedriger Produktionskosten, oft verbunden mit einer Verschlechterung der Einkommensverteilung und prekären Arbeitsbedingungen. Das betrifft die Arbeitsbedingungen in der verarbeitenden Industrie, im Bergbau und beim Einsatz von Pestiziden und Kunstdünger in der Landwirtschaft, die vor allem in den LICs häufig katastrophal sind. Das gilt auch in den Zulieferungsbetrieben – den sog. Billiglohnindustrien – im Rahmen transnationaler Wertschöpfungsketten. Die Katastrophen in der Textilindustrie in Bangladesh und Pakistan haben zu einer breiten Diskussion dieser Problematik geführt. In den Auseinandersetzungen um *Corporate Social Responsibility* spielt die Frage der Verbesserung der Arbeitsbedingungen in diesen Betrieben eine wichtige Rolle (s. auch Hein, 2015): Die Lieferkettenrichtlinie der Europäischen Union aus dem Jahre 2023 versucht diesen Entwicklungen entgegenzuwirken, wird aber wahrscheinlich auch erst längerfristig Veränderungen bewirken. (CSR in Deutschland, 2024).

Einen wesentlichen Faktor für eine Verbesserung der Gesundheitssysteme und der Lebensbedingungen der Armen insgesamt bilden die politischen Systeme in den betreffenden Ländern, vor allem die Rolle der Sozialpolitik im Rahmen der Setzung politischer Prioritäten, Mechanismen der Implementierung politischer Programme sowie die Bekämpfung der Korruption. Dies wurde seit den 1990er-Jahren in der Diskussion über Good Governance und die Konditionalität von Entwicklungszusammenarbeit, also die Bedingungen, mit denen Kredite und Projektfinanzierung im Rahmen der EZ verknüpft wurden, umfassend diskutiert. Die Diskussionen über Government und Governance sowie zu Good Governance wurden vor allem von der Weltbank angestoßen (World Bank, 1992, 1997; s. auch Nord-Süd aktuell 3/2003 zum Thema „Governance“). Auf die Rolle der politischen Systeme wird in den Länderfallstudien detaillierter eingegangen.

Tab. 4.1 verkürzt die kritische Bedeutung von *Umweltfaktoren, vor allem des Klimawandels* für die Gesundheitsversorgung auf natürliche Hindernisse der „physischen Umwelt“. Die Probleme der hygienischen Bedingungen sowie der Luftverschmutzung, wurden bereits in Kap. 2 und 3 angesprochen. Die spezifischen geographischen und klimatischen Bedingungen einzelner Länder dürfen nicht überschätzt werden, wie etwa die Unterschiede zwischen Ländern mit tropischem Klima wie Costa Rica und Brasilien einerseits, vielen west- und zentralafrikanischen Ländern andererseits aufzeigen (s. dazu auch den folgenden Abschn. 4.3). Der Bezug auf die „physische Umwelt“ greift schon deshalb zu kurz, da die gesundheitlichen Implikationen von defizitären Infrastrukturen wie mangelhafter Versorgung mit Trinkwasser, unzureichende Entsorgungssysteme usw. nicht berücksichtigt werden. „Climatic and geographic predisposition to disease“ in der Verbindung mit dem Statement „not amenable to change“ verweist darauf, dass die Diskussion um den Klimawandel und die Problematik von Anpassungsmaßnahmen an den Klimawandel nicht mit ihren weitreichenden Implikationen berücksichtigt wurden.[1]

[1] Dabei muss berücksichtigt werden, dass das Buch von Mills bereits 2014 veröffentlicht wurde, d.h. bevor die Diskussion über Maßnahmen der Anpassung an den Klimawandel (und deren Finanzierung) stark an Bedeutung gewonnen hatte. Siehe allerdings auch den Artikel von Huang et al., 2011.

Die Auswirkungen des Klimawandels auf die Gesundheitssituation in Entwicklungsländern sind weitreichend und wurden vor allem seit dem *Pariser Sustainable Development Summit von 2015* intensiver diskutiert. Der Lancet, eine der ältesten (gegr. 1823) und wichtigsten internationalen medizinischen Fachzeitschriften, etablierte 2015 die *Lancet Commission on health and climate change (*s. dazu Watts et al., 2015). Im Lancet werden seitdem in jährlichen Berichten unter dem Titel „Lancet Countdown" die Herausforderungen und Politiken im Gesundheitsbereich infolge des Klimawandels anhand eines spezifischen Indikatorensystems verfolgt. Die Auswirkungen des Klimawandels auf Gesundheit sind vielfältig, aber weitgehend unumstritten, so vor allem eine höhere Häufigkeit von klimatischen Extremereignissen wie Hitzewellen und Überschwemmungen durch extreme Regenfälle, Dürren, Häufigkeit von Missernten, Mangel an Trinkwasser, neue Verbreitungsgebiete von Infektionskrankheiten.

Im Hinblick auf politische Maßnahmen wird, wie in der Klimapolitik allgemein, zwischen solchen der *Mitigation* (Reduktion von klimaschädlichen Emissionen zur Kontrolle der Erderwärmung) und solchen der *Anpassung* an nicht mehr zu vermeidende Gefahren durch die Erderwärmung unterschieden. Mitigationsmaßnahmen (primär bezogen auf Treibhausgas-Emissionen bzw, -Senken) betreffen alle gesellschaftlichen Sektoren und tragen primär in einer mittel- und langfristigen Perspektive zur Reduktion der Klimarisiken bei; allerdings reduzieren einige von ihnen auch direkt gesundheitsschädliche Emissionen wie vor allem Luftverschmutzung durch die Verbrennung von fossilen Brennstoffen und die Belastung der Raumluft durch offenes Feuer. Darüber hinaus ist zu bedenken, dass der Gesundheitssektor selbst und andere, eng mit Gesundheit verknüpfte Sektoren, erheblich zur Emission von Treibhausgasen beitragen wie vor allem die Nahrungsmittelproduktion; eine kostengünstige, gesunde und kohlenstoffarme Ernährung könnte einen erheblichen Beitrag leisten.

Anpassungsmaßnahmen betreffen in erster Linie den Schutz gegen die oben genannten Risiken, aber auch gegen bereits eingetrene Veränderungen der Ökosysteme (wie vor allem: Desertifikation, Abschmelzen von Gletschern und Veränderungen des Wasserhaushalts, Meeresspiegelanstieg). Das Pariser Klimaabkommen basiert vor allem auf nationalen Selbstverpflichtungen (*Commitments*). Artikel 7 des Paris Agreement verpflichtet die Staaten, Prozesse der Adaptationsplanung einzuleiten (u. a. Nationale Adaptationspläne zu entwickeln). Zwar hat die WHO bereits 2009 die Erstellung von *Climate Change and Health Vulnerability and Adaptation Assessments* empfohlen, und eine größere Zahl von Ländern haben diese durchgeführt, doch fehlten weitestgehend konkrete nationale Adaptationsspläne für den Gesundheitssektor ebenso wie auch für die notwendige Finanzierung. Der Gesundheitssektor spielte im Rahmen der Adaptationsfinanzierung zunächst so gut wie keine Rolle; laut WHO wurden 2017 weniger als 1,5 % der in diesem Rahmen verfügbaren Mittel für Projekte des Gesundheitsschutzes ausgegeben (Berry et al., 2018). Auch im Lancet wird die

Problematik des Klimawandels (s.o. Lancet Countdown) getrennt von der zur Umsetzung der gesundheitsbezogenen SDGs (s.u., Abschn. 4.3) behandelt. Erst seit 2021 (COP 26) erhielt Gesundheit mit der Verabschiedung des *Commitment on Climate resilient health systems* eine größere Bedeutung in den Verhandlungen des UNFCCC. Damit eröffnete sich die Möglichkeit des Zugriffs auf umfangreichere Mittel im Rahmen der Anpassungsfinanzierung und wurde „Klimaresilienz" als Dimension der Diskussion über Gesundheitssysteme erheblich gestärkt.

4.3 Stand der Entwicklung von Gesundheitssystemen in unterschiedlichen Ländergruppen

Die Daten zur Gesundheitssituation in den „reichen" Ländern (den HICs) verweisen im Allgemeinen auf ein deutlich höheres Niveau von „Gesundheit" als in den Entwicklungsländern, wie die Übersicht im Kap. 2 zeigt. Gesundheitssysteme und Gesundheitsvorsorge sind aber auch in den HICs sehr unterschiedlich ausgeprägt, was vor allem in Bezug auf die Inklusion von Randgruppen deutlich wird (arme Bevölkerungsgruppen, Flüchtlinge, Arbeitsmigranten ohne Dokumente). Innerhalb der Gruppe der Entwicklungsländer ist die globale Entwicklung seit den 1970er-Jahren durch eine zunehmende Differenzierung gekennzeichnet (s. bereits Hein, 1980, s. auch oben, Kap. 1). Dies hat auch zu einer erheblichen Differenzierung im Hinblick auf die Qualität der Gesundheitsversorgung geführt, wobei diese zwar in groben Zügen mit der Einkommensentwicklung korreliert, aber doch eine Reihe von Ländern deutliche Abweichungen in positiver wie in negativer Hinsicht aufweisen (s. auch oben Kap. 2). Aggregierte Statistiken lassen diese Abweichungen nicht erkennen, die jedoch im Hinblick auf die Identifikation von Chancen und Gefahren von großer Bedeutung sind, da diese von den Bedingungen einer kosteneffektiven Gesundheitspolitik abhängen.

Es gibt allerdings keine regelmäßig veröffentlichten Daten zur nationalen „Health System Performance", die es ermöglichen würden, Pro-Kopf-Einkommen, Gesundheitsausgaben und Gesundheitssituation zueinander in Verbindung zu setzen. Die Weltgesundheitsorganisation publizierte zum letzten Mal eine Rangordnung der Mitgliedsstaaten nach der Qualität ihrer Gesundheitssysteme im Anhang des Weltgesundheitsberichtes von 2000 (WHO 2000, basierend auf Daten von 1997). Aktualisierungen eines solchen Rankings sind wahrscheinlich deshalb nicht vorgenommen worden, da eine jede Rangliste dieser Art auf teilweise umstrittenen Bewertungen und Gewichtungen unterschiedlicher Indikatoren beruht (und damit politische Kontroversen mit sich bringt).[2] Vergleichende Studien beziehen sich aufgrund der vor-

[2] S. zu verschiedenen Methoden des Rankings im Weltgesundheitsbericht von 2000: Tandon u.a. 2001.

handenen Aggregation der Daten in den Berichten von Weltbank und WHO meist auf eine Klassifizierung nach Einkommen bzw. nach WHO-Regionen. Typischerweise finden sich verallgemeinernde Texte zu „good governance“ von Gesundheit in Verbindung mit einzelnen Länderbeispielen.

Im Lancet wurde jedoch eine umfassende Studie zur Analyse der Umsetzung der gesundheitsbezogenen Sustainable Development Goals in 188 Ländern veröffentlicht (siehe GBD 2015 SDG Collaborators (2016)). Diese Daten sind zwar nicht direkt mit denen des Weltgesundheitsberichtes 2000 vergleichbar (und erlauben daher auch keine methodisch korrekte Analyse von Veränderungen in der Rangfolge von Gesundheitssystemen), aber basieren auf einer detaillierten Auswertung von 33 gesundheitsbezogenen Indikatoren der SDGs für 188 Länder für die Zeit von 1990 bis 2015 und aggregieren diese zu einem sog. gesundheitsbezogenen SDG-Index (von 0 bis 100: höchster Wert von 85,6 für Island, niedrigster Wert von 20,4 für die Zentralafrikanische Republik). Sie stellen damit das umfassendste aktuell vorliegende Datenset zur Analyse der Erfolge von Gesundheitssystemen dar, aktualisiert in Bezug auf einen *Index of Effective Coverage of Health Services* in einer neueren Studie einer daran anknüpfenden Forschergruppe (GBD 2019 UHC Collaborators, 2020). Im Unterschied zum SDG-Index in der Studie von 2016 bezieht sich dieser Index auf die Ziele von Universal Health Coverage (d. h. des Zugangs zu allen benötigten Gesundheitsdienstleistungen ohne finanzielle Härten für die Betroffenen (Definition nach WHO, 2023)).

Im Rahmen der Lancet-Studie von 2016 wurde darüber hinaus für jedes Land ein sozial-demographischer Index (SDI) berechnet, der die Variablen Pro-Kopf-Einkommen, Bildung und Fertilitätsrate (Zahl der Kinder pro Frau im reproduktionsfähigen Alter) zusammenfasst. Auf dieser Grundlage wird eine zu erwartende Entwicklung des SDG-Wertes berechnet, die dem tatsächlich erreichten Wert gegenübergestellt wird, so dass Länder mit einer überdurchschnittlichen von solchen mit einer unterdurchschnittlichen Performance unterschieden werden. Abb. 4.3 zeigt, dass vor allem in den „klassischen“ Industrieländern, in Lateinamerika sowie in Ost-, SO-Asien und Ozeanien die Resultate verbreitet über, im subsaharischen Afrika, in Osteuropa und Zentralasien häufig unter den Durchschnittswerten liegen.

Im Lancet-Artikel von 2016 (ebda., S. 1822) werden die Länder entsprechend ihres gesundheitsbezogenen SDG-Indexwert in fünf Gruppen aufgeteilt, die weitestgehend spezifischen Regionen zugeordnet werden können:

- SDG höher als 71.5: Länder Westeuropas (und einige osteuropäische Länder), Nordamerika, Teile Ost- und Südostasiens (Japan, Südkorea, Singapur) sowie Australien und Neuseeland.

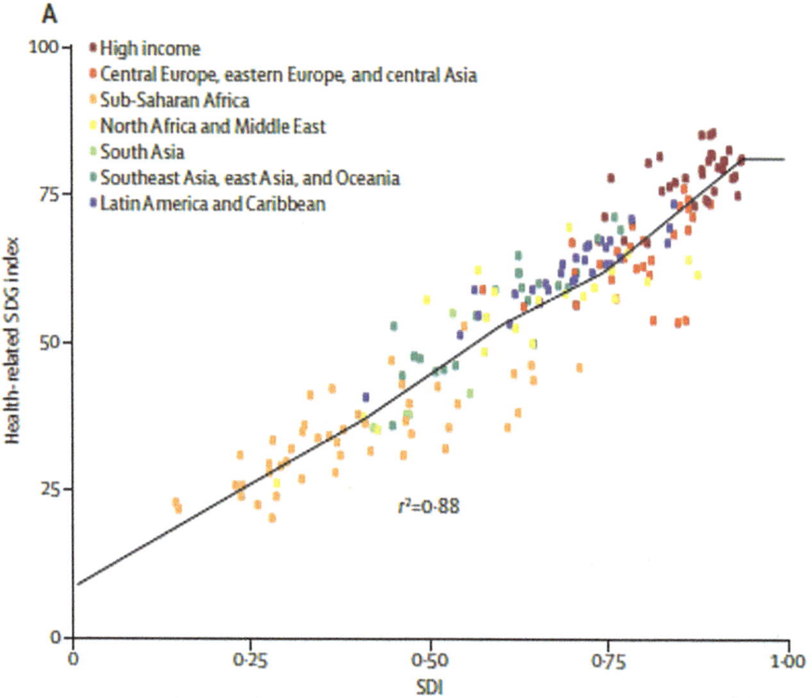

Abb. 4.3 Gesundheitsbezogener SDG-Index in Relation zum sozialdemographischen Index (SDI). (**Quelle**: GBD 2015 SDG Collaborators (2016): 1933)

- Zwischen 62,5 und 71,5: Etwa die Hälfte der Länder Lateinamerika und der Karibik, einige Länder Osteuropas sowie einzelne Länder in anderen Regionen (u. a. Jordanien, Malaysia, Bahrain und Kuwait).
- Zwischen 55,7 und 62,5: Die andere Hälfte der lateinamerikanischen Länder (einschl. Brasilien), Teile von Ost-, Zentral und Südostasien (u. a. China) und die Mehrheit der Länder in der Golfregion sowie einige nordafrikanische Länder (Algerien, Marokko und Tunesien).
- Zwischen 37,8 und 55,7: Primär Länder in Südasien (Indien, Pakistan und Bangladesch), im Süden und Westen Afrikas (Südafrika; Senegal, Ghana, Kamerun) sowie in Osteuropa (Russland, Weißrussland und die Ukraine)
- Unter 37,8: Vor allem die ärmeren afrikanischen Länder sowie u. a. Afghanistan, Papua Neu-Guinea, Jemen und Nepal.

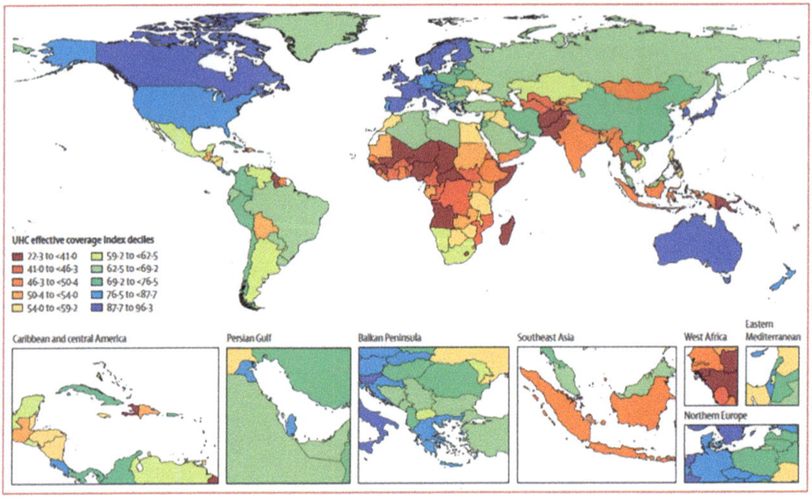

Abb. 4.4 Map of the UHC effective coverage index, by decile, in 2019. (**Quelle:** GBD 2019 UHC Collaborators (2020): 1259)

Einen wichtigen Aspekt der Qualität nationaler Gesundheitspolitik stellt das erreichte Niveau von Universal Health Coverage dar. Abb. 4.4 veranschaulicht die Daten des *UHC effective coverage index* und verdeutlicht, dass diese Entwicklung weitestgehend mit den oben beschriebenen Gruppen des gesundheitsbezogenen SDG-Indexes übereinstimmen. Allerdings gibt es doch eine Reihe von Ländern, die positiv oder negativ auffallen: Während Costa Rica, Kolumbien und Cuba mit Indexwerten von 79, 74 und 73 einige der EU-Staaten in SO-Europa übertreffen, nutzen die Golfstaaten Kuwait und Katar mit 82 und 80 zunehmend ihr ökonomisches Potential auch im Gesundheitsbereich. Im subsaharischen Afrika haben auch einige der ärmeren Länder neben Südafrika (60) immerhin ein mittleres Niveau von UHC erreicht, so etwa Ruanda (59), Malawi (56), Tansania (55), und Uganda (53), während die Ölexportländer der Region kaum Fortschritte erreicht haben (Gabun 53, Äquatorialguinea 50; Angola 39, Nigeria 38) (GBD 2019 UHC Collaborators, 2020).

Welche Faktoren führen nun dazu, dass sich die Gesundheitsversorgung in einzelnen Ländern erheblich besser, in anderen Ländern deutlich schlechter als erwartet entwickelt? Dabei spielt eine stabile Entwicklung von „Good governance" sicherlich eine wichtige Rolle: „The strengthening of a health care system requires a focus not only on specific strategies,…, but also on the creation of an environment that supports innovation". (Mills, 2014: 557). Dies impliziert allerdings nicht nur „carefully orchestrated action", wie Anne Mills betont, sondern auch den umfassenden politischen Willen, soziales Handeln im Sinne einer Priorisierung von inklusiver Gesundheitsversorgung zu „orchestrieren“; was allerdings nur bedingt mit demokratischen politischen Strukturen zu tun hat. Der ältere Lancet-Artikel (GBD, 2016) verweist auf die fünf Länder mit der größten Verbesserung des gesundheitsbezogenen SDG-Indexes zwischen 2000 und 2015 (S. 1836), die einen völlig unterschiedlichen Entwicklungsstand aufweisen, aber umfangreiche und offensichtlich angemessene Reformen effektiv verfolg haben (Ost-Timor, Tadschikistan, Kolumbien, Taiwan und Island, S. 1836). Auch Wei Han (2012) betont in einem vergleichenden Artikel zu Gesundheitsreformen in Mexiko, China und Vietnam die Bedeutung von „various country-specific constraints“ als Faktoren, die die Übertragung der Erfahrungen von einem Land auf andere Länder erschweren (Han, 2012: 205).

Allerdings sind auch andere Aspekte zu berücksichtigen, die die Indexwerte beeinflussen, so etwa die Folgen der extrem starken Verbreitung von HIV/AIDS im Südlichen Afrika, bzw. die sozialen Auswirkungen des politischen Umbruchs in Russland und anderen ehemals sozialistischen Ländern (mit den Folgen einer sinkenden Geburtenrate ohne den meist damit einhergehenden sozialen Fortschritt, z. T. verbunden mit dem Zusammenbruch sozialistischer Systeme sozialer Sicherheit). Darüber hinaus erscheint es angebracht, die langfristige historische Entwicklung von stabilen politischen Systemen mit einem starken historisch gewachsenen Fokus auf Sozial- und Gesundheitspolitik wie etwa Costa Rica, Cuba, Chile und Uruguay (auf relativ hohem SDG-Niveau und durchweg einer günstigeren Entwicklung als nach ihrem SDI-Index zu erwarten gewesen wäre) systematischer zu berücksichtigen – wobei allerdings wie im Falle von Sri Lanka ein Bürgerkrieg dieses politische Erbe teilweise zerstören konnte. Immerhin liegt Sri Lanka auf der SDG-Liste (UHC-Index 67) vor Indien (UHC-Index 61) und Bangladesch (UHC-Index 54).

4.4 Rahmenbedingungen für Gesundheitsversorgung: Zusammenfassender Überblick

Betrachtet man die Gesundheitssituation in den Entwicklungsländern nicht unter einer engeren Perspektive des Managements von Gesundheitssystemen, sondern mit einem Blick auf *Health in all policies* (bzw. der gesundheitsbezogenen Ziele der SDGs, auch jenseits des Ziels 3) so lassen sich sehr unterschiedliche Dimensionen von Rahmenbedingungen unterscheiden:

- Begrenzter Zugang zu qualitativ hochstehender Versorgung, was zu erheblichen Auswirkungen sozialer Ungleichheit auf die Gesundheitsversorgung führt: Dies betrifft einerseits die häufig mangelnde Qualität und Verfügbarkeit staatlicher Leistungen, andererseits die Kosten einer privaten Absicherung, die für den ärmeren Teil der Bevölkerung meist jenseits ihrer ökonomischen Möglichkeiten liegen.

- Katastrophale Folgen von Out-of-Pocket-Zahlungen bei schwerwiegenderen Krankheiten und defizitären öffentlichen Leistungen: Diese können durch klare Zuordnungen zum öffentlichen und privaten Sektor reduziert werden (private Versicherung für die oberen Einkommensgruppen, Grundabsicherung für die Ärmeren, s.o.).
- Infrastrukturelle Rahmenbedingungen: Dies betrifft sowohl die Verkehrsinfrastruktur (Transport- und Kommunikationswege in entlegeneren Regionen, Zugang zu sauberem Wasser und Entsorgungssystemen, allgemeine Hygiene) als auch die des Gesundheitswesens (Zugang zu Gesundheitsstationen auch in entlegeneren Gebieten, funktionierende Kooperation mit Krankenhäusern auf Distrikt-, Provinz- und nationaler Ebene, Sicherung der Kühlkette für Medikamente und Impfstoffe).
- Stadt-Land-Unterschiede: Auch wenn aufgrund des Urbanisierungsprozesses soziale Differenzen/Slumbildung in urbanen Regionen an Bedeutung gewinnen, gibt es weiterhin erhebliche Unterschiede der Gesundheitssituation zwischen urbanen und ruralen, vor allem sehr entlegenen Gebieten, was sowohl in Bezug auf Infektionskrankheiten als auch auf Mütter- und Säuglingssterblichkeit zum Ausdruck kommt.
- Ökologische Rahmenbedingungen als Risiken für die Gesundheit: Das betrifft sowohl geographische Bedingungen (Klima, Feinstaub in Wüstenregionen), als auch die Folgen armutsbezogener, z. T. auch traditioneller Praktiken (etwa: offenes Feuer in kleinen Innenräumen, mangelnde Hygiene) als auch modernisierungsbezogene Entwicklungen (Emissionen von Industrie, Elektrizitätsproduktion, Verkehr). Allerdings spielt Klimawandel bisher als zentraler Orientierungspunkt für die Schaffung klimaresilienter Gesundheitssysteme eine eher geringe Rolle.
- Politische Rahmenbedingungen: Good bzw. bad governance spielen eine entscheidende Rolle sowohl für Entwicklungsprozesse im Allgemeinen als auch für den Umgang mit sozialen Ungleichheiten und die Implementation von politischen Reformen im Gesundheitswesen. Dies betrifft die Macht- und Interessenstrukturen im Allgemeinen und die Probleme der Korruption im Besonderen. Die Austragung politischer Konflikte ist wichtig, um Verbesserungen zu erreichen, wobei diese aber auch politische und soziale Unsicherheit mit sich bringen können, vor allem wenn sie militanten Charakter annehmen und zu Bürgerkriegen führen.

Wie verschiedentlich betont, gibt es große Differenzen zwischen verschiedenen Gruppen von Entwicklungsländern je nach Einkommen und sozialpolitischen Prioritäten. Das Rating der Lancet-Studie, auf dem unsere Einschätzung des unterschiedlichen Niveaus der Gesundheitsversorgung weitgehend beruht, bezieht sich auf die gesundheitsbezogenen Ziele der SDGs und wurde in einem umfangreichen Forschungsprozess erstellt. Es ist aufgrund des Einbezugs verschiedener gesellschaftlicher Bereiche, die „Gesundheit" beeinflussen, sehr viel umfassender als die einzelnen, im Kap. 2 vorwiegend behandelten Variablen. Um die langfristigeren Determinanten der Gesundheitsversorgung und der Gesundheitssituation in einem Land genauer zu verstehen, ist es unumgänglich, sich mit der spezifischen Entwicklungsdynamik des betreffenden Landes genauer auseinanderzusetzen. Im folgenden Kapitel bieten drei Länderfallstudien die Möglichkeit, einen genaueren Blick auf die Entwicklungspfade („trajectories") von drei Ländern zu werfen, die sich in Bezug auf diese Rahmenbedingungen und ihren allgemeinen Stand sozioökonomischer Entwicklung deutlich unterscheiden (Costa Rica, Indien und die Demokratische Republik Kongo).

Literatur

Bardroff, M. (2003). Global governance and health systems reform in Latin America. In W. Hein & L. Kohlmorgen (Hrsg.), *Globalisation, global health governance and national health politics in developing countries* (S. 129–141). Schriften des Deutschen Übersee-Instituts.

Berry, P., et al. (2018). Assessing health vulnerabilities and adaptation to climate change: A review of international progress. *International Journal of Environmental Research and Public Health, 15*(12), 2626. https://doi.org/10.3390/ijerph15122626. Zugegriffen am 15.10.2024.

Betz, J. (1998). Globalisierung und nationale Sozialpolitik. *Nord-Süd aktuell, XII*(3), 439–457.

Bossert, T., et al. (2014). *Comparative review of health system integration in selected countries in Latin America.* Inter-American Development Bank.

Bursztyn, I., et al. (2010). Notas para el estudio de la Atención Primaria en contextos de sistemas de salud segmentados. *Revista de Salud Pública, 12*(1), 77–88.

CSDH (Commission on Social Determinants of Health). (2008). *Closing the gap in a generation: Health equity through action on the social determinants of health.* Final report of the commission on social determinants of health, World Health Organization. http://apps.who.int/iris/bitstream/10665/43943/1/9789241563703_eng.pdf. Zugegriffen am 14.10.2024.

CSR in Deutschland. (2024). EU-Lieferkettengesetz, Internetbeitrag vom 9.7.2024. https://www.csr-in-deutschland.de/DE/Wirtschaft-Menschenrechte/Europa/Lieferketten-Gesetzesinitiative-in-der-EU/lieferketten-gesetzesinitiative-der-eu-art.html. Zugegriffen am 15.10.2024.

Evans, T., & Kieny, M.-P. (2015). The international health partnership+. In OECD (Hrsg.), *Development Co-operation Report 2015. Making partnerships effective coalitions for action* (S. 99–103). OECD.

GBD (Global Burden of Disease Study) 2015, SDG Collaborators [einige Hundert Autoren, W.H.]. (2016). Measuring the health-related sustainable development goals in 188 countries: A baseline analysis from the global bur-den of disease study 2015. *The Lancet, 2016*(388), 1813–1850.

GBD 2019 Universal Health Coverage Collaborators. (2020). Measuring universal health coverage based on an index of effective coverage of health services in 204 countries and territories, 1990–2019: A systematic analysis for the Global Burden of Disease Study 2019. *The Lancet, 2020*(396), 1250–1284.

Han, W. (2012). Health-care system reforms in developing countries. *Journal of Public Health Research, 1*(3), 199–207. https://doi.org/10.4081/jphr.2012.e31. Zugegriffen am 15.10.2024.

Hein, W. (1980). Zusammenarbeit zwischen Entwicklungsländern – Ansatz für „Kollektive Self-Reliance" oder „Voraussetzung für die weitere Entfaltung abhängiger Akkumulation?". In K. M. Khan (Hrsg.), *Self-Reliance als nationale und kollektive Entwicklungsstrategie* (S. 67–127). Weltforum Verlag.

Hein, W. (2001). Global governance and the evolution of a new role of international financial and economic institutions for Sub-Saharan Afica. In K. Wohlmuth et al. (Hrsg.), *African development perspectives yearbook 2000/2001, Africa's reintegration into the world economy, Part A* (S. 317–361). Lit Verlag.

Hein, W. (2015). Business and transnational norm-building in post-westphalian global politics. *International Journal of Business Governance and Eth-ics, 10*(3/4), 208–229.

Hitch, G., et al. (2020). Public perceptions on the use of antibiotics at a market place in Kumasi, Ghana: A cross-sectional study. *Global Journal of Medicine & Public Health, 9*(1). https://clok.uclan.ac.uk/35806/. Zugegriffen am 14.10.2024.

Huang, C., et al. (2011). Constraints and barriers to public health adaptation to climate change. A review of the literature. *American Journal of Preventive Medicine, 40*(2), 183–190. https://doi.org/10.1016/j.amepre.2010.10.025. Zugegriffen am 15.10.2024.

International Organization for Migration (IOM), WHO und OHCHR. (2013). *International migration, health and human rights*. IOM.

Mills, A. (2014). Health care systems in low- and middle income countries. *New England Journal of Medicine, 2014*(370), 552–557.

Sachs, J. D. (Chair). (2001). *Macroeconomics and health: Investing in health for economic development*. Report of the commission on macroeconomics and health, WHO.

Savedoff, W. D., & Schultz, T. P. (Hrsg.). (2000). *Wealth from health: Linking social investments to earning in Latin America*. Inter-American Development Bank.

Scheil-Adlung, X., et al. (2015). Health sector employment: A tracer indicator for universal health coverage in national social protection floors. *Human Resources for Health, 13*, 66. https://doi.org/10.1186/s12960-015-0056-9. Zugegriffen am 15.10.2024.

Schwartz, F. W., et al. (2012). Ziele und Strategien der Gesundheitspolitik. In F. W. Schwartz et al. (Hrsg.), *Public Health. Gesundheit und Gesundheitswesen* (3., völlig neu bearb. und erw. Aufl., S. 243–257). Elsevier/Urban&Fischer.

Stiglitz, J. (1998). *Towards a new paradigm for development: strategies, policies, and processes*. 1998 Prebisch Lectutre at UNCTAD, UNCTAD. https://digitallibrary.un.org/record/1491127?ln=en&v=pdf. Zugegriffen am 14.10.2024.

Tandon, A., et al. (2001). *Measuring overall health system performance for 191 countries*. GPE discussion paper series: No. 30, EIP/GPE/EQC World Health Organization. https://f.hubspotusercontent20.net/hubfs/2325471/Inspectorio_Dec2021/pdf/paper30.pdf

Tetzlaff, R. (1996). *Weltbank und Weltwährungsfonds – Gestalter der Bretton-Woods-Ära*. Leske & Budrich.

Watts, N., et al. (2015). Health and climate change: Policy responses to protect public health. *The Lancet, 386*(10006), 1861–1914.

World Bank. (1992). *Governance and development*. World Bank.
World Bank. (1993). *World development report 1993. Investing in health*. World Bank.
World Bank. (1997). *World development report 1997: The state in a changing world*. World Bank.
World Bank. (2004). *Health financing for poor people resource mobilization and risk sharing*. World Bank. https://documents1.worldbank.org/curated/en/519081468780547446/pdf/289860PAPER0Health0financing010the0poor.pdf. Zugegriffen am 15.10.2024.
World Bank. (2013). *Global monitoring report 2013. Rural-urban dynamics and the millennium development goals*. World Bank. https://openknowledge.worldbank.org/handle/10986/13330. Zugegriffen am 15.10.2024.
World Health Organization (WHO). (2000). *World health report 2000: health systems. Improving performance*. WHO.
World Health Organization (WHO). (2010). *Increasing access to health workers in remote and rural areas through improved retention. Global policy recommendations*. WHO. https://apps.who.int/iris/bitstream/handle/10665/44369/9789241564014_eng.pdf;jses. Zugegriffen am 15.10.2024.
World Health Organization (WHO). (2013). *World health report 2013. Research for universal coverage*. WHO.
World Health Organization (WHO). (2023). *Factsheet universal health coverage*. https://www.who.int/news-room/fact-sheets/detail/universal-health-coverage-(uhc). Zugegriffen am 15.10.2024.

Gesundheitsversorgung in Entwicklungsländern: Länderbeispiele

5

Zusammenfassung

Die ausgewählten Länderbeispiele repräsentieren unterschiedliche Weltregionen, Entwicklungsniveaus und Qualitätsniveaus von Gesundheitsdienstleistungen. Costa Rica ist ein kleines Land mit mittlerem Einkommen, aber einem hochentwickelten Gesundheitssystem. Indien, mit 1,4 Mrd. Einwohnern, verfügt über ein sehr heterogenes Angebot an Gesundheitsdienstleistungen. Bei technologisch relativ hohem Entwicklungsstand ist das staatliche Gesundheitssystem durch einen Mangel an Implementierung, vor allem an finanziellen Mitteln zur Umsetzung der basisorientierten Strukturen gekennzeichnet. Die Demokratische Republik Kongo (früher Zaire) ist ein großes zentralafrikanisches Land mit niedrigem Einkommensniveau und starken Auswirkungen von militanten internen Konflikten sowie einem der weltweit schlechtesten Gesundheitssysteme.

5.1 Auswahl der Länderbeispiele

Die ausgewählten Länderbeispiele repräsentieren unterschiedliche Weltregionen, Entwicklungsniveaus und Qualitätsniveaus von Gesundheitsdienstleistungen. Costa Rica ist ein kleines Land mit mittlerem Einkommen (Upper Middle Income), aber einem hochentwickelten Gesundheitssystem. Indien, nach China das bevölkerungsreichste Land der Welt, verfügt über ein sehr heterogenes Angebot an Gesundheitsdienstleistungen. Bei technologisch insgesamt relativ hohem Entwicklungsstand ist

W. Hein, *Nachhaltige Gesundheitsversorgung in Entwicklungsländern und Global Health Governance*, SDG – Forschung, Konzepte, Lösungsansätze zur Nachhaltigkeit, https://doi.org/10.1007/978-3-658-47224-5_5

das staatliche Gesundheitssystem durch einen Mangel an Implementierung, vor allem an finanziellen Mitteln zur Umsetzung der basisorientierten Strukturen gekennzeichnet; in den einzelnen Bundesstaaten ist das Niveau sehr unterschiedlich. Dies hat zu einem sehr hohen Anteil an Out of Pocket (OoP)-Zahlungen vor allem der armen Bevölkerung geführt. Die Demokratische Republik Kongo (früher Zaire, Kongo Kinshasa) ist ein zentralafrikanisches Land mit niedrigem Einkommensniveau und starken Auswirkungen von Bürgerkriegen und anderen internen Konflikten. Es ist flächenmäßig das zweitgrößte, in Bezug auf die Bevölkerung das viertgrößte Land Afrikas.

Die folgenden Basisdaten verdeutlichen die extremen Unterschiede in der Ausgangssituation zwischen den drei Ländern sowohl in Bezug auf die Größe der Länder und der Bevölkerung als auch hinsichtlich des Pro-Kopf-Einkommens und der Verbreitung der Armut (Tab. 5.1).

Als Konsequenz ist zu erwarten, dass die Gesundheitssituation und die Gesundheitsversorgung in den drei Ländern extrem unterschiedlich sind, wie die folgende Übersicht zeigt (Tab. 5.2).

Die Tab. 5.3 präsentiert einige zentrale Daten zur Qualität der Gesundheitsversorgung in Costa Rica, Indien und der DR Kongo, die in Verbindung mit den in Kap. 2 (Tab. 2.3, 2.4 und 2.8) enthaltenen Daten zu Pro-Kopf-Ausgaben und Arbeitskräften im Gesundheitswesen sowie zu den hygienischen Bedingungen einen ersten vergleichenden Überblick zur Gesundheitsversorgung in diesen Ländern ermöglichen.

Quantitative Analysen auf der Grundlage der Korrelation von Gesundheitsindikatoren mit anderen sozialen und ökonomischen Indikatoren führen meist zu

Tab. 5.1 Basisdaten zu den ausgewählten Ländern

	Costa Rica	Indien	DR Kongo
Fläche (1000 km²)	51,1	3.287,3	2.344,9
Bevölkerung (2020)	5,19 Mio.	1.421,13 Mio.	100,41 Mio.
Pro-Kopf-Einkommen (World-Bank-Atlas, 2022)	12.436 US$	2.466 US$	660 US$
Pro-Kopf-Einkommen (ppp), 2022	24.837 US$	8.293 US$	1.328 US$
Anteil Arme (<2,15 $ pro Tag, 2017 ppp[a] in 2020)	2,2 %	10,0 % (2019)	63,9 %

[a]Konstante Preise in purchasing power parity; umgerechnet von nationalen Währungen
Quellen: Pro-Kopf-Einkommen: IMF, World Economic Database, October 2022; andere Daten: World Bank Country Profile: https://data.worldbank.org/country; World Population Review

Tab. 5.2 Statistische Profile

	Costa Rica	Indien	DR Kongo
Lebenserwartung	80	70	61
Unter-5-Sterblichkeit (je 1000 Lebendgeburten) 2020	7,9	32,6	81,2
Müttersterblichkeit (je 100.000 Lebendgeburten) 2017	27	145	473
Todesursachen: Infektionskrankheiten, Mutter-Kind-Mortalität, Ernährungsmangel (2019)	7,1 %	24,2 %	56,2 %
Dto. Nicht-ansteckende Krankheiten (2019)	82,0 %	65,9 %	34,1 %
Verletzungen (2019)	10,9 %	9,9 %	9,7 %

Quellen: Lebenserwartung und Sterblichkeit: http://wdi.worldbank.org/table/2.18; Todesursachen: Mortality estimates by cause, age and sex, by country, 2000–2019 (https://www.who.int/data/gho/data/themes/mortality-and-global-health-estimates/ghe-leading-causes-of-death)
Alle zuletzt geöffnet: 16.10.2024

Tab. 5.3 Indikatoren zur Qualität des Gesundheitssystems

	Costa Rica	Indien	DR Kongo
Impfrate (Masern) (2020)	93 %	81 %	72 % (2013)
Out-of-pocket-Zahlungen (2019)	22,3 %	54,8 %	38,5 %
Öffentliche Registrierung von Geburten (unterschiedliche Jahre)	100 % (2013)	89 % (2021)	40 % (2018)
Schwangerenbetreuung (4 und mehr Arztbesuche)	94 % (2016–18)	51,2 % (2010–16)	56 % (2020)
Geburten mit ausgebildetem Gesundheitspersonal (2019)	99 %	89 %	85 % (2017/2018)
UHC Service coverage index	> 80	63	42

Quellen: Registrierung von Geburten: https://data.worldbank.org/indicator/SP.REG.BRTH.ZS?view=map; Out-of-Pocket expenditures: http://apps.who.int/gho/data/view.main.HEALTHEXPRATIOCRI?lang=en (section: health financing)
Schwangerenbetreuung: https://data.worldbank.org/indicator/SH.XPD.OPC.CH.ZSww.who.int/data/gho/data/indicators/indicator-details/GHO/antenatal-care-coverage-at-least-four-visits
Ausgebildetes Gesundheitspersonal: https://www.who.int/data/gho/whs-annex/ (SDG3: Countries and areas)
UHC service coverage index: WHO & World Bank (2023): 97–102
Alle zuletzt geöffnet: 16.10.2024

relativ banalen Ergebnissen, wie etwa dem Beleg, dass die Lebenserwartung positiv mit dem Pro-Kopf-Einkommen korreliert. Fast alle der in den Tab. 5.1, 5.2 und 5.3 präsentierten Daten zeigen eine Hierarchie der ökonomischen und sozialen Entwicklung von der DR Kongo mit den ungünstigsten Daten über Indien zur vergleichsweise guten Situation Costa Ricas. Der Index der effektiven allgemeinen Gesundheitsversorgung (UHC service coverage index) spiegelt die Gesamtsituation in den drei Ländern wider (WHO & World Bank, 2023). Allerdings weisen die noch relativ guten Daten der DR Kongo hinsichtlich der Impfraten und der Betreuung von Geburten (zumindest im Vergleich zu Indien) daraufhin, dass möglicherweise gewisse Strukturen einer besseren Gesundheitsversorgung aus der Zeit vor den Konflikten der vergangenen zwanzig Jahren überlebt haben. Interessant sind natürlich auch die Unterschiede zu anderen Ländern mit einem vergleichbaren Einkommensniveau. Costa Rica weist Gesundheitsindikatoren auf, die – trotz der durchschnittlichen Werte bei den Pro-Kopf-Ausgaben und dem Gesundheitspersonal – weitgehend das Niveau der Länder mit hohem Einkommen erreichen, während Indien hinter den Erwartungen an eine *emerging economy* mit hohen Wachstumsraten zurückbleibt. Diese Beobachtungen verweisen auf die Bedeutung der Analyse von sozio-politischen Strukturen und deren historischem Hintergrund für das Verständnis der Entwicklung und den Perspektiven einer weiteren Förderung der Gesundheitsversorgung. Im Hinblick auf das Ziel einer weltweiten Verwirklichung von Universal Health Care (und damit weitgehend auch des SDG 3) illustrieren diese Fallstudien nicht nur die extreme Ungleichheit der Ausgangspositionen und damit des quantitativen Bedarfs an Transferleistungen, sondern vor allem auch die Herausforderung, einen Wandel nationaler gesellschaftlicher Rahmenbedingungen zu fördern, um eine Fokussierung von Ressourcen auf essenzielle Gesundheitsdienstleistungen zu ermöglichen.

In den Abschn. 5.2, 5.3 und 5.4 werden für die drei Länder jeweils historischer Hintergrund, die aktuelle Struktur des Gesundheitssystems sowie die inividuellen Ansprüche auf Zugang zur Gesundheitsversorgung und die Leistungen des Systems dargestellt. In einem gesonderten Abschn. 5.5 wird schließlich der jeweilige Umgang mit der Herausforderung durch die COVID-19-Pandemie vergleichend dargestellt.

5.2 Costa Rica

5.2.1 Historischer Hintergrund

Costa Rica ist eine stabile Demokratie (seit 1948) ohne größere militante Konflikte in einer konfliktgeladenen Region; seit Ende des 19. Jahrhunderts spielt Sozialpolitik eine wichtige Rolle in der Politik des Landes. Allgemein wird Costa Rica als Erfolgsmodell für inklusive Gesundheitspolitik angesehen, wie sowohl wissenschaftliche Artikel (z. B. Pesec et al., 2017) als auch vielfältige Internet-Texte aus dem Bereich Tourismus und Ruhestand zeigen (vgl. z. B. *Costa Rica Health Care – Retiring in Costa Rica*, (website)). In diesem Zusammenhang wird verbreitet die vergleichbare Qualität und viel höhere Effektivität (in Bezug auf Kosten und soziale Gerechtigkeit) des costaricanischen Gesundheitssystems gegenüber dem US-amerikanischen betont (vgl. viele Resultate der Google-Suche „Costa Rica vs. USA health care" sowie Rosero-Bixby & Dow, 2016).

Der Weg zu einem erfolgreichen System der allgemeinen Gesundheitsversorgung (Universal Health Coverage, UHC) wurde in Costa Rica bereits in den 1930er-Jahren betreten; schon damals strebten alle wichtigen politischen Kräfte des Landes – unabhängig von politischen Differenzen in anderen Bereichen – eine umfassende Gesundheitsversorgung an. Im Jahre 1941 wurde ein Gesetz zur Einrichtung der Costaricanischen Kasse für Sozialversicherung (*Caja Costarricense de Seguro Social, CCSS*) verabschiedet, die die bisher vorhandenen Institutionen in diesem Bereich zusammenfasste. Im Jahre 1948 kam es zu einem kurzen Bürgerkrieg, den die modernisierungsorientierten Kräfte um José Figueres, seit 1951 organisiert in der Partido Liberación Nacional (PLN), gewannen. Mit der 1949 verabschiedeten Verfassung wurde das heute noch bestehende demokratische System etabliert und das Militär als kontinuierliche Institution abgeschafft. Die dadurch freiwerdenden Mittel wurden u. a. zum Ausbau des Sozialsystems eingesetzt. In diesem Zusammenhang sind besonders der Artikel 73 sowie die Übergangsbestimmungen interessant (Übersetzung W.H.):

> „Artikel 73: „Sozialversicherungen zugunsten von Arbeitern und Angestellten (trabajadores manuales e intelectuales) werden eingerichtet, die durch ein System obligatorischer Beiträge des Staates, der Arbeitgeber und Arbeitnehmer mit dem Ziel reguliert werden, diese vor den Risiken der Krankheit, Invalidität, Mutterschaft, Alter, Tod und anderen Notfällen, die das Gesetz bestimmt, zu schützen."
>
> Übergangsbestimmungen (Art. 177, Paragraph 3): „Die Caja Costarricense de Seguro Social ist verpflichtet, den universellen Zugang (la universalización) zu den verschiedenen Versicherungen, die in ihre Verantwortung gelegt werden, einschließlich des Schutzes der Familie in den Bereichen von Krankheit und Mutterschutz, in einem Zeitraum von nicht mehr als zehn Jahren nach dem Inkrafttreten dieser Verfassungsreform zu verwirklichen"". (Constitución Política de la República de Costa Rica (CPCR))

Diese Bestimmungen gelten für costaricanische Staatsbürger sowie für ausländische Einwohner des Landes, soweit sie Sozialversicherungsbeiträge bezahlen (s. CPCR sowie Sáenz et al., 2010).

Zwar wurde der universelle Zugang zum Sozialversicherungssystem bis 1959 nicht erreicht, doch lässt sich seit 1949 ein kontinuierliches Bemühen aller relevanten politischen Kräfte um eine Verbesserung der Gesundheitsversorgung feststellen. Die Situation der Gesundheitsversorgung verbesserte sich graduell bis zum Inkrafttreten des Allgemeinen Gesundheitsgesetzes (*Ley General de Salud*) im Jahre 1973 (s.u.). Wichtige Schritte sind die Gründung der medizinischen Fakultät (*Escuela de Medicina*) der Universität von Costa Rica im Jahre 1953, die Durchführung von Kampagnen gegen Tuberkulose, Geschlechtskrankheiten, Lepra und vor allem Malaria, der Aufbau eines Programms der *„medicina comunitaria“* in ländlichen Regionen Anfang der 1960er-Jahre, die landesweite Verbesserung der sanitären Bedingungen sowie die Gründung des IMAS (*Instituto Mixto de Ayuda Social;* etwa: Kombiniertes Institut für Sozialhilfe im Jahre 1971). Das IMAS hat die Aufgabe, durch eine Vielzahl von Unterstützungsmaßnahmen die Armen vor allem in ländlichen Regionen direkt zu unterstützen wie u. a. durch den Bau von Schulen und die Vergabe von Stipendien, die Verbesserung der lokalen Infrastruktur, den Zugang zu Elektrizität, präventive Gesundheitsprojekte und Ernährungsprogramme für Kinder, den Ausbau von Basisgesundheitsstationen und vor allem eine direkte Unterstützung armer Familien (*asignaciones familiares*).

Um die Finanzierung zu sichern, wurde 1974 ein Fonds für Soziale Entwicklung und Familienhilfe (*Fondo de Desarrollo Social y Asignaciones Familiares, FODESAF*) eingerichtet, der vor allem auch eine Aufnahme sogenannter „Arbeiter auf eigene Rechnung“ (Subsistenzbauern, Kleinstverkäufer) und mittelloser Personen in das Krankenversicherungsprogramm der CCSS ermöglichte (OPS, 2003, FODESAF, 1998: 5 f.).

Das Allgemeine Gesetz über Gesundheit (*Ley General de Salud, LGS*) aus dem Jahre 1973 stärkte das in der Verfassung von 1949 festgelegte Ziel einer universellen Gesundheitsversorgung durch eine Zentralisierung der Zuständigkeit für alle Gesundheitsdienstleistungen (einschließlich der Krankenhäuser und Gesundheitsstationen auf allen Ebenen) in der Hand des gleichzeitig umstrukturierten Gesundheitsministeriums im Rahmen eines Nationalen Programms für Soziale Sicherheit. Die Rechte und Pflichten der Individuen, Unternehmen und des Staates wurden verbindlich festgelegt (OPS, 2003: 43). Alle Einwohner haben das Recht auf Gesundheitsversorgung und die Pflicht, die Gesundheit ihrer Familie und der Gemeinschaft zu erhalten (Art 3).

Im Laufe der 1970er-Jahre wurde der Versicherungsschutz über die CCSS kontinuierlich erweitert und erreichte 78 % der Bevölkerung im Jahre 1982 (Connolly, 2002: 2). Über das System der Familienhilfe und die Basisgesundheitsstationen wurden wahrscheinlich weitere Personen aus dem marginalen Sektor erreicht. Der Anteil der Gesundheitsausgaben am Bruttoinlandsprodukt stieg von 5,1 % 1970 auf 7,6 % im Jahre 1980. Die Erfolge sind eindrucksvoll: So fiel etwa die Säuglingssterblichkeit im entsprechenden Jahrzehnt von 61,5 auf 19,1 von 1000 Lebendgeborenen (OPS, 2003, S. 25).

Costa Rica blieb von der lateinamerikanischen Verschuldungskrise der frühen 1980er-Jahre nicht verschont, musste im Juli 1981 die Zahlungsunfähigkeit erklären und Strukturanpassungsabkommen mit IWF und Weltbank aushandeln. Der Staat musste Schulden abbauen, was auch das Gesundheitssystem unter Druck setzte. Gleichzeitig stiegen die Ansprüche aufgrund eines massiven Zustroms von Flüchtlingen und Migranten aus den von Bürgerkriegen betroffenen Nachbarländern, die nicht nur medizinisch versorgt werden mussten, sondern auch Krankheiten mitbrachten, die in Costa Rica weitgehend eliminiert worden waren (u. a. Malaria, Tuberkulose). Die CCSS konnte in dieser Situation ihre Position stärken, indem sie eine Erhöhung der Beiträge (um 2,5 % bei den Arbeitgebern und 1,5 % bei den Arbeitnehmern) durchsetzte, aber Privatisierungsforderungen weitgehend abwendete. Allerdings wurde die ambulante Behandlung verstärkt von den Krankenhäusern auf private Ärzte ausgelagert (wobei die Behandlungskosten weiterhin von der CCSS übernommen wurden) und wurden einzelne Krankenhäuser in genossenschaftliche Organisation umgewandelt. Durch weitere innere Reformen der CCSS wurden Kosten reduziert. Das Gesundheitsministerium konnte die finanziellen Einbußen durch Budgetrestriktionen für alle Ministerien nicht kompensieren, konnte aber dennoch wichtige Initiativen in den Bereichen der Prävention und der Partizipation auf Gemeindeebene entwickeln. Insgesamt ist festzustellen, dass es trotz der Austeritätspolitik zu keiner Verschlechterung der Gesundheitsindikatoren kam; unter den gesellschaftlichen Zielen des Landes hatte Sozialpolitik eine hohe Priorität. Als stabiler demokratischer „Fels in der Brandung" der politischen Krisen in Zentralamerika konnte Costa Rica auch auf eine relativ großzügige Unterstützung der Weltbank und der USA zählen. (Güendel & Trejos, 1992, zur Entwicklung im lateinamerikanischen Vergleich: Tobar, 1997).

5.2.2 Aktuelle Strukturen des Gesundheitssystems

In den 1990er-Jahren wurde das Gesundheitssystem durch eine Reihe von Reformen weiterentwickelt (vgl. Tab. 5.4). Die weitreichendste Reform stellte dabei die im Jahre 1995 vorgenommene Integration bestehender Organisationen auf der Ebene der Basisversorgung der Bevölkerung dar. Für die Organisation von Integralen Basisgesundheits-Teams (*Equipo Básico de Atención Integral en Salud, EBAIS*) musste das Gesundheitsministerium das Personal der zuvor bestehenden Programme der Ländlichen Gesundheit (Salud Rural) und der Lokalen Gesundheitspflege (Salud Comunitaria) in die Verantwortung der CCSS übertragen.

Costa Rica wurde zu diesem Zweck in Gesundheitsregionen und Sektoren aufgeteilt (im Jahre 2012: 103 Regionen und 1014 Sektoren, Daten des CCSS), wobei

Tab. 5.4 Gesundheitsreformen in Costa Rica seit 1995

Costa Rica's critical reforms in health care delivery	
Reform	Details
Integration of public health services and primary health care delivery	What: The reform transferred public health and primary care functions from the Ministry of Health to the CCSS, which already was providing secondary and tertiary care, so that one agency was responsible for all aspects of health care provision. This administrative integration of preventive and curative services facilitated the vertical and horizontal integration of care.
	How: Personnel transfer and internal reorganization of the CCSS occurred in 1995.
Multidisciplinary teams	What: Each EBAIS team is a single care delivery unit capable of providing comprehensive and coordinated primary health care. Each team consists of a doctor, a nurse, a technical assistant (similar to a community health worker), a medical clerk, and a pharmacist.
	How: The formation of multidisciplinary teams has occurred iteratively since 1995 as new EBAIS clinics were established.
Geographic empanelment	What: Based on where they live, all citizens are empaneled—that is, assigned to an EBAIS team. Each team has a panel of approximately 4,500 patients. Empanelment promotes first-contact access and continuity of care over time.
	How: As the first EBAIS teams were established, each was assigned a geographic area with approximately 4,500 patients. The first teams were established in the most medically underserved areas, so formation of the teams generally moved from the most rural parts of the country to the capital, thereby promoting equity.
Measurement and reliable data feedback loops	What: EBAIS teams collect data from their empaneled populations. These data are then sent to the health area (equivalent to a county) and then to the CCSS. The CCSS collates data and feeds that information back to the health areas and thence to the EBAIS teams, so they can assess their performance against targets established through management contracts with the CCSS. If a health area falls short of its goals, it creates an action plan to achieve its target the following year.
	How: The path to the current measurement system was not linear. In 1998, three years after the first EBAIS team was established. Costa Rica introduced management contracts, a modified pay-for-performance system. This system was rejected by many physicians and did not fit the ethos of medicine in the country. In 2008 the CCSS eliminated the financial incentives that had been tied to performance. Today EBAIS teams work to achieve their targets as part of their professional responsibilities.

SOURCE Authors' analysis. **NOTES** CCSS is Caja Costarricense de Seguro Social, the Costa Rican social security agency. EBAIS is Equipo Básico de Atención Integral de Salud or basic integrated health care teams

Quelle: Pesec et al., 2017: 533

jeder Sektor von einem EBAIS versorgt wird. Jedes EBAIS-Team besteht aus einem Allgemeinmediziner, einer Krankenschwester sowie einem technischen Assistenten für Primärbehandlung und ist für eine Bevölkerung von etwa 4500 Personen zuständig. Um die Behandlungskapazität der EBAIS zu verbessern, werden die stationären Einrichtungen ergänzt durch ein Unterstützungsteam, das eine integrale Betreuung in Wohnungen, in den einzelnen Gemeinden, in Bildungseinrichtungen und in Unternehmen anbietet (Connolly, 2002; OPS, 2003: 50–51).

Die „integrale Betreuung" umfasst fünf integrierte Behandlungsprogramme für Kinder, Heranwachsende, Frauen, Erwachsende und ältere Menschen. Teamwork stellt das übergreifende Thema des Gesundheitssystems dar. Die verschiedenen Zweige des zentralisierten öffentlichen Gesundheitssektors müssen zusammenarbeiten, und die Gesundheitsversorgung in den EBAIS wird in Teams geleistet. Die Teamarbeit erlaubt jedem EBAIS, eine Atmosphäre des Vertrauens und der Gemeinschaft zu entwickeln und ihre Kompetenzen als Teil einer Einheit besser weiterzuentwickeln, als wenn sie als Mitglieder wechselnder Gruppen arbeiten würden. Jeder Bewohner ist einem Behandlungsteam und einem Gesundheitszentrum auf der Grundlage seines Wohnortes zugeordnet. Die fehlende freie Arztwahl mag als Problem angesehen werden, doch erlaubt die Konsistenz des Systems eine optimale Nutzung der vorhandenen Behandlungsmöglichkeiten in einem zentralisierten System sowie die Nachhaltigkeit eines hoch entwickelten Systems der Informationsgewinnung über nationale Gesundheitsprobleme (Connolly, 2002).

Die EBAIS bilden die erste (Grundversorgungs-) Ebene des nationalen Gesundheitssystems (Tab. 5.5). Die zweite Ebene bilden 11 größere Kliniken, 13 periphere und 7 regionale Krankenhäuser, die eine Notfallaufnahme, diagnostische Unterstützung, spezialisierte ambulante Behandlung und einfache chirurgische Eingriffe anbieten. Auf der dritten Ebene werden chirurgische und andere medizinische Behandlungen hoher technologischer Komplexität in 4 spezialisierten Kliniken und 3 nationalen Zentralhospitals durchgeführt (Cuccia et al., 2019). Im Jahre 1997 wurde die Beziehung zwischen der CCSS und den einzelnen Leistungsträgern durch die Einführung von Management-Vereinbarungen (*compromisos de gestión*) reformiert, die die Finanzierung von Krankenhäusern und anderen Gesundheitseinrichtungen mit Leistungsverpflichtungen und Evaluierungen der Zielerreichung verknüpften. (Sojo, 1998).

5.2.3 Individuelle Ansprüche und Leistungen

Das costaricanische Gesundheitssystem ist eines der wenigen in Lateinamerika, das eine weitgehende universelle Versorgung sowohl finanziell wie auch geo-

Tab. 5.5 Ebenen der Gesundheitsversorgung in Costa Rica

Levels	First	Second	Third
Type of Health Center	EBAIS	Major clinics	National hospitals
	Peripheral clinics	Peripheral hospitals	Specialized hospitals
	Deconcentrated clinics	Regional hospitals	
Services	Integral attention programs	1. Emergencies	1. Patient admissions
	1. Integral attention of children	2. Diagnosis support	2. Surgeries
	2. Integral attention of teenagers	3. Specialized outpatient consultation	3. High-technology treatments
	3. Integral attention of women	4. Minor surgeries	
	4. Integral attention of adults		
	5. Integral attention of senior citizens		

Source: Original elaboration. 2010
Quelle: Sáenz et al., 2010, S. 7

graphisch sicherstellt, basierend auf Beiträgen von Arbeitnehmern, Arbeitgebern und dem Staat. Im Jahr 2010 waren 63,0 % der ökonomisch aktiven Bevölkerung durch die Krankenversicherung abgesichert, 2022 waren es 74,6 % (Informe Estado de la Nación, 2023: 74). Über das sog. „beitragsfreie Regime" (s.u.) war ein weiterer Teil der Bevölkerung abgesichert, Das bedeutete, dass letztlich kaum ein Bewohner des Landes wegen gesundheitlicher Dienstleistungen von Armut bedroht war (WHO/World Bank, Tracking Universal Health Coverage: 2023 Global Monitoring Report, p.120). Der UHC-Index für Costa Rica stieg von 65,5 im Jahre 2000 auf 81,1 (2021) und lag damit nur knapp hinter dem von HICs wie Japan (83,5) und Italien (83,8) (WHO. Global Health Observatory, 2024).

Die folgende zusammenfassende Darstellung beruht auf einem Hintergrundpapier zum Weltgesundheitsbericht 2010 (Sáenz et al., 2010, auch Sáenz et al., 2011), Abb. 5.1 liefert dazu einen Überblick; das Schaubild lässt vermuten, dass es sich bei den nicht versorgten Personengruppen nicht um mangelnde Rechte auf Zugang zum Gesundheitssystem handelt, sondern eher um Probleme fehlender Information und schwieriger Transportwege.

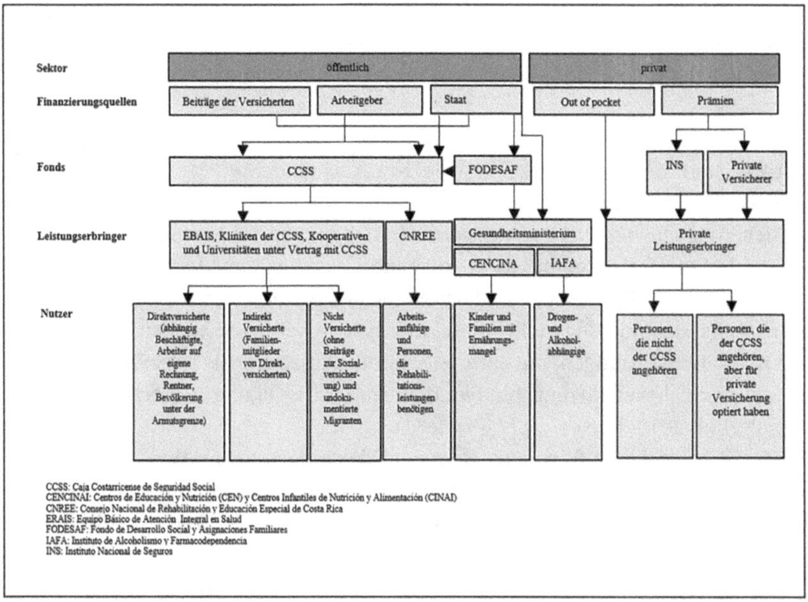

Abb. 5.1 Struktur des Gesundheitssystems in Costa Rica. (**Quelle:** Sáenz et al., 2011 (Übersetzung: W.H.))

Wie bereits oben erwähnt, erfasst das costaricanische Gesundheitssystem jeden Bewohner mit einem legalen Aufenthaltsstatus im Lande, aber auch Immigranten ohne Papiere. Die CCSS fungiert als autonome Institution, die einen hohen Grad an Unabhängigkeit gegenüber dem Gesundheitsministerium erlangt hat. Bezogen auf die jeweiligen Versicherungsmethoden, werden die folgenden Typen von Anspruchsberechtigten unterschieden:

1. direkte Anspruchsberechtigte (in einer konventionellen Arbeitgeber-Arbeitnehmer-Beziehung)
2. Selbstversicherte (freiwillig Versicherte, die auf eigene Rechnung in irgendeinem wirtschaftlichen Bereich arbeiten),
3. Rentner,
4. Familienversicherte (indirekt versicherte Verwandte von direkten Anspruchsberechtigten: Lohnarbeiter, Rentner oder Selbstversicherte, die von dessen/deren Lohneinkommen abhängen, das sind im wesentlichen Ehepartner, Eltern und Kinder im Haushalt des/der Versicherten).

5. Staatlich Versicherte, für die die Finanzierung ausschließlich Verantwortung des Staates darstellt. In diesem Fall werden die Versicherungsmethoden einem der von der CCSS verwalteten Sozialversicherungsregime zugewiesen.

Drei verschiedene Sozialversicherungsregime, die von der CCSS verwaltet werden, sind zu unterscheiden: 1) die Kranken- und Mutterschaftsversicherung (*Seguro de Enfermedad y Maternidad (SEM)*), 2) die Invaliden-, Alters- und Sterbeversicherung (*Invalidez, Vejez y Muerte (IVM)*), und 3) das beitragsfreie Regime.

Das beitragsfreie Regime stellt folgende Leistungen zur Verfügung: a) Krankenversicherung für Personen und deren abhängige Verwandten, die aufgrund von Armut oder Behinderung nicht selbst zum System beitragen können; diese enthält alle normalen Leistungen, die zum Integrierten Assistenzpaket der SEM gehören; b) finanzielle Unterstützung für Familien mit Fällen akuter zerebraler Lähmung (Sáenz et al. 2010: S. 8).

Die SEM deckt die folgenden Betreuungsleistungen ab: a) Aktivitäten der Förderung, Prävention, Behandlung und Rehabilitation, b) fachärztliche und chirurgische Behandlung, c) ambulante und klinische Behandlung, d) Apothekenleistungen für notwendige Medikamente, e) Klinische Laborleistungen und medizinische Untersuchungen, f) zahnärztliche Leistungen und g) soziale, individuelle und Familienhilfe (CCSS, *Reglamento Seguro de Salud*, Art. 17).

Finanziell ist die CCSS, wie oben dargestellt, weitestgehend von den Beiträgen der Versicherten und der Arbeitgeber abhängig, die 90 % der Einnahmen des Sozialversicherungssystems ausmachen. Im Jahre 2010 beträgt der individuelle Beitrag 22,91 % des Einkommens des Versicherten, aufgeteilt in einen Arbeitgeberbeitrag von 14,16 % (9,25 % für die SEM und 4,91 % für die IVM), und einen Arbeitnehmerbeitrag von 8,25 % (5,50 % SEM und 2,75 % IVM), und sowie einen Beitrag des Staates von 0,50 % (0,25 % SEM, 0,25 % IVM). Im Falle von freiwilligen Beitragszahlern und unabhängig Tätigen (*trabadores independientes*) bestimmt sich der Beitrag nach ihrem Einkommen; liegt dies unter US$ 885 monatlich, bezahlen sie 10,5 % ihres Einkommens, liegt dies darüber, beträgt der Beitragssatz 13,5 % (Daten für 2010; Sáenz et al., 2010, S. 10). Das beitragsfreie Regime wird vom Staat über FODESAF (s.o.) finanziert sowie über zweckgebundene Gebühren auf elektronische Lotteriespiele und Verkäufen von Tabak und Alkohol.

Neben den Einrichtungen der CCSS gibt es einen privaten Sektor, der im Wesentlichen ambulante (und insbesondere fachärztliche) Behandlungen anbietet, die entweder von privaten Versicherungen oder „out-of-pocket" bezahlt werden; Versicherte können diese Leistungen weitestgehend von der CCSS bzw. ihrer privaten Versicherung erstattet bekommen. Private Versicherungen im Rahmen des Nationalen Versicherungsinstituts (*Instituto Nacional de Seguros, INS*) sichern

Risiken am Arbeitsplatz und von Unfällen ab. Das INS bietet auch Krankenversicherungen an, die sich an Personengruppen richten, die nicht im Rahmen der CCSS pflichtversichert sind, etwa unabhängig Tätige unter einem bestimmten Einkommensniveau (Arbeitslose, Studenten, Rentner, andere nichtberufstätige Einkommensempfänger), und die Gesundheitsrisiken im Ausland abdecken.

Während die individuelle Gesundheitsversorgung seit der Reform von 1995 weitgehend in der Verantwortung der CCSS liegt, obliegt dem Ministerium die Oberaufsicht über die Entwicklung der Gesundheitssituation (Monitoring) mit speziellen Zuständigkeiten in den Bereichen der Ernährungssicherung und -qualität, der Kontrolle von Infektionskrankheiten, der Hygiene (Trinkwasser, sanitäre Anlagen) und der Forschung und technologischen Entwicklung (s. Sáenz et al., 2011 sowie die aktuelle Webseite des Ministeriums: https://www.ministeriodesalud.go.cr/index.php/vigilancia-de-la-salud/111-vigilancia-de-la-salud, abgerufen 17.10.2024).

5.2.4 Zusammenfassung

In Costa Rica wurde das System der Basisgesundheitsversorgung konsequent umgesetzt. Weitere Verbesserungen der Gesundheitsversorgung in den 1990er-Jahren (Übertragung des PHC-Systems und anderer Einrichtungen an ein einheitliches Sozialversicherungssystem) haben Costa Rica einen stabilen Platz in der Spitzengruppe der lateinamerikanischen Gesundheitssysteme gesichert (vgl. als Übersichten: Hein, 2013; OECD, 2017; VanderZanden et al., 2021). Wie eingangs gezeigt wurde, liegen die Daten Costa Ricas in den Bereichen Lebenserwartung und Säuglingssterblichkeit im Bereich der europäischen OECD-Länder. Katastrophale Gesundheitsausgaben sind in Costa Rica praktisch unbekannt; je nach Definition sind im Jahre 2004 zwischen 0,42 und 1,6 %, der Haushalte davon betroffen. Auch wenn OoP- Ausgaben etwa 20 % der gesamten Gesundheitsausgaben ausmachen (meist Medikamente, Zahnarztbehandlungen), sind hohe Haushaltsausgaben für Krankenhausbehandlungen selten (Zúñiga-Brenes et al., 2012) Dennoch gibt es, wie oben erwähnt, einige Bevölkerungsgruppen in Costa Rica, die kaum Zugang zu Gesundheitsdienstleistungen haben; dabei handelt es sich aber um Menschen, die auch in den Industrieländern Probleme haben, von diesem Menschenrecht Gebrauch zu machen (nicht-dokumentierte Einwanderer, extrem marginalisierte Gruppen).

Allerdings sind in den letzten Jahren gewisse Herausforderungen im Hinblick auf die Nachhaltigkeit der nahezu erreichten universellen Versorgung zu erkennen, vor allem bezogen auf die Notwendigkeit der Modernisierung der medizinischen Ausrüstung und die Alterung der Bevölkerung in Verbindung mit einer entsprechenden Veränderung des typischen Krankheitsbildes hin zu chronischen Erkrankungen. Da es im Prinzip keine freie Arztwahl auf der Ebene der EBAIS gibt, eine Wahl aber im Rahmen einer notwendigen Facharztbehandlung bzw. der Behandlung in Spezialkliniken möglich ist, hat dies zu langen Warteschlangen in den Kliniken geführt.

Nach den Reformen der 1990er-Jahre hat es keinen umfangreicheren institutionellen Wandel im costaricanischen Gesundheitssystem gegeben. Einen wesentlichen Fortschritt stellt allerdings die weitgehende Digitalisierung der Gesundheitsdaten unter der Ägide des CCSS dar. Der Prozess begann 2012 unter dem Namen *Expediente Digital Único en Salud – EDUS* („einheitliche digitale Gesundheitsakte“), und umfasst Daten (unter Nutzung der EBAIS praktisch der gesamten Bevölkerung) zur individuellen Patientengeschichte, zum Zugang zu Krankenhäusern (einschließlich Behandlung in Notfällen), ermöglicht Verschreibung und Lieferung von Medikamenten. EDUS unterstützt einerseits die individuellen Patienten, aber auch die Organisation der Gesundheitssystems sowie die Forschung. Global Information Society Watch (Camacho & Hidalgo García, 2019) verweist auf die Risiken eines nicht-autorisierten Zugangs zu Daten, aber auch darauf, dass Costa Rica über ein starkes Gesetz zum Schutz persönlicher Daten und eine starke Datenschutzbehörde verfügt.

Dank der insgesamt günstigen wirtschaftlichen Entwicklung des Landes sowie einer guten Grundlage im Bereich der Informations- und Kommunikationstechnologie waren diese Entwicklungen realisierbar. Erst die Covid-19-Krise führte zu zwischenzeitlichen Finanzierungsproblemen des Gesundheitssystems (s.u., Abschn. 5.5), die aber gut bewältigt wurden (Mora-García et al., 2024).

Das costaricanische Gesundheitsministerium legte im Jahr 2023 ein sehr differenziertes Konzept zur Gesundheitspolitik 2023–2033 (República de Costa Rica, Ministerio de Salud, 2023) vor. Primär geht es um einen eine weitere Konsolidierung der Grundziele und Strukturen des bestehenden Systems (zentrale Achsen: universelle health coverage, medizinische Forschung, Surveillance, Innovation und „digitale Gesundheit“, Umwelt und Gesundheit sowie Gesundheitsförderung). Das in vergangenen Jahren bereits vorangetriebene Projekt der Digitalisierung von Gesundheitsdaten wird auf weitere Felder des Gesundheitssystem ausgeweitet und spielt insgesamt eine zentrale Rolle. „Salud Ambiental“ bezieht eine umfassende Liste von Maßnahmen zu diversen Aspekten der gesundheitlichen Auswirkungen von Umweltproblemen ein; „Klimawandel“ wird zusätzlich als eine der wichtigsten gesundheitlichen Herausforderungen bezeichnet. Auf die Notwendigkeit der Mitigation als umfassendem gesellschaftlichen Problem wird hingewiesen. und Anpassungsmaßnahmen (s.o. Abschn. 4.2.6) werden als ein Aspekt unter anderen erwähnt, ohne dass die gesundheitlichen Risiken des Klimawandels konkret in den Plan aufgenommen werden. Von einer bedeutsamen Integration der Komponente

„Klimawandel" in die Konzeption und Finanzierung des Gesundheitssystems kann nicht die Rede sein.

Seit 2018 betrafen auch Debatten um Abtreibung die Gesundheitsversorgung in Costa Rica. Mit der 2019 beschlossenen technischen Norm zur „therapeutischen Abtreibung" wurde die schon vorher bestehende Straffreiheit der Abtreibung im Falle der „Gefahr für das Leben und die Gesundheit der Schwangeren" nicht angetastet, sondern durch detaillierte Bestimmungen zur ärztlichen Bewertung der Situation der Schwangeren und zu einer medizinisch sicheren Abtreibung ergänzt – mit dem Ziel, die hohe Opferzahl illegaler Abtreibungen zu reduzieren. In diesem Zusammenhang gab es heftige Auseinandersetzungen zwischen Abtreibungsgegnern, die eine restriktivere Gesetzgebung forderten und Gruppen, die eine weitergehende Liberalisierung verlangten und u. a. auf die WHO-Definition von Gesundheit verweisen (Zustand des vollständigen körperlichen, geistigen Wohlergehens). Differenzen über den Gesundheitsbegriffs führten zu einer eher restriktiven Abtreibungspraxis (Umaña, 2018). Das Ministerium nimmt in der oben genannten Veröffentlichung zur Gesundheitspolitik 2023–2033 an keiner Stelle Bezug auf die Problematik der Abtreibung.

5.3 Indien

5.3.1 Allgemeines

Indien ist inzwischen mit 1,443 Mrd. Einwohnern (Worldometer, 22 July 2024) das bevölkerungsreichste Land der Erde. Bis gegen Ende des 20. Jahrhunderts zählte es nach dem Pro-Kopf-Einkommen zu den ärmsten Ländern der Welt, inzwischen liegt es im unteren Mittelfeld aller Ökonomien (Nr. 125 von 193 Ökonomien nach Wikipedia (2024c)). und ist die drittgrößte Ökonomie der Welt (Wikipedia, 2024a). Weiterhin bestehen aber starke Entwicklungsunterschiede zwischen den einzelnen Bundesstaaten sowie allgemein zwischen Stadt und Land. Auch wenn das Kastensystem inzwischen etwas an Bedeutung verloren hat, trägt es weiterhin zur Immobilisierung der Sozialstrukturen bei. Extreme Armut herrscht auch heute in vielen ländlichen Regionen und aufgrund der Land-Stadt-Wanderungen auch in den Slums der Städte.

Auf der anderen Seite hat Indien in einigen Bereichen der modernen Produktion ein recht hohes Niveau erreicht (u. a. Software, pharmazeutische Generika). Trotz ökonomischer Liberalisierungsprozesse in den vergangenen Jahrzehnten ist das Land weiterhin durch eine starke Staatsintervention gekennzeichnet. Im Gesundheitssektor wurden verschiedene umfassende Reformkonzepte entwickelt, wobei allerdings Schwächen in der Implementierung festzustellen sind. Erst mit dem

Ayushman Bharat National Protection Scheme, das im September 2018 von Premierminister Modi vorgelegt wurde, erhielt die indische Gesundheitsreform einen wichtigen neuen Impuls in Richtung auf UHC, also einen universellen Zugang zu allen grundlegenden Gesundheitsleistungen („Ayushman Bharat" setzt sich aus zwei Vornamen mit Ursprung im Sanskrit zusammen und bedeutet so viel wie „ein langes Leben für Indien", knüpft aber auch am Namen eines 2014 gegründeten Ministry of Ayush, eine Abkürzung für Ayurveda, Yoga & Naturopathy, Unani, Siddha, and Homeopathy, an).

5.3.2 Historischer Hintergrund

Indien hat eine reiche Geschichte an traditioneller Medizin (Ayurveda, die „Wissenschaft des Lebens"). Die britische Kolonialverwaltung trieb die Einführung europäischer Medizin voran und verbot 1833 alle ayurvedischen medizinischen Institutionen. Mit der Unabhängigkeitsbewegung gewann seit den 1920er-Jahren die traditionelle Medizin wieder an Bedeutung (Park, 2015, Kapitel. „Man and Medicine. Towards Health for All": 1–12), und nach der Unabhängigkeit (1947) gab es verschiedene Versuche ihrer Reaktivierung. Vor allem in den ländlichen Regionen behielt Ayurveda einen starken Einfluss, doch blieb in der staatlichen Gesundheitsfürsorge die westliche Medizin dominant (s. Duggal, 2005: 26).

Im Jahre 1943 wurde von der britischen Kolonialregierung das *Bhore Committee* (offiziell Health Survey and Development Committee, geleitet von Sir Joseph William Bhore, Beamter von Britisch-Indien und von 1914 bis 1919 Dewan (so etwas wie Premierminister) von Cochin, heute ein Teil des Staates Kerala). Das Bhore- Komittee publizierte seinen Bericht 1946, der wenige Jahre später von der Regierung des unabhängigen Indiens als Grundlage für die Entwicklung des nachkolonialen Gesundheitssystems übernommen wurde und in vielerlei Hinsicht dessen Struktur bis heute prägt. Das Bhore-Komitee empfahl die Integration von präventiven und kurativen Gesundheitsleistungen auf allen Ebenen: ein Krankenhaus-gestütztes System der Gesundheitsversorgung, die Entwicklung von Gesundheitszentren für die Primärversorgung in zwei Phasen sowie ein Training des Gesundheitspersonal in Präventiv- und Sozialmedizin. In der zweiten Phase sollten Basisgesundheitszentren (Primary Health Centres) mit einer Ausstattung von 6 Ärzten, 6 Gesundheitspflegern und 20 Krankenschwestern (wahrscheinlich einschließlich Hebammen) und 75 Betten für jeweils 10.000 bis 20.000 Menschen angestrebt werden (Park, 2015, Kapitel. „Health Planning and Management": 868–889). Es fehlten jedoch sowohl entsprechend ausgebildetes Personal als auch die finanziellen Ressourcen, um diese Ziele zu erreichen. Noch

2007 gab es im Schnitt ein Primary Centre für 52.750 Einwohner, wobei allerdings zu berücksichtigen ist, dass inzwischen zusätzlich sog. Sub Health Centers eingerichtet wurden, die mit geringerer Ausstattung durchschnittlich 8123 Personen betreuten (Berechnet nach Chaurasia, 2013: Folie 29).

Theoretisch sind die Ansprüche an die nationale Entwicklungspolitik sehr umfassend formuliert. Im ersten Fünfjahresplan (1951–56) heißt es: „Das Problem besteht nicht darin, ökonomische Aktivitäten innerhalb eines existierenden sozioökonomischen Rahmens einfach umzulenken. Vielmehr muss dieser Rahmen selbst umstrukturiert werden, um denjenigen fundamentalen Notwendigkeiten schrittweise gerecht zu werden, die in den Forderungen nach dem Recht auf Arbeit, auf ein angemessenes Einkommen, auf Bildung und ein Maß an Absicherung gegen die Folgen von hohem Alter, Krankheit und anderen Behinderungen zum Ausdruck kommen“ (Duggal, 2005: 27). Verschiedene Beobachter betonen, dass sich die Situation im Gesundheitsbereich von Ende der 1940er-Jahre bis in die Gegenwart hinein nicht grundlegend verändert hat (Chaurasia, 2013, Folien 30 ff, auch Duggal & Gangolli, 2005: 3–18).

Seit 1962 beschäftigten sich eine Reihe von Komitees mit der Entwicklung des öffentlichen Gesundheitssystems (Chaurasia, 2013, Folie 23 ff.), allerdings lag in den 1950er- und 60er-Jahren der Schwerpunkt vor allem auf Massenkampagnen zur Ausrottung von Malaria, Pocken, Tuberkulose, Lepra, Filariose, Bindehautentzündung und Cholera. Allein das *National Malaria Eradication Programme* erforderte das Training von 150.000 Mitarbeitern in 400 Einrichtungen der Malaria-Kontrolle. Begrenzte Modifikationen der Gesundheitspolitik waren Teil der jeweiligen Fünfjahrespläne. Erst im Jahr 1983 wurden ein umfassendes Programm einer National Health Policy (Duggal, 2005: 28–29) und 1985 ein *Universal Immunization Programme* beschlossen, das nach dem geographisch begrenzten Expanded Programme of Immunization (EPI) von 1978 auch die ländlichen Regionen weitgehend einbezog (Lahariya, 2014).

Eines der Resultate der Fokussierung auf die Struktur von Gesundheitszentren und Kliniken sowie die Bekämpfung einzelner Krankheiten war die Vernachlässigung der Gesetzgebung zur Gesundheitsversorgung und eine entsprechende öffentliche Gesundheitspolitik (Vorsorge, Hygiene etc.). Ein Entwurf zu einem allgemeinen Gesundheitsgesetz war von der indischen Regierung im Jahre 1950 vorgelegt worden, 1987 wurde es überarbeitet. Die Regierung kümmerte sich aber nicht um die Übernahme dieses Gesetzes in den Einzelstaaten, so dass z. B. in Tamil Nadu noch 1999 der *Madras Presidency's Public Health Act* von 1939 in Kraft war. In *National Health Policy 2017*, einer in großen Abständen (1983, 2002, 2017) erscheinenden Darstellung der Strategie des Gesundheitsministeriums, wird wiederum die Zuständigkeitsfrage gestellt, nämlich ob es wünschenswert sei, ein zentrales Gesetz zur Gesundheitsversorgung zu verabschieden, wenn dies eine Angelegenheit der Bundesstaaten sei (Government of India 2017b: 29).

Seit Mitte der 1960er-Jahre begann die indische Regierung ein massives Programm zur Kontrolle des Bevölkerungswachstums, Förderung von Sterilisierung und anderen empfängnisverhütenden Strategien, die weitere Ressourcen von den Routineleistungen der öffentlichen Gesundheitsversorgung abzogen (Das Gupta, 2005, S. 6 f., Chaurasia, 2013, Folie 30, sowie Duggal, 2005: 29). Dies gilt auch für vorhandene Ansätze der Entwicklung eines Versicherungssystems, die sich weitestgehend auf Staatsbedienstete und einige Gruppen von Beschäftigten im formellen Sektor beziehen und in den frühen Jahren nach der Unabhängigkeit eingerichtet wurden, aber bis ca. 2010 kaum an Bedeutung gewonnen haben. Lediglich von „geschätzt etwa 12 % der Bevölkerung des Landes kann man sagen, dass sie ein Recht auf Gesundheitsversorgung besitzen, zumindest während der Arbeitslebens des Hauptverdieners der Familie“. (Duggal & Gangolli, 2005, S. 8, Übersetzung W.H.; s. auch Duggal, 2005, S. 236).

Die wichtigsten Stationen der indischen Gesundheitspolitik finden sich auch in der Webpage *Timeline of healthcare in India* (https://timelines.issarice.com/wiki/Timeline_of_healthcare_in_India, abgerufen 18.10.2024). Zur aktuellen individuellen Absicherung der indischen Bevölkerung aufgrund neuerer Entwicklungen vgl. Abschn. 5.3.4.

5.3.3 Aktuelle Strukturen des Gesundheitssystems

Die Strukturen des indischen Gesundheitssystems sind durch eine komplexe Interaktion zwischen verschiedenen administrativen Ebenen gekennzeichnet. Aufgrund der indischen Verfassung sind die zentralen Aufgaben der Gesundheitsversorgung Aufgabe der Einzelstaaten (*Public health and sanitation, hospitals and dispensaries; relief of the disabled and unemployable*). Allerdings fallen viele einzelne Aspekte von Gesundheitspolitik in die Liste der konkurrierenden Zuständigkeiten mit der Option der Bundesregierung, diese an sich zu ziehen (u. a. Medikamente, Familienplanung, soziale Sicherheit und Beschäftigung, Arbeitsbedingungen und Arbeitsunfälle, Invalidität, Bildung und Universitäten). Quarantäne-Bestimmungen in Häfen fallen ganz in die Zuständigkeit des Zentralstaats. So konnte die indische Regierung die Möglichkeit nutzen, den Rahmen für Gesundheitspolitik und -planung weitgehend an sich zu ziehen, u. a. auch durch das Vorantreiben vertikaler Programme zur Bekämpfung einzelner Krankheiten.

Auf der Ebene der nationalen Regierung besteht das Ministerium für Gesundheit und Familie (*Ministry of Health and Family Welfare*) mit den Departments für

Gesundheit, für Familienförderung und für Indigene Systeme der Medizin und Homöopathie (ISM&H); letzteres wurde 2014 zu einem eigenständigen Ministerium erhoben (jetzt: *Ministry of Ayurveda, Yoga and Naturopathy, Unani, Siddha and Homoeopathy (AYUSH)*).

Parallel zu den Departments gibt es das *Directorate General of Health Services (Dte. GHS)*, das für die technische Unterstützung des Ministeriums in Angelegenheiten von Public Health zuständig ist. Das Dte. GHS überwacht die der Zentralregierung zuge-ordneten Hospitäler und deren Management. Es hat auch die Aufgabe der Koordination mit den Bundesstaaten (s.u.), sowie durch ihre untergeordneten Büros, die über das ganze Land verteilt sind auch auf Beschwerden und Anregungen aus der Bevölkerung zu reagieren. Diese komplexe Struktur auf der Ebene der Zentralregierung verweist auf das Ausmaß des Engagements der Zentrale in einem Politikbereich, der primär in die Zuständigkeit der Regierungen der Einzelstaaten fällt. Diese verfügen allerdings auch über eine ähnlich elaborierte Verwaltungsstruktur (Ministerien, Sekretariate, ein (technischer) Director of Health).

Die Interaktion zwischen Zentralregierung und Regierungen der Einzelstaaten wird vom *Central Council of Health and Family Welfare* koordiniert, das aus den Gesundheitsministern und Sekretären aller Staaten sowie einigen aufgrund ihrer individuellen Qualifikation ernannten Mitgliedern besteht. Dieser Rat stellt das wichtigste Beratungs- und politikgestaltende Gremium für die Gesundheitsversorgung des Landes dar, das mit einer Gesundheitszelle der Nationalen Planungskommission bei der Vorbereitung der nationalen Pläne zusammenarbeitet.

Im Jahre 1992 wurde durch den Zusatzartikel 73 zur indischen Verfassung die Rolle der kommunalen Selbstverwaltung (Panchayat Raj: Versammlungen auf den Ebenen von Dörfern, „Blocks" (Gruppen von Dörfern) und Distrikten) erheblich gestärkt. Dies implizierte auch eine Dezentralisierung der Verantwortung in der medizinischen Grundversorgung sowie in den Bereichen von Trinkwasserversorgung und der Entsorgung von Abwässern vor allem auf die Ebene der Distrikte. Durch „*Panchayat Ray Acts*" wurde dies sukzessive in den meisten Einzelstaaten eingeführt. Duggal und Gangolli beurteilen die Auswirkungen dieses Prozesses allerdings als relativ gering, vor allem da eine korrespondierende finanzielle Dezentralisierung nicht stattgefunden hat und eine neue umfangreiche Bürokratie auf lokaler bzw. Distriktebene entstanden ist (Duggal & Gangolli, 2005, S. 4–6).

Der Aufbau der öffentlichen Gesundheitsversorgung in Indien wird weiterhin dominiert von den Strukturen, die auf der Basis des Bhore Committees während des Prozesses der Dekolonialisierung und des Aufbaus des indischen Staats entstanden sind. Dabei wurden die dort genannten langfristigen Ziele auch 2007 nicht erreicht. Bei damals 1,18 Mrd. Einwohner gab es für jeweils 8123 ein Sub Health Centre (SHC), für 52.750 ein Primary Health Center (PHC) und für 291.700

eine Community (District) Health Centre (CHC); viele der vorgesehenen Arztstellen waren unbesetzt (Rao et al., 2011: 590). Erst seit 2018 wurde mit dem *Ayushman Bharat-Programm* ein erheblicher Ausbau der Gesundheitszentren in Angriff genommen (s.u.). Abb. 5.2 gibt einen Überblick über die Organisation des Gesundheitssystems auf nationaler Ebene im Jahre 2020.

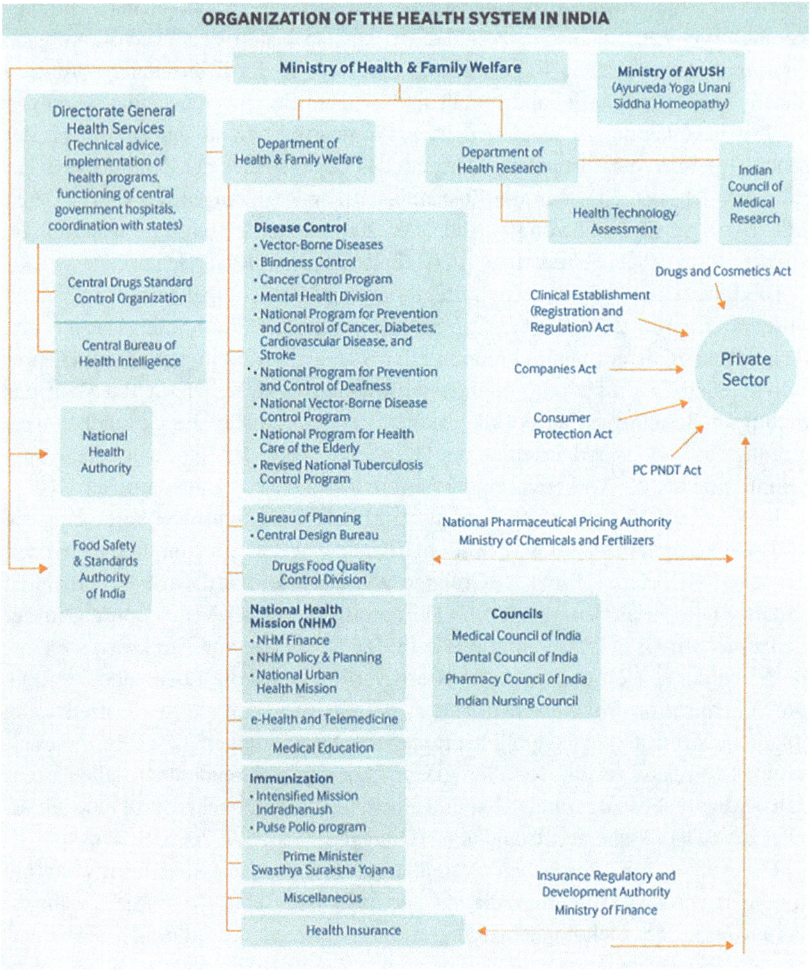

Abb. 5.2 Struktur des indischen Gesundheitssystems auf nationaler Ebene. (**Quelle:** Gupta, 2020)

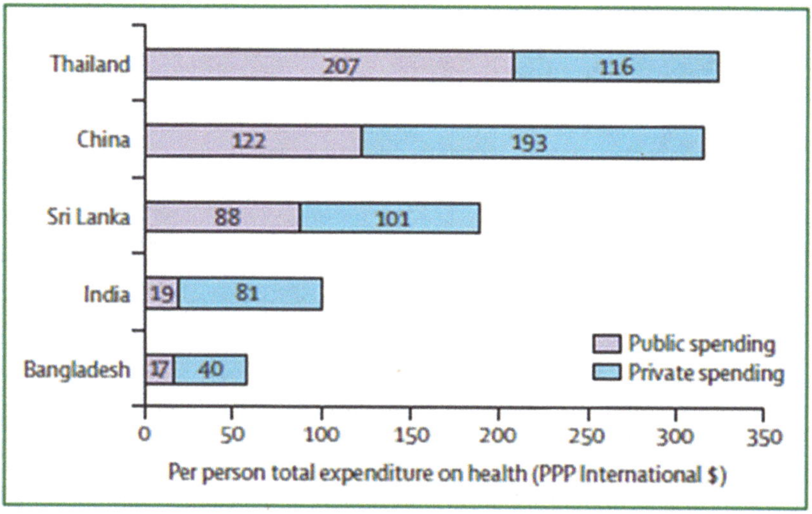

Abb. 5.3 Gesundheitsausgaben in Indien und ausgewählten Ländern (2005). (**Quelle:** Kumar et al., 2011, p. 670)

Im Vergleich zu anderen Ländern mit mittlerem Einkommen sind die indischen Gesundheitsausgaben pro Kopf sehr niedrig (63,75 US$, 2019 in laufenden Preisen, s.o. Tab. 2.3). Der Anteil der öffentlichen Ausgaben im Vergleich zu den privaten Ausgaben war dabei traditionell niedrig (im Jahre 2005 lediglich 19 % (0,95 % des BIP), s. Abb. 5.3 zum Vergleich mit Thailand, China, Sri Lanka und Bangladesch). An diesen Daten hat sich für Indien zumindest bis 2016/2017 nichts Grundlegendes verändert (s.u., Tab. 5.6). Dies ist, wie bereits oben angemerkt, ein Ergebnis der minimalen Entwicklung von Sozialversicherungssystemen bei gleichzeitig niedriger Qualität der öffentlichen Gesundheitsleistungen.

Indien gibt insgesamt etwa 5 % seines BIP für Gesundheit aus, ein Anteil, der mit anderen Entwicklungsländern mit ähnlichem Einkommensniveau vergleichbar ist, doch liegt der Anteil der Ausgaben des öffentlichen Sektors deutlich unter den Werten der meisten anderen Länder. Um 2000 wurden fast 90 % aller Gesundheitsausgaben „out-of-pocket" an den privaten Sektor geleistet (Raman & Björkman, 2008), eine der weltweit höchsten Anteile dieser Finanzierungsform mit katastrophalen Auswirkungen für die Armen. Der private Sektor ist seit den 2000er-Jahren erheblich expandiert, zum Teil aufgrund des Versagens des öffentlichen Gesundheitssystems, zum Teil als Folge der Politik ökonomischer Liberalisierung. Indiens privater Sektor verfügte zehn Jahre später über 93 % der Krankenhäuser, 85 % der

Tab. 5.6 Finanzierung von Gesundheit in Indien (2004/05–2016/17)

Expenditure	2004–05	2013–14	2014–15	2015–16	2016–17
Total expenditure on health as % of GDP (THE%GDP) – public and private aggregate.	4.2	4.02	3.9	3.8	3.8
General government expenditure on health as % of GDP (GGHE % GDP)	0.96	1.15	1.1	1.18	1.2
Per capita government expenditure on health (in Rupees)	242	1042	1108	1261	1418
General government expenditure on health as % of total general government expenditure (GGHE%GGE)	Not available	3.78	3.9	4.07	4.4
General government expenditure on health as % of total health expenditure (GGHE%THE)	22.5	28.64	29	30.6	32.4
Private expenditure on health as % of total health expenditure (PHE%THE)	71	67.74	66.3	64.76	63.2
External resources for health as % of total health expenditure (EXT %THE)	2.3	0.25	0.7	0.7	0.6
Out-of-pocket expenditure as % of total expenditure on health (OOPS%THE)	69.4	64.21	62.6	60.6	58.7
Private prepaid plans as % of total expenditure on health (VHI %THE)	1.6	3.4	3.7	4.2	4.7

Sources: Figures drawn from National Health Accounts for various years (published by National Health Systems Resource Centre New Delhi)
Quelle: Prinja & Muraleedharan (2021): 11.

Ärzte, 80 % der ambulant behandelten Patienten, 64 % der Krankenhausbetten und 57 % der stationär Behandelten (Björkman, 2014: 9).

Eines der zentralen Probleme betrifft das Missverhältnis zwischen der primären Zuständigkeit der Einzelstaaten für gesundheitsbezogene Dienstleistungen und deren Finanzierungskapazitäten. Das föderale System impliziert aufgrund der beträchtlichen Entwicklungsunterschiede zwischen den Einzelstaaten entsprechende Unterschiede in der Finanzkraft der Staaten und damit auch der Lebensbedingungen und der Versorgungsqualität. Während einige Basisdaten sich auf der nationalen Ebene positiv entwickelten (Lebenserwartung 2010: 66,4 Jahre; 2020: 69,7 Jahre;

Säuglingssterblichkeit 2010: 45,3 pro 1000 Lebendgeborenen; 2020: 29,8),[1] sind die Unterschiede zwischen den Bundesstaaten erheblich: Lebenserwartung (2020) in Kerala 78,0, in Madhya Pradesh: 67,4; Säuglingssterblichkeit (2020) in Kerala 6,0/1000, in Madhya Pradesh 43,0/1000; Gesundheitsausgaben pro Kopf (2019/2020): Madhya Pradesh 2831 Rupien, Kerala 10.607 Rupien (am 1.1.2020 entsprechen 100 Rp. 1,40193 US$).[2]

Andererseits hat die wirtschaftliche Liberalisierung Indiens in den letzten Jahrzehnten eine beträchtliche wissenschaftlich-technologische Entwicklung bei der Herstellung von Medikamenten und medizinischen Geräten mit sich gebracht, vor allem im Bereich der Produktion von Generika (vgl. dazu auch das Abschn. 6.2). Einen Gesamtüberblick zur Situation des indischen Gesundheitssektors um das Jahr 2010 liefert eine Serie von Beiträgen im Lancet, India: Towards Universal Health Coverage,[3] die im Januar und Februar 2011 dort erschienen sind (s.u. a. Balarajan et al., 2011; Kumar et al., 2011; Reddy et al., 2011). Die großen Unterschiede zwischen den Einzelstaaten wurden auch in einem Lancet-Artikel analysiert (India State-Level Disease Burden Initiative Collaborators (2017)).

Wie der Titel der Serie nahelegt, liefern die einzelnen Beiträge eine Bestandsaufnahme im Hinblick auf das politische Ziel der Realisierung von Universal Health Care/Coverage. Vorschläge für einen Neuansatz liefern auch Jha & Laxminarayan, 2009. Dieser Artikel ist genauso wie die Lancet-Serie im Zusammenhang mit einer intensiveren Reformbemühungen der indischen Regierung in Bezug auf das Gesundheitssystem seit etwa 2005 zu sehen (2005: National Rural Health Mission, 2009: Einrichtung einer High Level Expert Group durch die *Indian Planning Commission* und Entwurf eines *National Health Bill*, s. Reddy et al., 2011: 767). Die eingerichtete *High Level Expert Group on Universal Healthcare* wurde von der Public Health Foundation of India geleitet, die eine größere Zahl relevanter Stakeholder zur Beteiligung an einer umfassenden öffentlichen Debatte über eine entsprechende nationale Gesundheitsstrategie mobilisierte, wozu u. a. die genannte

[1] Quellen: Lebenserwartung: https://www.macrotrends.net/global-metrics/countries/IND/india/life-expectancy,

Säuglingssterblichkeit: https://www.macrotrends.net/global-metrics/countries/IND/india/infant-mortality-rate, beide abgerufen 21.10.2024.

[2] Quellen: Lebenserwartung: https://www.indiabudget.gov.in/economicsurvey/doc/Statistical-Appendix-in-English.pdf: 169; Säuglingssterblichkeit: ebda.: 170.

Gesundheitsausgaben: https://nhsrcindia.org/sites/default/files/2023-04/National%20Health%20Accounts-2019-20.pdf: 47. beide abgerufen 21.10.2024.

[3] Eine Übersicht über die Serie findet sich im Lancet: India: Towards Universal H (http://www.thelancet.com/series/india-towards-universal-health-coverage, January 11, 2011, http://www.thelancet.com/series/india-towards-universal-health-coverage, abgerufen 21.10.2024).

Artikelserie im Lancet beitragen sollte. Zentrale Punkte der im Lancet (Reddy et al., 2011) vorgeschlagenen Strategie umfassten:

(1) Aufgrund des Privatisierungsprozesses und damit der wachsenden Rolle des privaten Sektors im indischen Gesundheitssystem sollten die „privaten und öffentlichen Leistungssysteme" integriert werden. Alle Institutionen und individuellen Anbieter von Gesundheitsdienstleistungen sollten verpflichtet werden, sich in einer *national health regulatory agency* zu registrieren und die entsprechenden Informationen im Internet verfügbar zu machen.
(2) Ein universeller Gesundheitsfonds müsse eingerichtet werden, um die Kosten der Gesundheitsversorgung für den Einzelnen zu reduzieren. Der Anteil der öffentlichen Gesundheitsausgaben am Bruttoinlandsprodukt müsse nachhaltig erhöht werden. Alle bestehenden Fonds von Krankenversicherungen (s.u., Abschn. 5.3.4) sind mit diesem Fonds zu verschmelzen.
(3) Die Zahl, Diversität und die Verteilung der Humanressourcen im Gesundheitssystem sind zu steigern und zu verbessern.
(4) In verschiedenen Bereichen sollte die nationale Koordination verbessert werden, so u. a. durch die Einrichtung einer autonomen Organisation zur Governance der Versorgung mit einer vollständigen Kette von Akteuren im Gesundheitsbereich von akkreditierten sozialen Gesundheitsaktivisten zu Ärzten und Verwaltungsfachleuten, sowie die Einrichtung einer autonomen Organisation zur Festsetzung von Standards für bestimmte Versorgungspraktiken in einem integrierten nationalen Gesundheitssystem.

Es waren offenbar u. a. die zunehmende internationale Diskussion über Armut um die Jahrtausendwende und vor allem die Millennium Development Goals, die den Druck auf die indische Regierung verstärkten, auf das offensichtliche dramatische Verfehlen der immer wieder verkündeten Ziele der nationalen Gesundheitspolitik zu reagieren. Zunächst einmal wurde im Jahre 2005 die *National Rural Health Mission (NRHM)* verkündet, deren Ziel zunächst eine Verbesserung der sehr schwachen Gesundheitsversorgung in marginalen ländlichen Regionen war.

Die NRHM wurde ein paar Jahre später durch eine *National Urban Health Mission (NUHM)* ergänzt. Beide wurden schließlich zur *National Health Mission* (NHM, 2013) (http://nrhm.gov.in/nhm.html) und in einem Entwurf einer *National Health Policy* (2014) zusammengefasst. Die wichtigsten programmatischen Komponenten stellen die Stärkung des Gesundheitssystems in ländlichen und armen urbanen Gebieten dar, mit Schwerpunkten auf Reproduktionsmedizin und die Förderung der Gesundheit von Kindern und Heranwachsenden (*Reproductive-Maternal-Neonatal-Child and Adolescent Health, RMNCH+A)* sowie auf Infektionskrankheiten und nicht-ansteckende Krankheiten. Die NHM strebt einen universellen gleichberechtigten Zugang zu einer bezahlbaren und qualitativ hochstehenden Gesundheitsversorgung an, die auf die Bedürfnisse der Bevölkerung in angepasster und verantwortungsvoller Weise reagiert (Government of India. Ministry of Health and Family Welfare (website)).

Bis 2015 blieben die Ergebnisse dieser Reformansätze zunächst bescheiden. So betont etwa A.K.Sharma, die effektivste Form zur Erreichung der NRHM-Ziele sei, das System der primären Gesundheitsversorgung zu stärken statt eine Vielzahl von Programmen gleichzeitig ohne jeden Schwerpunkt zu verfolgen (Sharma, 2014: 299). Die *National Sample Survey Organization* wies in einem ausführlichen Bericht im Jahre 2015 (NSSO, 2015: 21) daraufhin, dass 85,9 % der ländlichen und 82,0 % der städtischen Bevölkerung keinerlei öffentliche Unterstützung zur Finanzierung ihrer Gesundheitsausgaben erhielten, 25 % der ländlichen Familien mussten Geld leihen, um einen Krankenhausaufenthalt bezahlen zu können (s.u. im Einzelnen zur Situation zwischen 2000 und 2010). Wenig später erschien auch die bereits oben erwähnte Lancet-Studie (India State-Level Disease Burden Initiative Collaborators, 2017), die das Zurückbleiben der gesundheitlichen Situation in der Gruppe der ärmeren Bundesstaaten detailliert analysiert.

Im Wahlmanifest der Bharatiya Janata Party (BJP) des aktuellen Premierministers Narendra Modi wurde im Jahre 2014 zwar versprochen, dem Gesundheitssektor hohe Priorität zu geben und eine ‚*National Health Assurance Mission*' mit einem klaren Mandat zur universalen Versorgung zu initiieren, dies wurde jedoch erst einmal zurückgestellt, nachdem das Gesundheitsministerium einen Kostenplan vorgelegt hatte, der einen Anstieg der öffentlichen Gesundheitskosten von 1,0 auf 2,5 % des BNP bedeutet hätte. Rechtzeitig vor den folgenden Wahlen (2019) wurde dann im Jahre 2018 mit dem *Ayushman Barat National Protection Scheme* (in Hindi: Pradhan Mantri Jan Arogya Yojana (PM-JAY)) (National Health authority webpage) eine umfangreiche Reform eingeleitet, die die Vorschläge des Lancet aus dem Jahre 2011 aufnimmt: Zentrale Punkte sind:

(a) der Aufbau von 150.000 *Health and Wellness Centres (HWCs)*, die im Unterschied zu den bestehenden „Sub-Health Centres" nun eine umfassende primäre Gesundheitsversorgung anbieten sollen (einschließlich nicht-übertragbarer Krankheiten, Mutter-und Kind-Betreuung sowie kostenloser grundlegender Medikamente und diagnostischer Leistungen),
(b) die Absicherung der Behandlungskosten in sekundären und tertiären Gesundheits-einrichtungen für etwa 500 Mio. Menschen bis zu einem jährlichen Betrag von umgerechnet 7805 US$ pro Familie und

(c) die Einrichtung einer autonomen *National Health Authority (NHA)* zur nationalen Koordination des PM-JAY-Programms. Die NHA ist auch verantwortlich für die *Ayushman Bharat Digital Mission (ABDM)*, die das Rückgrat für den Aufbau einer integrierten digitalen Infrastruktur des Gesundheitssystem bildet, und auch für die Vergabe von individuellen digitalen *Ayushman Bharat Health Accounts (ABHA)* zuständig ist. *Das Unified Health Interface* soll ein offenes Netzwerk von Patienten und teilnehmenden Anbietern von Gesundheitsdienstleistungen entstehen lassen.

Der föderalen Struktur Indiens entspricht die Regelung, dass die Einzelstaaten dem Programm nicht beitreten müssen. Die Leistungen von PMJAY werden allerdings vollständig aus dem nationalen Haushalt übernommen, während die Implementierungskosten von den Bundesstaaten mitgetragen werden. Beim Start des Programms sind 30 der insgesamt 36 Bundesstaaten und Territorien dem Programm beigetreten. Zur Finanzierung wurden die bereits bestehende Bildungsabgabe zur Bildungs- und Gesundheitsabgabe erweitert und von 3 % auf 4 % der privaten und Unternehmenseinkommen erhöht. Eine wichtige Rolle für die mittelfristige Finanzierung des Ayushman Bharat-Programms spielt die Gewährung eines Weltbank-Kredit über 1 Mrd. US$ im Jahre 2022 für eine im Oktober 2021 beschlossene weitere Komponente einer *Health Infrastructure Mission* (World Bank, 2023a, b).

5.3.4 Individuelle Ansprüche und Leistungen: Out-of-Pocket-Kosten, bescheidene Reformansätze und Ayushman Bharat

Grundsätzlich hat der indische Staat den Anspruch, die Gesundheitsversorgung sicherzustellen. Dies geschah allerdings bis zur aktuellen Reform auf sehr niedrigem Niveau; tatsächlich wenden sich die Armen häufig an Heiler, die Elemente traditioneller Medizin ohne fundierte Ausbildung anwenden. Die *Indian Medical Association* wandte sich kürzlich gegen Strategien der Regierung, mit Hilfe einer kurzen Fortbildung derartiger „quacks" (Quacksalber) dem Mangel an Ärzten vor allem in ländlichen Regionen beizukommen (Safi, 2018). Abgesehen von Leistungen im Rahmen der Bekämpfung einzelner Infektionskrankheiten hat die öffentliche Gesundheitsversorgung ein so schlechtes Image, dass der Zugang zu den Leistungen der modernen Medizin lediglich durch stark expandierende private Angebote auf der Basis rasch zunehmender OoP-Zahlungen der Haushalte für private Leistungen ermöglicht wird. Das wiederum hat bei ernsten Krankheiten katastrophale Folgen für die arme Bevölkerung bis in die Mittelschichten hinein; *catastrophic health expenditures* führen verbreitet zur Verarmung auch solcher Familien, die bisher nicht von Armut betroffen waren: Während in Costa Rica in einer Studie aus dem Jahre 2004 lediglich 0,4 % der Haushalte davon betroffen waren (s.o.), berichtete das indische Gesundheitsministerium, dass 2011/2012 18 % aller indischen Haushalte mit katastrophalen Gesundheitsausgaben konfrontiert waren (verglichen mit 15 % in den Jahren 2004–5 (vgl.: Levinson, 2016).

Nach Angaben des National Family Health Survey 2005–06 hatte Anfang der 2000er-Jahre lediglich 10 % der indischen Haushalte zumindest ein Mitglied eine Krankenversicherung. Trotz verschiedener Krankenversicherungssysteme, die von der Zentralregierung sowie von Regierungen der Einzelstaaten bzw. von öffentlichen und privaten Versicherungsgesellschaften und Gemeinden verwaltet werden, ist der Krankenversicherungssektor in Indien schwach und fragmentiert geblieben und umfasst lediglich wenige privilegierte Gruppen. Das *Central Government Health Scheme* wurde 1954 eingeführt und bot eine umfassende ambulante und klinische Versorgung ausschließlich für Beschäftigte der Unionsregierung, Parlamentsabgeordnete sowie Richter in höheren Gerichten und deren Familien. Das 1948 gegründete *Employees' State Insurance Scheme* unterstützte lediglich eine bestimmte Kategorie von Mitarbeitern in Unternehmen mit mehr als zehn Beschäftigten durch finanzielle und medizinische Leistungen (Kumar et al., 2011: 670).

Eine neue Qualität erreichte die öffentliche Krankenversicherung erst mit dem 2008 verabschiedeten *Unorganized Workers Social Security Act* (auf Hindi: Rashtriya Swasthya Bima Yojana (RSBY), wörtlich übersetzt „National Health Insurance Programme"). Zwar täuscht der Hindi-Name darüber hinweg, dass es sich auch hierbei nicht um ein integriertes nationales Versicherungsprogramm handelt, doch wurde mit RSBY zum ersten Mal ein ernsthafter Versuch unternommen, eine Versicherung für alle Familien unterhalb der Armutsgrenze zu schaffen. Die Leistungen bleiben allerdings begrenzt (Kosten für stationäre Behandlung von maximal US$470 pro Jahr und Familie sowie beschränkt auf eine Liste von Krankheiten), ebenso die Reichweite (bis 2011: 37,2 % der indischen Bevölkerung qualifizieren für die Versicherung, aber nur etwa 10 % wurden aufgenommen). Die OoP-Ausgaben für Gesundheit als Anteil der gesamten Haushaltsausgaben stiegen von 5,73 % (2009/2010) auf 6,77 % (2011/2012) (Selvaraj et al., 2015; Krishnan, 2015). Der Anteil dieser Ausgaben an den gesamten Gesundheitsausgaben in Indien sank zunächst langsam von 69,4 % (2004/2005) auf 58,7 % (2016/17); parallel dazu stieg der Anteil der öffentlichen Gesundheitsausgaben am GDP von 0,96 % auf 1,2 % an, was sich auch im Rückgang des Anteils der privaten Ausgaben an den gesamten Gesundheitsausgaben widerspiegelte. Bedenklich ist allerdings, dass der Anteil der gesamten Ausgaben für Gesundheit am GDP in dieser Periode von

4,2 % auf 3,8 % sank. Detaillierte Angaben zur Finanzierungsstruktur des Gesundheitssystems zu machen, ist angesichts ihrer Komplexität sehr schwierig (s. etwa Singh & Jyani, 2021, pp.17–26).

Erwartungsgemäß lassen sich bis Mitte 2022 noch keine umfassenden Aussagen über die Auswirkungen der neuen Reformwelle im Gesundheitssektor machen (zumal etwa das zuständige *National Health Systems Resource Centre (NHSRC)* erst 2022 Daten für 2018/19 veröffentlichte): Der indische Think Tank SPRF (Social Policy Research Foundation) legte eine erste Evaluierung von Ayushman Bharat vor (Singaravelu, 2022). Drei Punkte werden hervorgehoben:

(a) Begrenzte Inanspruchnahme durch berechtigte Familien: Bis März 2022 haben sich lediglich 35,7 % der potentiell Berechtigten (178,6 Mio.von knapp 500 Mio. Menschen im PMJAY-Schema) registriert, d. h. haben eine Ayushman-Karte erhalten, mit der sie ihre Ansprüche geltend machen können.
(b) Erfolge durch weitgehende Abdeckung der Krankenhauskosten; der Anteil der OoP-Zahlungen geht zurück (von 58,7 % der gesamten Gesundheitsausgaben 2016/2017 auf 48,2 % in 2018/2019 und 39,4 % im Jahre 2023 (NHSRC, 2024, National Health Account Estimates for India 2021–2022: 10)). Dabei ist zu berücksichtigen, dass PMJAY nur Zahlungen für Kosten in sekundären und tertiären Institutionen übernimmt, nicht aber Leistungen im PHC-Bereich, welche die neu gestalteten HWCs kostenfrei übernehmen sollen.
(c) Zurückbleibender Ausbau der HWCs: Die geplante Neugestaltung der HWCs im Rahmen des Ausbaus einer umfassenden PHC bleibt deutlich hinter dem Plan zurück, was schließlich 2021 zur Ergänzung des Ayushman Bharat-Pakets durch eine Health Infrastructure Mission und schließlich zur erfolgreichen Beantragung eines Weltbankkredits (s.o.) geführt hat. Zur Sicherung einer patientennahen, umfassenden primären Gesundheitsversorgung ist auch der Aufbau eines Netzes von District Public Health Laboratories und von Block Public Health Units vorgesehen, welche die ärztliche Versorgung in entlegeneren Regionen sicherstellen sollen.

Daten der WHO (WHO, Global Health Expenditure Database, webpage) verdeutlichen, dass von 2010 bis 2021 die gesamten Gesundheitsausgaben pro Kopf zwar von 45 auf 74 US$ (auf der Basis der durchschnittlichen Wechselkurse im jeweiligen Jahr) gestiegen sind, ebenso der Anteil der Staatsausgaben an den gesamten Gesundheitsausgaben von 26 auf 34 %, der Anteil der gesamten Gesundheitsausgaben am GDP aber im niedrigen Bereich von 2–3 % verblieben ist, was vor allem auf das in dieser Zeit recht hohe Wirtschaftswachstum zurückzuführen ist (per capita-GDP-Wachstum meist zwischen 5 und 7 %). Der steigende Anteil der

Staatsausgaben reichte zwar (in Verbindung mit einer Orientierung an UHC) für eine Verbesserung der Absicherung der Armen im Krankheitsfall, jedoch nicht für umfangreichere Investitionen in die gesundheitliche Infrastruktur.

5.3.5 Zusammenfassung: Ungleichheit der Gesundheitsversorgung und eine „game-changing" Reform?

Die beschriebenen Entwicklungen zeigen eine starke multidimensionale Ungleichheit im Zugang zur Gesundheitsversorgung in Indien auf: Hier wurde vor allem auf Ungleichheiten im Beschäftigungsstatus und die ökonomischen Möglichkeiten der Finanzierung von Zusatzleistungen und zwischen den Einzelstaaten verwiesen, andere Studien beziehen sich auch auf geschlechtsspezifische Ungleichheiten sowie die Bedeutung des Kasten (etwa Balarajan et al., 2011). Weiter unten werden auch dazu Daten präsentiert. Soziale Gruppen mit dem größten Bedarf an Leistungen des Gesundheitssystems hatten bisher die größten Schwierigkeiten, Zugang zu Leistungen der Gesundheitsversorgung zu erhalten und damit ihren Versorgungsbedarf abzudecken. Diese Situation hat sich trotz der Reformbemühungen seit 2005 und besonders seit Präsident Modis PMJAY (2018, s.u.) nicht grundlegend geändert, so dass die im Folgenden präsentierten Daten aus den 2000er-Jahren weiterhin aussagefähig sind, auch wenn die sozialen Unterschiede inzwischen nicht mehr ganz so extrem sind.

Am Beispiel der Gesundheitsdienste für Mutter und Kind werden die weitgehend bis heute bestehenden Ungleichheiten der Gesundheitsversorgung in Indien besonders deutlich, da die gesellschaftliche Belastung (burden of disease, BoD) durch Infektionen sowie Krankheiten und Todesfällen im Bereich von Schwangerschaft, Geburt und postnatalen Problemen vor allem vom Zugang zu entsprechenden Gesundheitsdiensten abhängt. Die Nutzung präventiver Leistungen wie Schwangerenfürsorge und Impfungen ist defizitär und variiert stark nach Geschlecht des Kindes, dem sozioökonomischen Status und dem Ort (Stadt-Land; Bundesstaat). In den Jahren 2005–06 betrug die nationale Impfrate 44 %, mit starken Unterschieden nach Haushaltseinkommen und Bildung, wobei allerdings die absoluten und relativen Ungleichheiten im Zeitverlauf zurückgegangen sind (Balarajan et al., 2011, Figure 4). Bis 2015–16 ist die Impfrate immerhin auf 62,0 % gestiegen, wobei die Immunisierungsrate unter den sog. scheduled tribes (marginalisierte Stämme) und scheduled castes (die untersten Kasten, im Wesentlichen die „Unberührbaren", Dalits – „gelisted", da ihnen aufgrund der indischen Verfassung als benachteiligte Gruppen Sonderrechte zustehen) betrug in diesen Jahren 55,8 % bzw. 63,2 %, sowie 64,5 % bei den Angehörigen anderer Kasten. Nach Kasten sind die Unterschiede inzwischen allerdings deutlich geringer als nach Einkommensgruppen (52,8 % bei den ärmsten 20 % gegenüber 70,0 % bei den reichsten 20 %). (NFHS 2015/16; 265).

Ähnliche Muster von Ungleichheiten bestehen im Bereich der Schwangerenfürsorge. Auch wenn diese im Zeitverlauf mehr Frauen erreichte, bestehen weiterhin erhebliche Differenzen in Bezug auf Einkommen, Bildung und ländlichen vs. urbanen Regionen sowie zwischen einzelnen Bundesstaaten. Gleiches galt bisher für den Prozentsatz von Geburten in Gesundheitseinrichtungen; insgesamt lag dieser für ganz Indien mit 38,7 % (2005/2006) recht niedrig. Frauen aus dem obersten Fünftel (Quintile) der Einkommensskala hatten eine sechsfach höhere Chance, ihre Kinder in Gesundheitseinrichtungen zur Welt zu bringen als Frauen aus der niedrigsten Quintile. Abb. 5.4 verdeutlicht erwartungsgemäß, dass diese Unterschiede

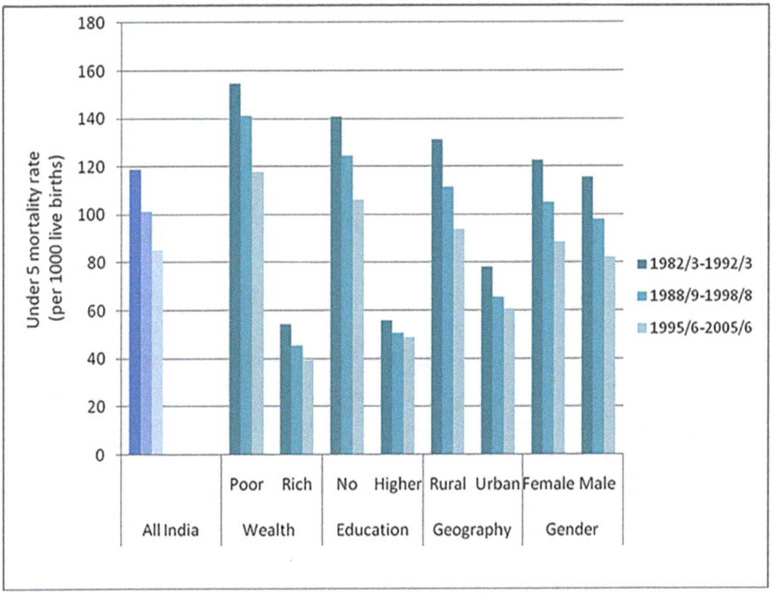

Source: NFHS 1992/3, NFHS 1998/9 and NFHS 2005/6

Notes: Under-5 mortality rates for the ten-year period preceding the survey, by selected background characteristics (excludes month of interview from analysis); Inequalities are presented in the following manner: Wealth: poorest quintile vs. richest quintile; Education: no education vs. higher education.

Abb. 5.4 Säuglings- und Kindersterblichkeit in Indien pro 1000 Lebendgeburten. (**Quelle:** Balarajan et al., 2011, Figure 1)

im Zugang zur Gesundheitsversorgung erhebliche Auswirkungen auf die Säuglings- und Kindersterblichkeit (under 5 mortality) hatten. Auch wenn diese zwischen 1992/1993 und 2005/2006 in allen der berücksichtigten sozialen Gruppen zurückging, blieb die Ungleichheit erheblich: Während 1992/1993 in der ärmsten Quintile der Bevölkerung etwa 155, in der reichsten etwa 54 von 1000 Kindern vor Erreichen des 5. Lebensjahres starben, waren es 2005/2006 immer noch etwa 118 in der ärmsten Gruppe und 40 in der reichsten sowie 2015/2016 71,7 in der ärmsten und 22,6 in der reichsten Quintile (NFHS, 2015/16: 190). Noch größer sind die Unterschiede zwischen den Einzelstaaten (Uttar Pradesh: 78; Kerala: 7,1; ebda.: 185).

Auch im Hinblick auf die Einweisung in Krankenhäuser gibt es vergleichbare Differenzen nach Geschlecht, Einkommen, und Wohnsitz. Obwohl die Armen häufiger Gesundheitsleistungen des öffentlichen Sektors als des privaten Sektors nachfragen, nutzt die reiche Bevölkerung in absoluten Zahlen mehr an öffentlichen Leistungen im Gesundheitssektor, vor allem in den Bereichen der klinikbasierten und der tertiären (hochspezialisierten) Versorgung, und wird länger stationär in Krankenhäusern behandelt. Allerdings zeigen die Daten der NFHS inzwischen eine ausgewogenere Verteilung der Leistungen im präventiven Bereich (Impfungen und Besuche durch Gesundheitspersonal im Rahmen der Schwangerschaftsvorsorge) als im kurativen Bereich.

Präsident Modis Ayushman Bharat Reform (PMJAY, umgangssprachlich auch „Modicare" genannt) wird in der offiziellen Veröffentlichung *National Health Policy 2017* angekündigt, wobei das Ziel einer Universal Health Coverage im Mittelpunkt steht und die Notwendigkeit der Bezahlbarkeit von Gesundheitsleistungen und der Reduktion von OoP-expenditures betont werden. In der Einleitung heißt es „das primäre Ziel der *National Health Policy 2017*, ist es, über die Rolle der Regierung bei der Gestaltung von Gesundheitssystemen in allen ihren Dimensionen zu informieren, diese zu erläutern, zu stärken and zu priorisieren" (Übersetzung W.H.), was vor allem auf einen Versuch hinweist, die Rolle der Zentralregierung zu stärken (Government of India 2017a, b). UHC und eine stärkere Führungsrolle der Unionsregierung prägten die Politik von Präsident Modi, der schließlich 2018 die umfangreichen Reformkonzepte einleitete, die bereits oben skizziert wurden. Inwieweit das PMJAY (*National Protection Scheme*) und die diversen anderen Programme des Ayushman Bharat-Pakets (u. a. A.B. Health and Wellness Centres, A.B. Digital Mission, A.B. Health Infrastructure Mission) die von Modi proklamierten Ziele („game-changer initiative to serve the poor", „build a new India by 2022") erreichen werden, mag man skeptisch sehen, aber im Vergleich zu früheren Reformansätzen greift es doch die Probleme des indischen Gesundheitssystems in einer radikaleren und koordinierteren Form als frühere Reformen an.

Erste vorsichtig optimistische Analysen des Programms legen Angell et al. (2019) sowie der indische Think Tank SPRF (2022) vor (s.o.). Es hat sich allerdings gezeigt, dass 500 Mio. zugangsberechtige Arme nicht von heute auf morgen bürokratisch (und erst recht nicht über digitale Medien) vollständig zu erfassen sind, und darüber hinaus, dass der Ausbau einer medizinisch umfassenden flächendeckenden Grundversorgung (auch von den einzelnen Bundesstaaten) erhebliche Ressourcen verlangt, die nicht in kurzer Zeit mobilisiert werden können. Die notwendige Modernisierung der indischen Gesellschaft wird ein längerer Prozess sein.

5.4 Demokratische Republik Kongo (DRK)

5.4.1 Allgemeines

Flächenmäßig ist die Demokratische Republik Kongo der zweitgrößte Staat Afrikas und steht mit ca. 100 Mio. Einwohner (2022) an vierter Stelle in Bezug auf die Einwohnerzahl; räumlich-politisch ist das Land sehr heterogen. Einem dicht bevölkerten Gebiet um die Hauptstadt Kinshasa (ca. 11 Mio. Einwohner), stehen große dünnbesiedelte Regenwaldgebiete im Zentrum und im zentralen Norden gegenüber, sowie wiederum dichter besiedelte Gebiete im Osten und Süden. Das sind die rohstoffreiche Provinz Katanga im äußersten Südosten sowie die Provinzen Nord- und Süd-Kivu, deren Bevölkerung ethnisch verbunden ist mit Uganda, Rwanda und Burundi (sowie den dort vorhandenen Konflikten). Zu Zeiten der Unabhängigkeit (1960) hatte das damalige *Kongo Léopoldville*, (später *Kinshasa*) vor allem aufgrund von Rohstoffexporten ein relativ hohes Pro-Kopf-Einkommen (vergleichbar den fortgeschritteneren lateinamerikanischen Staaten, 2,5-mal so hoch wie Indien, gemessen in laufenden US$). Dies war aber gleichzeitig auch eine der Ursachen politischer und ökonomischer Begehrlichkeiten, die zu langjährigen Bürgerkriegen führten, so dass das Land heute weniger als ein Drittel des Durchschnittseinkommens des subsaharischen Afrikas erwirtschaftet.

Die DR Kongo ist von politischer Instabilität, militanten Konflikten und Korruption gekennzeichnet. Den Wirren nach der Unabhängigkeit folgte das korrupte Regime Mobutos („Kleptokratie" in Bezug auf Mobuto-Regime; s. Basedau, 2003: 287, 458) und nach dem Sturz Mobutos ein langjähriger Bürgerkrieg, wobei zwischen 1998 und 2004 nach Angaben des *International Rescue Committee* 3,9 Mio. Menschen ums Leben kamen, die Mehrzahl allerdings aufgrund von Krankheit und mangelnder Versorgung mit Lebenmitteln (International Rescue Committee (2007)): Nach der Beendigung des Bürgerkriegs und Wahlen im Jahre 2006 ist zwar eine gewisse Stabilisierung eingetreten; weitere militärische Auseinandersetzungen vor allem im Osten (Kivu: Rückwirkungen der Konflikte in Rwanda und Burundi) und im Zentrum (Kasai) des Landes haben allerdings bis heute eine effektive Befriedung verhindert. Ein zunächst relativ gutes Gesundheitssystem ist durch die Bürgerkriege und den weitgehenden Kontrollverlust des Zentralstaates stark desintegriert. Dennoch verbessern sich zumindest seit etwa 2000 die Daten zur Lebenserwartung und zur Kinder- und Säuglingssterblichkeit relativ kontinuierlich; der UHC-Index verbesserte sich von 2010 bis 2019 um jährlich durchschnittlich 4,6 % (nach 1,3 % in den Jahren 1990 bis 2010) (IHME, webpage, DR Kongo). Allerdings bleiben die erreichten Ergebnisse meist hinter den ambitionierten Zielvorgaben der diversen Pläne zur Entwicklung des Gesundheitssektors zurück (s.u.).

5.4.2 Koloniale und post-koloniale Vergangenheit (-1998)

In den Jahren 1954–1960 bestand das Gesundheitssystem im Belgisch-Kongo aus dem *Service médicale du Gouvernement* der Kolonialverwaltung, den Beiträgen philanthropischer (meist kirchlicher) Organisationen und den Gesundheitsdiensten der großen Privatunternehmen (Transport-, Minenunternehmen). Immerhin verfügte das Land im Jahre 1960 über eine Infrastruktur im Gesundheitswesen und eine Ausbildung des medizinischen Personals, das viele andere afrikanische Länder bei weitem übertraf. Es gab etwa 3000 Gesundheitseinrichtungen, davon 380 Krankenhäuser mit gut ausgebildetem Personal, insgesamt 750 Ärzte, von denen 400 in staatlichen Institutionen arbeiteten und 80 unabhängig praktizierten, sowie einem Pflegepersonal von 7900 Personen. Die Zahl der Krankenhausbetten wird mit 5,34/1000 Einwohner angegeben; in derselben Epoche lagen die entsprechenden Zahlen für Ghana bei 0,55, für Indien bei 0,32 und für Ägypten bei 2,43 je 1000 Einwohner.

Der Kampf gegen bestimmte Krankheiten war relativ erfolgreich: Die Fälle von Schlafkrankheit konnten von 34.000 im Jahre 1931 dank der weitgehenden Ausrottung der Tsetsefliege auf 1100 im Jahre 1959 reduziert werden. Gegen Polio, Masern und Gelbfieber wurden obligatorische Impfungen weitgehend realisiert, sowohl unter der einheimischen als auch der europäischen Bevölkerung. Umfangreiche Programme von Behandlung und Prävention mit dem Ziel der Ausrottung von Polio, Lepra, die 2 % der Bevölkerung betraf, sowie der Tuberkulose (0,2 % der Bevölkerung) wurden durchgeführt. Ein intensiver Kampf gegen die Malaria führte zur weitgehenden Beseitigung der übertragenden Anopheles-Mücken in den urbanen Zentren und in einigen ländlichen Gebieten. Die Sterblichkeit an Malaria sank von 39/1000 im Jahre 1929 auf 3/1000 (1956). In den Schulen gab es eine medizinische Betreuung und eine solide gesundheitliche Aufklärung. Auch die

Unternehmen investierten in beträchtlichem Umfang im Gesundheitsbereich (Wikipedia, 2024b).

Postkoloniales Gesundheitssystem: Trotz des zunächst fehlenden einheimischen medizinischen Personals war die DR Kongo (damals Zaïre) in den 1980er-Jahren wegen ihres Netzwerkes an Kliniken, der Qualität der Ärzte und des Basisgesundheitssystems in ganz Afrika anerkannt. In den 1980er-Jahren lag das Land an der Spitze von Reformstrategien, die die Integration von Leistungen auf den Ebenen der Primärversorgung (PHC) und der ersten Überweisungsebene (first-referral level, d. h. Einrichtungen, die über alle Mittel der Notversorgung von Patienten in Bezug auf die wichtigsten Krankheiten verfügen) in den Mittelpunkt stellten.

Das sog. Gesundheitszonenmodell (*Zones de Santé*) integrierte die medizinische Versorgung einschließlich der Erstüberweisungsebene unter einer dezentralisierten Verwaltungsstruktur. Die Zonen wurden ausgehend von bestehenden Krankenhäusern von unterschiedlichen Trägern (Regierung, NGOs, FBOs (*Faith-based organizations*, d. h. Organisationen mit religiösem Hintergrund)) organisiert. Dies geschah im Rahmen einer Partnerschaft zwischen der Regierung, die die laufenden Kosten, vor allem Gehälter, übernahm, der Bevölkerung, die primär die Medikamente über einen sog. *Revolving drug fund* zu bezahlen hatte, für den in jeder Gesundheitszone zunächst ein Grundbestand an Medikamenten zur Verfügung gestellt wurde, der dann durch Einnahmen nach der dem Verkauf der Medikamente an Patienten immer wieder aufgefüllt wurde, und externe Geber, die weitgehend neue Investitionen finanzierten.

Das Konzept der Gesundheitszonen wurde mit der Gesundheitsreform des Jahres 1981 eingeführt; die Politik der 1980er-Jahre konzentrierte sich vor allem darauf, die Funktionalität der Gesundheitszonen zu verbessern. Jede Gesundheitszone war ursprünglich für etwa 110.000 Einwohner geplant, 2001 wurde die Zahl der Zonen von 301 auf 515 erhöht (World Bank, 2005: 7). In den 1980er-Jahren wurden jährliche Raten der Konsultation von Gesundheitsinstitution von 0,60 pro Einwohner berichtet; 2003, in der Endphase des Bürgerkriegs nach dem Sturz Mobutus, schätzte die Weltbank die durchschnittliche Rate von Konsultationen pro Kopf auf lediglich 0,15 (ebda., S. 41); laut PNDS 2016 (S. 34) erreichte diese Rate im Jahre 2014 wieder 0,33. Das Konzept der Gesundheitszonen wurde im allgemeinen positiv bewertet und für durchaus geeignet als Grundlage für eine zukünftige Konsolidierung angesehen (s.u. Abschn. 5.4.4, s. auch Weltbank 2005); allerdings ist zu berücksichtigen, dass ein beträchtlicher Teil der Bevölkerung nicht in der Lage war, die Medikamente zu bezahlen, und dass darüber hinaus die Finanzierung vieler Gesundheitszonen aufgrund ausbleibender Finanzmittel sowohl von Seiten des kongolesischen Staats als auch externer Geldgeber keineswegs gesichert war.

5.4.3 Krisen, Bürgerkrieg seit den 1990er-Jahren

In den vergangenen drei Dekaden hatte der politische und ökonomische Kollaps des Landes dramatische Auswirkungen auf die Gesundheitsversorgung. Krankenhäusern und Gesundheitsstationen fehlten Personal und Ausrüstungen, und sie verfügten häufig nicht über kritische Medikamente und Versorgungsgüter. Schätzungsweise 70 % der Kongolesen hatten kaum oder gar keinen Zugang zu Gesundheitsleistungen (USAID, o.J.-a). Nach Angaben der UN Population Division (UNPD) stieg die Lebenserwartung bei Geburt von 1990 (48,5 Jahre) bis 1995 (50,4) leicht an und sank dann wieder auf 49,7 Jahre im Jahr 1998 (UNPD webpage).

> „Die mit dem Konflikt verbundene erhöhte Sterblichkeit war nicht das Ergebnis unmittelbarer Gewalt, sondern das Resultat verschlechterter sozio-ökonomischer, Ernährungs- und Gesundheitsbedingungen. Daten des *2004 retrospective mortality survey* zu den Ursachen der registrierten Todesfälle machen deutlich, dass diese zumeist die Folge zunehmender Unterernährung und Krankheiten ist, verursacht von Vertreibung und sozio-ökonomischer Verwerfungen, die mit dem Konflikt zusammenhängen". (World Bank, 2005, p. 40, Übersetzung W.H.)

Abb. 5.5 bietet einen analytischen Überblick über die Probleme des kongolesischen Gesundheitssystems. Sie lassen sich mit folgenden Stichworten zusammenfassen: ein grundsätzlich sinnvoller Ansatz (dezentralisierte Gesundheitszonen), unzureichende Mittel (mangelhafte Governancekapazität auf der Regierungsebene, schwache finanzielle Basis, mangelnde Hygiene und Bildung), Armut und Hunger, Verschlechterung der Situation durch den Bürgerkrieg.

Seit dem Ende des Bürgerkriegs (2004) hat sich die Gesundheitssituation des Landes wieder etwas verbessert, obwohl sie weiterhin im internationalen Vergleich nach vielen Indikatoren am unteren Ende liegt (vgl. oben die Tab. 2.3, 2.4 und 2.8). Nach der Stabilisierung einer Zentralregierung, die trotz der weiterhin bestehenden regionalen Konflikte zumindest große Teile des nationalen Territoriums kontrolliert, ist die Regierung in Ko-operation mit internationalen Partnern in der Lage, die Politik zu den wichtigsten Gesundheitsfragen zu koordinieren und Investitionen in prioritären Bereichen zu tätigen. Zwischen 2007 und 2013 ist die Kindersterblichkeit (unter 5 Jahren) von 148 auf 104 pro 1000 Lebendgeborenen gesunken (laut UNICEF allerdings 146 im Jahre 2012, s.u.). Im Landesdurchschnitt erhielten 45 % aller Kinder im Alter zwischen 12 und 23 Monaten alle empfohlenen Impfungen (im Vergleich zu 31 % im Jahre 2007 (Daten von USAID, o.J.-b)).

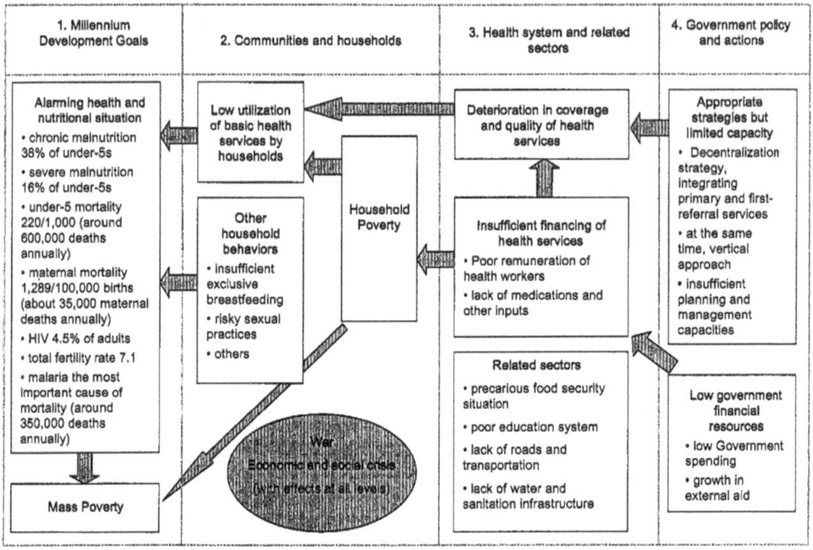

Adapted from Wagstaff and Claeson (2004)

Abb. 5.5 Gesundheitssituation in der DR Kongo zu Beginn des Jahrtausends. (Quelle: World Bank, 2005: 16)

5.4.4 Rekonstruktion des Gesundheitssystems seit 2003

Nach der Stabilisierung (2004) wurden von der Regierung der DR Kongo verschiedene Strategiedokumente zum Gesundheitssystem vorgelegt, so 2006 eine Strategie zur Stärkung des Gesundheitssystems (*Stratégie de Renforcement du Système de Santé*), und 2010 den Nationalen Plan für gesundheitliche Entwicklung (*Plan National de Développement Sanitaire PNDS 2011–2015*). Dazu heißt es allerdings im nächsten Plan: „Angesichts einer fehlenden finanziellen Absicherung, mangelnder flankierender Maßnahmen sowie strukturierter Anschlussmaßnahmen auf allen Ebenen ist dieser Plan nicht wirklich umgesetzt worden". (PNDS, 2016: 11, Übersetzung W.H.). Die leichten Verbesserungen der Gesundheitssituation seit 2004 sind offenbar weitestgehend auf die wieder verstärkte Wirksamkeit internationaler Hilfe zurückzuführen. Der Zusatz „Vers la couverture universell" (also wie in Indien „universal coverage") ist auch angesichts des Inhalts des Planes lediglich als Referenz an die Strategie der WHO zu sehen. Ein Ansatz kann in der Förderung von Versicherungen auf gemeinschaftlicher Basis (*mutuelles de santé*, s.u.) gesehen werden.

An der institutionellen Struktur des Gesundheitssystems hat sich seit Beginn des Millenniums nicht viel verändert. Das Gesundheitssystem ist damit auch heute weitgehend dezentral organisiert, wobei die primären und *first referral services* weiterhin in Gesundheitszonen organisiert sind. (World Bank, 2005: 7). Nach Einschätzung der Weltbank bietet die Struktur der Gesundheitszonen eine gute Grundlage für die Sanierung und Weiterentwicklung des Systems. Während die ökonomische und soziale Krise des Landes und die folgenden militärischen Konflikte die medizinischen Leistungen erheblich unterminiert hatten, bewiesen die Strukturen der Health Zones eine bemerkenswerte Resilienz (ebda.). Ein Mangel an Finanzierung durch die Regierung hat zu einer gewissen Autonomie der Gesundheitszonen und individueller Einrichtungen geführt. Wenn externe Hilfe fehlte, wurden viele Einrichtungen de facto privatisiert, da sie ausschließlich auf Zahlungen von Patienten angewiesen waren, um Personal- und Betriebskosten bezahlen zu können (ebda.).

Der aktuelle PNDS konzentriert sich darauf, die Strukturen der Gesundheitszonen zu konsolidieren, wobei eine Rekonstruktion der nationalen und intermediären (provinziellen) Ebene das Gesamtsystem integrieren, die nationale Kontrolle (angesichts der Abhängigkeit von externen Leistungen) stärken und Innovationen ermöglichen soll. Beobachter sind allerdings skeptisch, inwieweit dies gelingen wird.

Die DR Kongo besteht seit der letzten territorialen Reform im Jahre 2008 (umgesetzt 2015) aus 26 Provinzen. Jede Provinz besteht aus einer je nach Größe unterschiedlichen Zahl von Gesundheitszonen (GZ), die wiederum in Gesundheitsbezirke unterteilt sind. Grundsätzlich sollte jede GZ über ein Referenzkrankenhaus verfügen, ein Ziel, das wahrscheinlich wegen der Erhöhung der Zahl der Gesundheitszonen im Jahre 2001 von ursprünglich 301 auf 516 noch nicht erreicht worden ist (s. Abb. 5.6). Die Gesundheitsbezirke verfügen im Allgemeinen über ein Gesundheitszentrum, das ein Mindestpaket an Leistungen anbietet. So entsteht ein Netzwerk von Einrichtungen der medizinischen Grundversorgung (PHC), das durch die jeweiligen GZ koordiniert und kontrolliert wird.

Die Einrichtungen gehören entweder dem Staat oder nicht-profitorientierten privaten Organisationen (FBOs oder NGOs), die normalerweise Verträge mit dem Staat abgeschlossen haben, aber im Management weitgehend autonom sind. Seit der Kolonialzeit waren religiöse Missionen die wichtigsten Akteure für die Gesundheitsversorgung im Kongo, und noch heute spielen sie eine zentrale Rolle vor allem im Management der Gesundheitszonen, zunehmend auch in der Form nationaler religiöser Netzwerke (Stasse et al., 2015: 2 f.). Insgesamt stellte die internationale Hilfe zwischen 2009 und 2012 40,5 % des Budgets des Gesundheits-

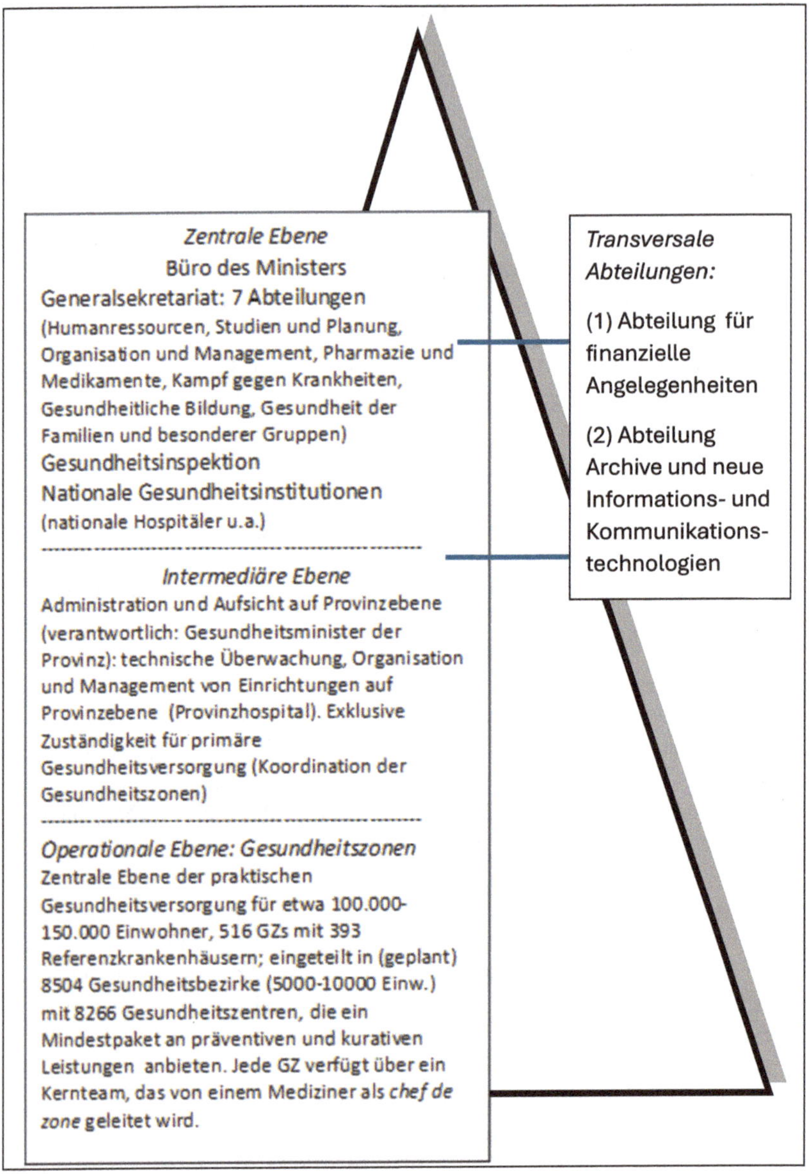

Abb. 5.6 Struktur des Gesundheitssystems der DR Kongo. (Quelle: eigene Darstellung auf der Grundlage von PNDS 2016–2020: 21–23)

sektors zur Verfügung (Observatoire National, 2015: 20). Diese Situation hat sich bisher kaum verändert (40 % im Jahre 2016; PNDS, 2016: 83).

Der nationale Gesundheitsplan (PNDS, 2016) präsentiert einerseits ein stimmiges Konzept für das Gesundheitssystem, das auf der Basisebene auf historisch gewachsene Strukturen zurückgreifen kann. Andererseits verweist die kritische Bestandsaufnahme der aktuellen Situation darauf, dass dieses System weit davon entfernt ist, eine umfassende Gesundheitsversorgung zu gewährleisten (ebda., 32–56). Von den 8266 existierenden Gesundheitszentren verfügen lediglich 1006 über Gebäude aus festen Baumaterialien, von denen bereits 671 eine Sanierung benötigen (ebda., S. 36). Untersuchungen im Jahre 2012 zeigten, dass lediglich 6 % (!) der Gesundheitszentren ein den Normen entsprechendes Mindestpaket an Leistungen anboten, während lediglich 16 % der Referenzkrankenhäuser das verlangte komplementäre Leistungspaket erbringen konnten. Dabei gab es in drei Provinzen (Mongala, Bas Uelé und Nord Ubangi) keine dieser Leistungen, während in der Hauptstadtprovinz Kinshasa immerhin 59 % der Gesundheitszentren und 79 % der Referenzkrankenhäuser die Normen erfüllten (ebda., S. 32).

Lediglich 28 % der Krankenhäuser verfügen über moderne Diagnosegeräte: 1 % sind in der Lage Kernspintomographie durchzuführen, 20 % ein EKG, 33 % Röntgenaufnahmen, und 58 % Ultraschalluntersuchungen. Die internationale Standardmethode DOTS (Directly Observed Therapy Shortcourse) zur systematischen Überwachung der Therapie von Tuberkulose kann nur in 11 % der Basisgesundheitseinrichtungen durchgeführt werden und nur in 32 % dieser Einrichtungen wird bei Tuberkulosepatienten ein AIDS-Test durchgeführt (ebda. 33 f.).

Angesichts dieser Situation erstaunt es weder, dass die gesundheitliche Situation in der DR Kongo sich trotz der leichten Verbesserung nach Ende des Bürgerkriegs 2004 nicht grundlegend verändert hat (s.u.), noch dass die Angebote der Gesundheitseinrichtungen nur sehr begrenzt genutzt wurden, vor allem angesichts der weiterhin verlangten OoP-Zahlungen für Medikamente und andere Leistungen. Im ländlichen Raum verwiesen 2013/14 in einer Umfrage 75 % der Frauen (in urbanen Regionen 58 %) auf finanzielle Hindernisse, um Gesundheitsfürsorge in Anspruch zu nehmen. Abb. 5.7 zeigt den Anteil derjenigen, die das (oft nur theoretisch vorhandene) Leistungsangebot ihrer Gesundheitszone nicht genutzt haben, differenziert nach Einkommensquintilen.

Abgesehen vom Mangel an ausgebildetem Personal (s.o. Tab. 2.4; auch Observatoire National, 2015) ist auch die Motivation des Gesundheitspersonals relativ gering. Dies wird auf die schlechten Arbeitsbedingungen, den Mangel an Anreizen (u. a. fehlende Anerkennung von Erfahrung, fehlende Chancen der Professionalisierung), die Nicht-Bezahlung von vielen Akteuren im Gesundheitswesen sowie die geringe Bezahlung der anderen zurückgeführt (PNDS, 2016: 40 f.).

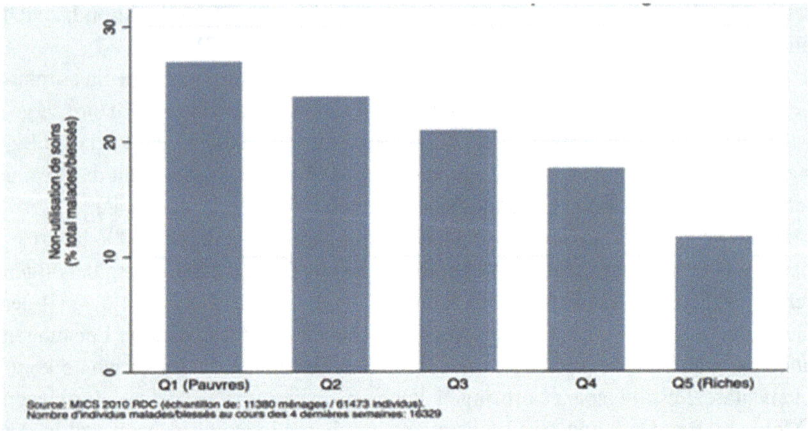

Abb. 5.7 DR Kongo: Verzicht auf Nutzung von Gesundheitsleistungen nach sozioökonomischem Niveau. (**Quelle:** PNDS, 2016: 46)

Auch wenn Mängel des Gesundheitssystems in einer Reihe von aktuellen Dokumenten der DR Kongo hervorgehoben und gleichzeitig umfangreiche Pläne zu deren Behebung vorgelegt werden, wie der PNDS 2016–2020, das Landesprofil für Humanressourcen für Gesundheit (s.o., Observatoire National, 2015) und ein anspruchsvoller Plan zur Entwicklung der Telemedizin aus dem Jahre 2014, so lassen die fehlende politische Bereitschaft, ausreichende Mittel zur Verfügung zu stellen, kaum weitreichende Fortschritte erwarten. Dem Plan zur Telemedizin folgte übrigens ein zweiter *Plan National de Développement de l'Informatique de Santé 2020–2024* (Verbeke, 2020); laut Abstract des neuen Plans war der Vorgänger ein kaum genutztes Dokument, „da er mangels Verbreitung und Kommunikation über seinen Inhalt weitgehend unbekannt blieb".

Im Jahre 2015 wurden gerade einmal 4,2 % des staatlichen Budgets für die Gesundheit ausgegeben, das sind gut 0,9 % des BIP zu Marktpreisen, 2022 waren es immerhin 8,7 % des Budgets, und 1,35 % des BIP.[4] Die Ausführungsquote (taux d'exécution) des Budgets betrug im Schnitt der Jahre 2015–2022 lediglich 61,8 %,

[4] 2015 BIP zu Marktpreisen: 35,11 Billionen. Francs Congolais (Daten der Weltbank, https://donnees.banquemondiale.org/indicator/NY.GDP.MKTP.CN?locations=CG-CD, abgerufent 27.10.2024); Budget für Gesundheit: 321 Mrd. (PNCNS, 2023, 53).

2022: BIP 132,06 Billionen, Budget für Gesundheit 1,786 Billionen (ebda.). (2022: 1 Mio. Franc Congolais entsprechen etwa 500 US$).

so dass effektiv noch weniger Mittel als budgetiert genutzt wurden. Die Gesamtausgaben für Gesundheit in der DR Kongo betragen 2021 insgesamt 2,203 Mrd. US$ (zu aktuellem Wechselkurs), davon stammen 43 % von OoP-Zahlungen, 16 % aus öffentlichen Mitteln, 38 % aus ausländischen Transfers und 3 % aus anderen Quellen (Unternehmen und lokale NGOs) (PNCNS, 2023, 31). Lediglich 8 %; der Ausgaben der privaten Haushalte betreffen Versicherungsbeiträge (einschl. Versicherungen über Beschäftigungsverhältnisse) (ebda, 43).

Insgesamt wurden 2012 lediglich $13 pro Kopf für die Gesundheitsversorgung ausgegeben, 2021 waren es dann $22 (WHO, Global Health Expenditure Database, 30.7.2024), Die DR Kongo gehört damit auch weiterhin zu den Ländern mit den niedrigsten Pro-Kopf-Gesundheitsausgaben, wobei, wie gesagt, knapp die Hälfte auch noch von individuellen Haushalten getragen wurde.

UNICEF publiziert umfangreiche aktuelle Gesundheitsdaten für alle Mitgliedsländer, zuletzt im Jahre 2023 (UNICEF, 2023, Statistical Tables). Danach betrug im Jahre 2021 die Kindersterblichkeitsrate (unter 5 Jahren) 79 pro Tausend Lebendgeborenen (nach 146 im Jahre 2012), die Lebenserwartung bei Geburt lag bei 59 Jahren (2010: 52 Jahre), die Müttersterblichkeit lag 2020 bei 547 von 100.000. Die Impfrate gegen die wichtigsten Infektionskrankheiten (Standardkombination gegen Diphtherie, Tetanus und Keuchhusten) lag 2021 mit 65 % im unteren Mittelfeld der Länder südlich der Sahara; nur 46 % der Kinder mit Fieber wurden auf Malaria untersucht. 41 % der Kinder waren von reduziertem Wachstum (stunting) betroffen. Zweifellos hängen die schlechten Gesundheitsdaten für Kinder auch mit Unter- und Fehlernährung zusammen, wobei das Leistungspaket der Gesundheitsstationen grundsätzlich auch die Ernährungsberatung umfasst, diese aber angesichts der allgemeinen Überlastung des Personals kaum geleistet wird.

5.4.5 Individuelle Ansprüche und Leistungen

Es gibt praktisch keine individuellen, staatlich garantierte Ansprüche auf Zugang zur Gesundheitsversorgung, etwa durch ein System der Krankenversicherung, das auch die Versorgung der armen Bevölkerung absichern würde. Auch wenn der Staat oder Hilfsorganisationen die Löhne des Gesundheitspersonals (im Prinzip, s.o.) übernehmen, müssen Medikamente und viele andere Leistungen (etwa im Diagnosebereich, Impfungen etc.) bezahlt werden (s. auch als Beispiel Tab. 5.7). Leistung-gegen-Entgelt ist das verbreitete Konzept, wobei es keine staatlich festgelegten Tarife gibt. Dies führt zu völlig unvorhersehbaren Kosten für die Patienten. Ausnahmen gibt es im Rahmen einzelner Programme nicht-staatlicher Organi-

Tab. 5.7 DR Kongo: Kosten medizinischer Versorgung in einem primären Gesundheitszentrum

Cost of medical care in a primary center			
No	Acts description	Cost unemployed	Cost employed
1	Medical Record	3500FC (3,00$usd)	4500FC (4,00$usd)
2	Consultation GP	1500FC (1,00$usd)	2500FC (2,00$usd)
3	Delivery/Eutocia	15.000FC (15,00$)	50.000FC (50,00$usd)
4	Delivery/Dystocia	25.000FC (25,00$)	100,00$
5	Delivery/Caesarean	300,00$usd	450,00$usd
6	Ultrasound	25,00$	25,00$
7	X-Ray	20$	20$
8	EC Review	0,50$	1,00$
9	Review/W Cell.	0,50$	1,00$
10	Review/Bv	0,80$	2,00$
11	Review/R Cell.	0,80$	2,00$
12	Review/HB	2,00$	3,00$
13	Review/FL	9,00$	9,00$
14	Review/Blood Sugar	5,00$/day	5,00$/day

Quelle: Kongo, 2016: 7.

sationen (etwa der Ärzte ohne Grenzen oder auch von FBOs) meist im ländlichen Rahmen, jedoch nicht auf nationaler Ebene. Eine Studie zur Geburtshilfe in einem Referenzkrankenhaus in Kinshasa kam zu dem Ergebnis, dass die Bereitschaft zur Barzahlung eine entscheidende Voraussetzung für eine lebensrettende Behandlung war, die ohne diese Zahlungsbereitschaft verweigert worden wäre (Kalisya, 2015: 155; auch Office Fédéral des Migrations, 2014). Um die Behandlungskosten für die Patienten transparenter zu gestalten, sollen Pauschaltarife (*tarification forfaitaire*) eingeführt werden (PNDS, 2016: 72).

Der Mangel an Mechanismen zur Risikoteilung wird in diversen Berichten und Plänen hervorgehoben (etwa PNDS, 2016, 45 f.; zum aktuellen Plan 2019–2022: PNDS, 2018, s.u.). Es gibt natürlich die Möglichkeit einer privaten Krankenversicherung, die aber für den größten Teil der kongolesischen Bevölkerung unbezahlbar ist und im Wesentlichen von Ausländern wahrgenommen wird. Es gibt Pflichtversicherungen für staatliche Funktionäre in den Bereichen der öffentlichen Dienstleistungen und privater Unternehmen im formellen Sektor sowie Versicherungen auf gemeinschaftlicher Basis („auf Gegenseitigkeit") verschiedenster Trägerorganisationen (*Mutuelles de Santé*), die als Ansatz gesehen werden, einer universellen Gesundheitsversorgung näher zu kommen (PNDS, 2016, 72). Auch diese sind jedoch für die Ärmsten zu teuer, da sie monatlich zwischen 2,5 und 4,5 US$ kosten und häufig nicht die gesamten Behandlungskosten übernehmen (Wa ku

Demba, 2017, s.auch Office Fédéral des Migrations (2014: 8)). Eine Studie des Kisantu Distrikts (Provinz Bas Congo) mit 144,395 Einwohnern stellt fest, dass im Jahre 2007 ein einziges Gesundheitsversicherungsschema (Mutuelle de Santé de Kisantu – MUSAKIS) mit etwa 1,000 Mitgliedern (2008) aufgebaut worden war (Stasse et al., 2015, S. 3). Vorschläge der Einführung einer umfassenden Krankenversicherung (Be-Cause Health, 2013) wurden seit längerem diskutiert, hatten bisher allerdings angesichts der politischen und ökonomischen Rahmenbedingungen kaum Aussicht auf Erfolg.

Der aktualisierte Entwicklungsplan für die Periode 2019–2023 (PNDS, 2018) geht wiederum von einer realistischen Einschätzung der Schwächen der nationalen Gesundheitsversorgung aus (u.a. Mangel an gut ausgebildeten Ärzten und Krankenschwestern, ungleiche Verteilung der Ressourcen, unzureichende Infrastruktur, geringe finanzielle Ressourcen); er trägt das Ziel des universellen Zugangs zur Gesundheitsversorgung bereits im Titel. Tatsächlich verbindet der Plan die Probleme der Kosten der Inanspruchnahme von Gesundheitsdienstleistungen (1), die Probleme der medizinischen Infrastruktur (2) sowie die Verfügbarkeit notwendiger Medikamente (3).

Zu (1): Ziel ist es, langfristig alle bestehenden Versicherungssysteme in einem *Fond National de Solidarité Santé* zusammenzufassen, der alle Individuen aus dem formellen und informellen Sektor sowie alle Mittellosen (indigents) (also die gesamte Bevölkerung) umfasst. Mittelfristig sollten die bestehenden Versicherungen effektiver gestaltet werden und vulnerable und mittellose Personen durch Fonds des Staates und von Zuwendungsgebern abgesichert werden. Bis 2020 ist in diese Hinsicht noch nichts geschehen; weiterhin fließen 92 % der Gesundheitsausgaben privater Haushalte in direkte Zahlungen für entsprechende Dienstleistungen und Medikamente, lediglich 7 % gehen in Prämien für private bzw. mutualistische Versicherungen sowie 1 % in Beiträge zu Unternehmensversicherungen; diese Daten haben sich seit 2015 kaum verändert (PNCNS, 2023, 43). Im Bereich der Mutuelles de Santé gibt es zwar gewisse Fortschritte, die aber noch weit davon entfernt sind, eine flächendeckende Versorgung zu gewährleisten (USAID, 2023: 19–21).

Zu (2): Zur Bestimmung des Bedarfs für einen Ausbau der medizinischen Infrastruktur wurde eine *Carte sanitaire* erstellt, eine komplexe Landkarte der DR Kongo mit den vorhandenen medizinischen Einrichtungen (Ministère de Salud, webpage). Mit dem Konzept der Servicepakete (*Paquets de service)* wurde definiert, welche medizinischen Leistungen auf welcher Ebene anzubieten sind: Pakete der Mindestleistungen (*Paquets Minimum d'Activités*) in allen kommunalen Gesundheitszentren, Pakete komplementärer Leistungen (*Paquets Complémentaire d'Activités*) in den Referenzkrankenhäusern auf der Ebene der Gesundheitszonen und Pakete der sekundären/tertiären Referenz (*Paquets de Services de Réfé-*

rence secondaire/tertiaire) in den Provinzkrankenhäusern sowie Krankenhäusern auf nationaler Ebene. Ausgehend von der oben dargestellten Situation im Jahre 2012 wird deutlich, dass erhebliche Investitionen nötig sind, um diese Standards zu erreichen. Im Unterschied zu Costa Rica und Indien ist allerdings auch keine kostenlose Nutzung auf der Ebene der lokalen Gesundheitszentren vorgesehen. Auf den neuen *Plan National de Développement de l'Informatique de Santé en RDC, 2020–2024*, wurde bereits oben hingewiesen (Verbeke, 2020).

Zu (3): Verantwortlich für das Management von Medikamenten ist das System SNAME (*Système National d'Approvisionnement en Médicaments Essentiel*), das durch eine verbesserte Ausbildung von Fachpersonal gestärkt werden soll. Das betrifft sowohl die Qualitätskontrolle von Medikamenten und Impfstoffen als auch die Organisation der Bereitstellung für die verschiedenen Institutionen des Gesundheitssystems. Dazu sollen die Lagerkapazitäten verbessert werden und ein *Système d'Information en Gestion Logistique*. eingerichtet werden. Parallel dazu soll die lokale Produktion von Medikamenten gefördert werden.

Es gibt (im Prinzip) jährliche Berichte über die Situation des Gesundheitssektors, zuletzt (Stand: Oktober 2024) allerdings von August 2021 zum Jahr 2020; die dargestellten Zwischenergebnisse bleiben mit den Ausnahmen des Zugangs zu antiretroviralen Medikamenten gegen HIV/AIDS, Maßnahmen zur Geburtenkontrolle sowie und einer wachsenden Zahl von KrankenpflegerInnen meist deutlich hinter den Zielen des Plans zurück (Ministère de la Santé, 2021: 107).

5.4.6 Zusammenfassung

Die DR Kongo entwickelte in den 1970er- und 80er-Jahren (damals unter dem Namen „Zaire") ein relativ erfolgreiches dezentralisiertes Gesundheitssystem, das weitgehend nach den Vorstellungen der Basisgesundheitsversorgung von WHO und UNICEF (Konferenz von Alma Ata 1976) organisiert war, allerdings aufgrund der schlechten nationalen Finanzierung (u. a. wahrscheinlich auch im Zusammenhang mit Korruption, s. Mobuto) zu einem großen Teil von ausländischen Gebern (traditionellerweise FBOs, NGOs und bilaterale Hilfe) finanziert wurde.

Die Krisen seit Mitte der 1990er-Jahren verstärkten im Prinzip die Argumentation für eine dezentrale, basisorientierte Versorgung, die auch bei einem Zusammenbruch des nationalen Regierungssystems mit ausländischen Hilfsgeldern zumindest begrenzt aufrechterhalten werden konnte. Trotz politischer Konsolidierung in einem großen Teil des Landes, konnte danach in einem armen Land mit schwachen Governance-Strukturen und weiterbestehenden militanten Konflikten in einigen Regionen kein effektives Gesundheitssystem entwickelt werden. Vor allem der Zugang der überwiegend armen Bevölkerung – ca. 70 % sind unter der Armutsgrenze – zum Gesundheitssystem setzt weitgehende Reformen voraus. Ein Ökonom der Universität von Kinshasa charakterisierte 2012 die Situation wie folgt:

> „Das kongolesische Gesundheitssystem liegt im Sterben; parallel zur Entwicklung eines gesunden Geschäftsklimas, des Abbaus der Korruption und der Senkung der Zölle auf medizinisches Verbrauchsmaterial, ist es entscheidend, im vorgelagerten Bereich die Einrichtungen der medizinischen Ausbildung zu verbessern und im nachgelagerten Bereich ein kohärentes System der Krankenversicherung aufzubauen, andernfalls zumindest Versicherungen auf gemeinschaftlicher Basis (mutuelles), die bisher aufgrund eines völlig ungeeigneten rechtlichen Rahmens am Entstehen gehindert worden, der obendrein Armut (und damit eine schwache und instabile zahlungsfähige Nachfrage) sowie Betrügereien gefördert hat". (Darly, 2012, Übersetzung, W.H.)

Das Gesundheitsministerium der DR Kongo hat in den vergangenen zwei Jahrzehnten vielfältige Analysen und Konzepte produziert, die durchweg die Situation realistisch-kritisch einschätzen und (in normativer Hinsicht) sinnvolle Ziele anstreben. Allerdings gibt es erhebliche Schwächen bei der Umsetzung dieser Konzepte, wie etwa in einer gemeinsamen Publikation von USAID, UNICEF, dem Gesundheitsministerium der DR Kongo und CSOs betont wird:

> „… Despite these strengths, the policy's rollout was hampered by insufficient mobilization of resources and program support. Gaps in program management and governance hindered the implementation that did take place. As the assessment explains, „lack of appropriate supervision and structured follow-up measures for its implementation at all levels" was a factor in the policy's failures. Similar sentiments are echoed across retrospective evaluations of numerous national policies and plans of the past decade, reflecting systemic challenges in fully instituting reform". (USAID et al., 2021: 14)

Dies fasst die Einschätzung, die im Abschn. 5.4.5 dieses Buches gegeben wird, gut zusammen. Dabei wird das Thema „Korruption" nicht explizit erwähnt (im *Corruption Perceptions Index* (CPI) von *Transparency International* nimmt die DR Kongo Rank 169 von 180 Staaten ein); es wird in diesem Zitat wohl unter „systemic challenges" verbucht.

5.5 COVID-19: Politiken und Resultate in Costa Rica, Indien und der DR Kongo

Die Covid-19-Pandemie stellt eine „echte" Pandemie dar, da kein Land der Erde von ihr verschont blieb. Das bedeutet nicht, dass alle Weltregionen gleich stark betroffen sind – die Zahlen der registrierten Infektionen und der in den offiziellen

Tab. 5.8 Daten zu COVID-19 in Costa Rica, Indien und der DR Kongo

(jeweils pro 1 Mio. Einw.)	Fälle insgesamt	Tote durch COVID-19	Übersterb-lichkeit	Tests	Übersterblichkeit in % der COVID-Toten
Costa Rica	239.058	1819	1052,2	899.158	52,2 %
Indien	32.066	379	3365,9	665.334	887,3 %
DR Kongo	1043	15	523,5	8890	3490,0 %
Zum Vergleich: Deutschland	462.891	2182	1210,1	1.458.359	55,5 %

Quellen: Daten zu Fällen insgesamt, Tote, Tests sowie Bevölkerung (zur Berechnung der Übersterblichkeit pro 1 Mio. Einw.) https://www.worldometers.info/coronavirus/; Daten vom 13.4.2024; abgerufen 30.10.2024; Übersterblichkeit: WHO, Global excess deaths associated with COVID-19 (modelled estimates), 5.5.2022; https://www.who.int/data/sets/global-excess-deaths-associated-with-covid-19-modelled-estimates, abgerufen 31.10.2024

Statistiken angegeben Todesfällte durch Covid-19 unterscheiden sich erheblich (s. Tab. 5.8). Hier allerdings beginnt bereits das Problem: Die WHO hat im Mai 2022 Daten zur Übersterblichkeit für die Jahre 2020 und 2021 veröffentlicht, d. h. die Anzahl von Todesfällen, die im entsprechenden Zeitraum registriert wurden, im Vergleich zur Zahl, die statistisch normalerweise zu erwarten gewesen wäre. Diese ist im Allgemeinen das Resultat einer außergewöhnlichen Epidemie wie eben COVID-19, wobei meist die Übersterblichkeit höher ist als die registrierten COVID-Todesfälle (etwa als Folge der Überbelastung des Gesundheitswesens). Interessant ist aber, dass diese Differenz in verschiedenen Ländern extrem unterschiedlich ist, was an verschiedenen Faktoren liegen kann, u. a. an weiteren Ursachen für Übersterblichkeit, an Sekundäreffekten von COVID-19 (überfüllte Krankenhäuser, Zunahme von Armut und Hunger) und/oder daran, dass die Inzidenz von Corona statistisch unterschätzt wird.

Tab. 5.8 macht deutlich, dass einerseits die offiziellen Zahlen der Covid-Fälle und -toten (pro 1 Mio. Einwohner) in Indien und vor allem in der DR Kongo deutlich niedriger sind als in Costa Rica und in Deutschland, dass andererseits aber die von der WHO geschätzte Übersterblichkeit in den erstgenannten Ländern extrem viel höher ist (in Indien fast 9x, in der DR Kongo sogar mehr als 78x). Das gilt auch dann, wenn man nicht den in der Tabelle berücksichtigen Mittelwert, sondern die von der WHO angegebenen jeweils unteren Grenzen der Schätzwerte für „excess deaths" berücksichtigt.

Niedrige Fallzahlen bei gleichzeitig niedrigen Impfraten (s.u.) wie im Kongo finden sich in den meisten Ländern des subsaharischen Afrikas (SSA) und haben zu Spekulationen über deren Ursachen geführt. Tropische bzw. subtropische klimatische Bedingungen, die insgesamt geringere Bedeutung von Fernreisen, sehr junge und daher resistentere Bevölkerung bis hin zu Resistenzen durch vorangegangene Exposition zu ähnlichen Erregern werden als Ursachen angeführt (Adams et al., 2021). Zweifellos hat auch die in fast allen Ländern des SSA (außer dem südlichen Afrika) sehr geringe Testhäufigkeit zu einer Untererfassung von COVID-Infektionen und Todesfällen geführt; auch das niedrige Niveau der Erfassung von Todesursachen dürfte dabei eine Rolle spielen.

Darüber hinaus sind die ungeplanten Nebeneffekte der Covid-Schutzmaßnahmen zu berücksichtigen. Das betrifft zum einen die Auswirkungen auf das Gesundheitssystem, die in den von Infektionen stärker betroffenen Regionen zu einer Überbelastung der Einrichtungen geführt haben, vor allem aber (1) die als Folge von „social distancing", Quarantäne und der Schließung von Einrichtungen verursachte Behinderung von Programmen zur Bekämpfung anderer Krankheiten sowie die Zurückhaltung von Kranken beim Besuch von Gesundheitszentren (Hategeka et al., 2021) und (2) die Behinderung vieler wirtschaftlicher Aktivitäten und eine steigende Arbeitslosigkeit sozial nicht abgesicherter Personen. Vor allem in den Ländern des SSA stiegen Arbeitslosigkeit und Hunger stark an, zumal es kaum soziale Kompensationsprogramme gab (OECD, 2020). Auch wenn es dazu wenig systematische Studien gibt, ist davon auszugehen, dass ein Teil der Übersterblichkeit in der DR Kongo und auch in Indien auf diese Faktoren zurückzuführen ist, während in einem Land mit einem gut funktionierenden Sozial- und Gesundheitssystem und deutlich höherem Pro-Kopf-Einkommen wie Costa Rica diese Effekte weitgehend aufgefangen werden konnten.

Die WHO veröffentlichte bereits am 7.3.2020 eine sog. *Interim Guidance zum Thema Critical preparedness, readiness and response actions for COVID-19* (WHO, 2020), durch die u. a. öffentliche Gesundheitsmaßnahmen empfohlen wurden, um die Verbreitung der Krankheit zu verhindern, vor allem Hand- und Atemwegshygiene (Händewaschen, richtig Husten und ggfs. das Tragen von Mund- und Nasenmasken) sowie social distancing (von Abstandhalten bis hin zu Lockdowns). Nachdem die ersten Covid-19-Fälle in Indien (bereits am 30.1.), in Costa Rica und der DR Kongo (im März) festgestellt wurden, sowie unter Einfluss der WHO-Empfehlungen wurden in allen drei Ländern die ersten Lockdown-Maßnahmen ergriffen. In der DR Kongo blieben diese zunächst reduziert auf einige Bezirke der Hauptstadt Kinshasa. Detaillierte Angaben zu einzelnen Ländern finden sich in den jeweiligen Wikipedia-Artikeln „Covid-19 pandemic in … [Name des Landes]". In der DR Kongo und in Costa Rica wurden diese Maßnahmen rechtlich durch die Erklärung des nationalen Notstands abgesichert; in Indien, wo ein *State of Emergency* nur im Falle militanter Konflikte möglich ist, berief sich die nationale Regierung auf ein *National Disaster Management Act* aus dem Jahre 2005.

Lockdown-Maßnahmen betreffen in allen drei Ländern alle Aspekte des öffentlichen Lebens, führen zu erhöhter Arbeitslosigkeit und Einkommensverlusten im formellen und informellen Sektor sowie zur zeitweiligen Schließung von Bildungseinrichtungen aller Art. Costa Rica bemühte sich, die ökonomischen Folgen zu reduzieren, indem statt eines vollständigen Lockdowns Beschränkungen in der Automobilität und begrenzte Öffnungszeiten und sowie limitierte Kapazitäten in Geschäften festgelegt wurden (was möglicherweise zu einem niedrigen Indexwert für Costa Ricas COVID 19-containment responses geführt hat, vgl. Tab. 5.9) (Alvarado Quesada, 2021).

Die Lockdown-Maßnahmen und zusätzliche Probleme durch den Zusammenbruch internationaler Wertschöpfungsketten sowohl in Bezug auf Importe als auch Exporte in allen drei Ländern hatten einen Rückgang der Wertschöpfung und einen Anstieg der Arbeitslosigkeit im Jahre 2020 zur Folge (in Costa Rica vor allem in dem für das Land zentralen Tourismussektor), gefolgt allerdings von einer Rückkehr zu normalen Werten ab 2021. Das Bruttoinlandsprodukt Costa Ricas fiel im Jahre 2020 um 4,3 %, stieg allerdings 2021 wieder um 7,9 % (2023 um 5,1 %); die Arbeitslosigkeit stieg von 10,8 % (2019) auf 16,4 % (2020), um bis 2023 auf 8,3 % zu sinken. Das indische BIP sank 2020 um 5,8 %, stieg aber 2021 bereits wieder um 9,7 % (2023: 7,6 %); die DR Kongo hatte 2000 sogar ein leichtes Wirtschaftswachstum zu verzeichnen (nach + 4,4 % (2019) + 1,7 % (2020), + 6,2 % (2021), + 8,6 % (2023)). Die Arbeitslosigkeit (im formellen Sektor) stieg in Indien von 5,9 % (2019) auf 7,9 % im Jahre 2020 und sank bis 2023 auf 4,2 %, in der DR Kongo von 4,65 Dec (2019) auf 5,4 % (2020) und 4,5 % (2023). Angesichts des enormen Übergewichts des informellen Sektors sind diese Angaben allerdings nur bedingt aussagefähig. (Daten der Weltbank von August 2024,https://data.worldbank.org/, ab-

Tab. 5.9 COVID-19: Politische Maßnahmen und Impffortschritt bis Dezember 2022

	Covid 19 Containment and Health Index[a] (Dec 31, 2022)	Share of people who received at least one vaccine dose
Costa Rica	25	91,5 % (until Oct 6, 2023)
India	40,77	72,1 % (until Aug 12, 2024)
DR Kongo	31,34	16,6 % (until June 4, 2023)

[a]This is a composite measure based on thirteen policy response indicators including school-closures, workplace closures, travel bans, testing policy, contact tracing, face coverings, and vaccine policy rescaled to a value from 0 to 100 (100 = strictest)

Quellen https://ourworldindata.org/covid-stringency-index, https://ourworldindata.org/grapher/share-people-vaccinated-covid?tab=map
(Beide: abgerufen 31.10.2024)

gerufen 1.11.2024). Die sozialen Folgen wurde in Indien und Costa Rica teilweise durch ökonomische Unterstützung für die ärmeren Gruppen unter den Betroffenen und durch Kompensationszahlungen für Unternehmen abgemildert. In Indien litten vor allem die Wanderarbeiter unter den Covid-Maßnahmen, die nach dem Verlust ihrer Arbeitsplätze Schwierigkeiten hatten, in ihre Heimatregionen zurückzukehren.

Zur Situation in der DR Kongo gibt es wenige übergreifende Daten, da im Wesentlichen der informelle Sektor betroffen war. Staatliche Kompensationsmaßnahmen im sozialen Bereich gab es offenbar nicht, obwohl der ärmere Teil der Bevölkerung nach diversen Berichten stärker betroffen war, als die oben genannten makroökonomischen Daten erwarten lassen. In einem Weltbank Blog wird die Situation wie folgt beschrieben:

> „Since the beginning of the COVID-19 pandemic, we have been exploring its effects in the Democratic Republic of Congo (DRC) through household high-frequency phone surveys implemented in Kinshasa, Kasai and Central Kasai, and East DRC (Beni, Bunia, Goma, and Lubero). Overall, we have found that COVID-19 pandemic-related shocks have adverse social and economic impacts, such as declined labor and non-labor income and the resulting harmful coping strategies, as well as disruptions in goods and services markets and health and education services." (Batana et al., 2021)

Eine stark angestiegene Inflationsrate (16 % (2020) gegenüber 4,6 % im Vorjahr) sowie sinkende Einnahmen aus Remittances (Überweisungen von Migranten ins Herkunftsland) führten dazu, dass etwa 85 % der Haushalte in Kinshasa ihren Nahrungsmittelverbrauch einschränken mussten. (ebda.). Trotz dieser Entwicklung fand kein wirtschaftlicher Zusammenbruch wie im Falle früherer Krisen statt, vor allem da weiterhin steigende Exporte mineralischer Rohstoffe (https://www.worldbank.org/en/country/drc/overview, abgerufen 1.11.2024) und ein umfangreicher Kredit des IWF zur makroökonomischen Stabilisierung beitrug (s.u., Kap. 6).

Darüber hinaus wurden die Auswirkungen von COVID-19 durch einen ungleichen Zugang (quantitativ und zeitlich) zu den ab Ende 2020 verfügbaren Impfstoffen beeinflusst. Das betraf vor allem die DR Kongo, da Indien aufgrund der eigenen starken pharmazeutischen Produktion und Costa Rica aufgrund bilateraler Verträge mehr oder weniger ausreichend mit Impfstoffen versorgt waren. Weiterhin ist zu berücksichtigen, dass in der DR Kongo nur knapp 39 % der Bevölkerung bereit waren, sich impfen zu lassen, u. a. als Folge eines Misstrauens gegenüber der internationalen Gemeinschaft bzw. wegen eines generellen Misstrauens in Bezug auf die Sicherheit von Impfstoffen (Batana et al., 2021). Noch Mitte 2021 waren die Vorbereitungen auf eine Impfkampagne offenbar so wenig vorangeschritten, dass von den im Rahmen des internationalen Impfprogramms COVAX (s.u.,

Abschn. 6.5) zur Verfügung gestellten 1,76 Mio. Impfdosen nach wenigen Monaten, 1,44 Mio. wegen des nahenden Verfallsdatums zurückgegeben werden mussten (Matuvanga et al., 2022). Trotz einer extrem niedrigen Impfrate (s.o., Tab. 5.9) in der DR Kongo blieb die offiziell registrierte Inzidenz sehr niedrig, aber die dennoch relativ hohe Übersterblichkeit ist sicherlich auch auf eine viel höhere Zahl „versteckter" Infektionen zurückzuführen. Detaillierter wird die internationale Reaktion auf die COVID-19 Krise einschließlich der Auseinandersetzung um den Zugang zu Medikamenten im Kap. 6 diskutiert.

5.6 Lehren aus den Länderstudien

Die Länderstudien zu Costa Rica, Indien und der DR Kongo machen die enormen Unterschiede zwischen der aktuellen Entwicklung von Gesundheitssystemen in Entwicklungsländern deutlich und verweisen auf die Bedeutung der Einbettung der Gesundheitspolitik in die jeweiligen nationalen Gesellschaften, deren gesellschaftspolitischer Prioritätensetzung und deren politischer Stabilität.

In allen drei Gesellschaften stellt die Gesundheitsversorgung marginalisierter Bevölkerungsgruppen ein zentrales Problem dar. Die ansatzweise bereits bis ins späte 19. Jahrhundert zurückreichende, relativ hohe Bedeutung der Sozialpolitik in Costa Rica hat im Laufe des 20. Jahrhunderts einen sukzessiven Einbezug auch der ärmeren Bevölkerung in eine umfassende Versorgung durch ein effektives Versicherungssystem ermöglicht. Damit konnte ein Gesundheitsstand erreicht werden konnte, der weitgehend dem in den Ländern mit hohem Einkommen entspricht. Die differenzierte Wirtschaftsstruktur, in der für lange Zeit arbeitsintensive landwirtschaftliche Exportprodukte (Kaffee, Bananen), zuletzt auch qualifikationsintensive industrielle Exporte (Elektronik, medizinische Geräte) eine zentrale Rolle spielten, kann als wichtiger Faktor politischer Integration angesehen werden. Im Vergleich mit Indien und der DR Kongo könnte die überschaubare Größe Costa Ricas zunächst als ein Vorteil angesehen werden, auch die ärmere Bevölkerung in ländlichen Regionen zu erreichen – allerdings verweist die Entwicklung in vielen anderen kleinen LICs und LMICs darauf, dass kein klarer Zusammenhang zwischen der geographischen Größe und der Qualität der Gesundheitsversorgung besteht (vgl. etwa Haiti und viele kleine afrikanische Staaten).

Die Probleme beim Ausbau der Gesundheitsversorgung in Indien und in der DR Kongo können in einem gewissen Umfang auf die größeren Schwierigkeiten und hohen Kosten zurückzuführen sein, in armen Ländern mit einer großen Bevölkerung und großen infrastrukturell schlecht erschlossenen Regionen sowie gleichzeitig rasch wachsenden Megastädten die marginalisierten Teile der Bevölkerung zu erreichen. In beiden Ländern ist der Anteil der OoP-Zahlungen erschreckend groß und hat in vielen Fällen zu „katastrophischen Gesundheitsausgaben“ geführt, durch die auch zuvor nicht-arme Familien in Armut versunken sind. Vor allem in armen Gesellschaften erschwert ein hohes Bevölkerungswachstum[5] zusätzlich eine universelle Ausweitung der Gesundheitsversorgung. Wie die Länderstudien zeigen, ist das aber vor allem auch eine Frage der politischen Prioritätensetzung und damit der gesellschaftlichen Kräfteverhältnisse.

In Indien finden wir seit der Unabhängigkeit eine starke Fokussierung auf wirtschaftliche Modernisierung, wobei diese allerdings nur partiell erfolgreich war. In den vergangenen drei Jahrzehnten hat die wirtschaftliche Liberalisierung und das wachsende Engagement des privaten Sektors zwar zu einem steigenden Wirtschaftswachstum, aber auch zu einer fortschreitenden sozialen Ungleichheit geführt. Trotz vielfältiger Pläne und Reformansätze sind die Ziele der Grundversorgung, die noch während des Endes der Kolonialzeit formuliert worden sind (Bhore-Komitee), bis heute nicht erreicht worden. Das sehr begrenzte staatliche finanzielle Engagement im Gesundheitssektor und Probleme der Zuständigkeit zwischen Unionsstaat und Einzelstaaten, deren Finanzkraft und sozialpolitische Orientierungen sehr unterschiedlich sind, stellen weitere Faktoren dar, die Fortschritten in Richtung auf eine universelle Gesundheitsversorgung im Wege standen.

Im Kongo haben Korruption unter dem Mobutu-Regime (aber auch danach, erleichtert durch den Zugriff staatlicher Instanzen auf Einkünfte aus dem dominanten Rohstoffsektor) und seit Ende der 1990er-Jahre Bürgerkriege und gewalttätige regionale Konflikte zu einer extremen Schwächung der bei Erreichen der Unabhängigkeit zunächst durchaus vielversprechenden Strukturen des Gesundheitssystems geführt. Die regionale Zersplitterung des Territoriums mit weit voneinander entfernten, relativ bevölkerungsreichen und wirtschaftlich bedeutenden Regionen (Hauptstadtregion von Kinshasa, rohstoffreiche Regionen von Katanga und Nord- und Süd-Kivu im extremen Süd- bzw. Nordosten des Landes) und großen bevölkerungsarmen, weitgehend ländlichen Regionen im Zentrum, sowie eine entsprechend ungleiche Einkommensverteilung erschweren den Aufbau eines integrierten Gesundheitssystems. Für die Finanzierung des Gesundheitssystems spielen (relativ bescheidene) staatliche Ressourcen, internationale Kooperation (vor allem auch von FBOs und NGOs) sowie OoP-Leistungen eine zentrale, aber vielfach prekäre Rolle.

---

[5] In Indien zwischen 1955 bis 1990 etwa 2,2% jährlich, seitdem langsam sinkend auf knapp unter 1% (https://data.worldbank.org/indicator/SP.POP.GROW?locations=IN); in der DR Kongo bis 1995 steigend bis 3,8%, seitdem zwischen 3,0 und 3,3% (https://data.worldbank.org/indicator/SP.POP.GROW?locations=CD). Für beide Länder abgerufen 1.11.2024.

In den vergangenen Jahren ist in beiden Ländern, beeinflusst durch die Stärkung des Ziels einer UHC in der internationalen Diskussion, eine kritische Auseinandersetzung über die Defizite der nationalen Gesundheitssysteme geführt worden, die in Konzepten zur besseren Versorgung der armen Bevölkerung zum Ausdruck kommen. Während in Indien aufgrund der nationalen Governance-Strukturen und der stark verbesserten ökonomischen Voraussetzungen mit den Ayushman-Bharat-Reformen seit 2018 immerhin ein umfassender Ansatz verfolgt wird, mit nationalen Mitteln einen entsprechenden Wandel einzuleiten, entsprechen den Reformvorschlägen im Kongo kaum effektive politische Anstrengungen. Ohne eine umfassende internationale Hilfe könnte auch das gegenwärtige niedrige Niveau nicht aufrechterhalten werden. Dabei ist festzustellen, dass die grundlegenden Konzepte und Normen der Gesundheitsversorgung sich nicht sehr stark voneinander unterscheiden, was Ausdruck einer inzwischen langjährigen internationalen Diskussion über deren Prinzipien ist, die z. T. (s. Indien) eine lange Geschichte besitzen. Diese Diskussion wurde vorangetrieben durch die WHO und durch viele andere zwischenstaatliche und private Akteure von Global Health Governance vor allem zum Thema Universal Health Coverage (UHC) und hat zu einer gewissen Konvergenz geführt.

Der hierarchische Aufbau mit mikroregionalen Gesundheitszonen bzw. lokalen (oder auch „community“) Versorgungszentren, die eine Grundversorgung für die gesamte Bevölkerung anbieten (sollen), Referenzkrankenhäusern auf verschiedenen Ebenen für einen schwierigeren Diagnose- und Behandlungsbedarf bis hin zu einem oder mehreren „nationalen Kliniken“ für eine Behandlung mit hoher technologischer Komplexität bildet in vielen Ländern das zentrale Strukturmodell. Die jeweiligen Zentren bzw. Krankenhäuser können jeweils von unterschiedlichen Trägern (öffentlich, privat, Stiftungen, FBOs) geleitet und finanziert werden, müssen aber vorgegebene Aufgabenprofile und Qualitätsnormen auf jeder Ebene der Behandlung erfüllen. Wie der Vergleich Costa Rica vs. DR Kongo zeigt, kann das Niveau der Implementation jedoch extrem unterschiedlich sein, was offensichtlich von der langfristigen gesellschaftlichen Integration des Gesundheitswesens und den damit entstandenen Governance-Strukturen abhängt, in deren Rahmen auch für die Ausbildung des notwendigen Personals, die Bereitstellung der notwendigen Medikamente und der medizinischen Ausstattung und insgesamt für die Adäquatheit der Finanzierung Sorge getragen wird. Eine gut etablierte Struktur der Gesundheitsversorgung schafft auch eine Grundlage für vertikale Prozesse der Bekämpfung von Infektionskrankheiten (Impfkampagnen etc.) sowie für die Identifikation, Surveillance und Behandlung neu auftretender Krankheitserreger (s.u., Abschn. 6.3). Die einseitige Fokussierung auf spezifische Impfkampagnen hat zwar im Kampf gegen Malaria, Pocken, Lepra etc. wichtige Erfolge erzielt, aber zur Entwicklung des Gesundheitssystems wenig beigetragen.

Die COVID-19-Pandemie bedeutete eine erhebliche Herausforderung für die Gesundheitssysteme (und auch für die sozioökonomischen Strukturen) aller drei Länder. Die wohletablierte Gesundheitsversorgung in Costa Rica hat sich als resilient erwiesen und auch dazu beigetragen, die Krise durch einigermaßen begrenzte Maßnahmen einzudämmen. Indien hat weitergehende Einschränkungen des öffentlichen Lebens vorgenommen, deren soziale Auswirkungen zwischenzeitlich chaotische Formen annahmen (vor allem: Umgang mit internen Arbeitsmigranten: s. etwa zu Indien: Menon, 2020). Immerhin konnten aufgrund der umfassenden lokalen Produktion von Impfstoffen ein erheblicher Teil der indischen Bevölkerung geimpft werden und beträchtliche Mengen an Impfstoffen für internationale Impfprogramme zur Verfügung gestellt werden (s.u. im Kap. 6: COVAX). In der DR Kongo haben die Pandemie und die Versuche ihrer Eindämmung (COVID-19 containment) nach vorliegenden Berichten zu einer weiteren Verschlechterung der Situation der armen Bevölkerung beigetragen. Andere Krisen wie weitere Epidemien (Ebola, Cholera, Masern usw.) sowie militante Auseinandersetzungen im Osten des Landes haben dazu beigetragen, dass COVID-19 kaum kontrolliert werden konnte und keine seriösen, statistisch belegte Aussagen über deren spezifische Auswirkungen gemacht/isoliert werden können.

Welche Rolle kann internationale Kooperation spielen (etwa durch einen wachsenden Ressourcentransfer oder auch eine entsprechende politische Konditionalität), um Entwicklungspfade hin zu mehr sozialer Gerechtigkeit zu fördern und einen entsprechenden Ausbau und Strukturwandel der Gesundheitsversorgung in Ländern wie der DR Kongo hervorbringen? Kann internationale Hilfe, möglicherweise gestärkt durch eine internationale Konvention zur Förderung von UHC, den Aufbau umfassender Versicherungssysteme bzw. einer gesicherten staatlich finanzierten Versorgung der ärmsten Bevölkerungsgruppen erreichen? Diese Fragen werden im Fokus der beiden folgenden Kapitel stehen.

Literatur

Adams, J., et al. (2021). The conundrum of low COVID-19 mortality burden in sub-Saharan Africa: Myth or reality? *Global Health Science and Practice, 9*(3), 433–443. https://doi.org/10.9745/GHSP-D-21-00172. Zugegriffen am 31.10.2024.

Alvarado Quesada, C. (2021, March 1). *Costa Rica's President: „No growth and poverty reduction without economic stability"*. IMF Country Focus. https://www.imf.org/en/News/Articles/2021/03/01/na030121-costa-ricas-president-no-growth-and-poverty-reduction-without-economic-stability. Zugegriffen am 31.10.2024.

Angell, B. J., et al. (2019). The Ayushman Bharat Pradhan Mantri Jan Arogya Yojana and the path to universal health coverage in India: Overcoming the challenges of stewardship and governance. *PLoS Med, 16*(3), e1002759. https://doi.org/10.1371/journal.pmed.1002759. Zugegriffen am 23.10.2024.

Balarajan, V., et al. (2011). Health care and equity in In-dia. *The Lancet, 377*, 505–515.

Basedau, M. (2003). *Erfolgsbedingungen von Demokratie im subsaharischen Afrika*. Leske+Budrich.

Batana, Y., et al. (2021, November 15). *Reversing the adverse effects of the COVID-19 pandemic in the Democratic Republic of Congo* (World Bank Blogs, Africa Can End Poverty). https://blogs.worldbank.org/africacan/reversing-adverse-effects-covid-19-pandemic-democratic-republic-congo. Zugegriffen am 01.11.2024.

Be-cause Health. (2013). Financement et qualité des services et soins de santé: renforçons ensemble le système de santé en RDC Atelier de capitalisation et échange d'expériences des acteurs du secteur de la santé – Kinshasa – Octobre 2012. https://www.be-causehealth.be/wp-content/uploads/2020/01/Be-Cause-Health-Matters-n%C2%B07.pdf. Zugegriffen am 27.10.2024.

Björkman, J. W. (2014). *Health policy and federalism in India*. Paper for IPSA World Congress panel on „comparative health care federalism: Competition and collaboration in multistate systems". https://www.semanticscholar.org/paper/Health-Policy-and-Federalism-in-India-Bjo%CC%88rkman/0b4f3d0c6e8caac7c6dfa8ea9f890f4c4b293d26. Zugegriffen am 16.10.2024.

Camacho, K., & Hidalgo García, C. E. (2019). AI applications to health data and challenges for the right to health in Costa Rica. In *Global information society watch reports: 2019 – Artificial intelligence: Human rights, social justice and development*. https://giswatch.org/node/6167. Zugegriffen am 17.10.2024.

Chaurasia, A. R. (2013). History of public health in India, 2013 PowerPoint-Präsentation. https://de.slideshare.net/KannanAnjurtupil/arc-27479696. Zugegriffen am 18.10.2024.

Connolly, G. (2002). Costa Rican health care. A maturing comprehensive system. *Global Health Council, 12/8/02*, 2. https://archive.is/0Uqk. Zugegriffen am 16.10.2024.

Constitución Política de la República de Costa Rica (CPCR). http://www.costaricaweb.com/general/constitucion.htm. Zugegriffen am 16.10.2024.

Costa Rica Health Care – Retiring in Costa Rica, Part 8 (Website Retirepedia). https://retirepedia.com/costa-rica-health-care.html. Zugegriffen am 16.10.2024.

Cuccia, L., et al. (2019): Costa Rica's health care reform: Impact and success of the EBAIS Model. *McGill Journal of Global Health, Health Policy and Management, VIII*. https://mghjournal.com/2020/09/19/vol-viii-costa-ricas-health-care-reform-impact-and-success-of-the-ebais-model/. Zugegriffen am 16.10.2024.

Darly, K. (03. September 2012). La santé à l'agonie en République démocratique du Congo, Con-trepoints. https://www.contrepoints.org/2012/09/03/96095-la-sante-a-lagonie-en-republique-democratique-du-congo. Zugegriffen am 28.10.2024.

Das Gupta, M. (December 2005). *Public health in India: An overview*. World Bank policy research working paper 3787. https://www.researchgate.net/publication/23723239_Public_Health_in_India_An_Overview. Zugegriffen am 18.10.2024.

Duggal, R. (2005). Historical review of health policy making. In Duggal, R & Gangolli, L.V. (2005), 21–40.

Duggal, R., & Gangolli, L. V. (2005). Introduction to review of healthcare in india. In Gangolli et al.: 3–18.

FODESAF. (1998). *Memoria Fondo de Desarrollo Social y Asignaciones Familiares 1974–1998*. http://fodesaf.go.cr/acerca_del_fodesaf/transparencia/memorias/Memoria%20DESAF%20 1974-1998.pdf. Zugegriffen am 16.10.2024.

Gangolli, L. V., et al. (2005). *Review of healthcare in India, Mumbai: CEHAT*. https://www.cehat.org/uploads/files/rhci(1).pdf. Zugegriffen am 18.10.2024.

Government of India. Ministry of Health and Family Welfare (website). National Health Mission. https://nhm.gov.in/index4.php?lang=1&level=0&linkid=445&lid=38. Zugegriffen am 21.10.2024.

Government of India. Ministry of Health and Family Welfare. (2017a). Situation analyses. Backdrop to the National Health policy 2017. http://www.thehinducentre.com/multimedia/archive/03145/Situation_Analyses_3145486a.pdf. Zugegriffen am 23.10.2024.

Government of India. Ministry of Health and Family Welfare. (2017b). National Health policy 2017. http://www.thehinducentre.com/multimedia/archive/03145/National_Health_Po_3145484a.pdf. Zugegriffen am 18.10.2024.

Güendel, L., & Trejos, J. D. (1992). *Reformas Recientes en el Sector Salud de Costa Rica*. Informe Preliminar, CEPAL Dok. 1131. https://repositorio.cepal.org/server/api/core/bitstreams/539d5be9-5be4-4c89-ae42-ca3b73e9a0bd/content. Zugegriffen am 16.10.2024.

Gupta, I. (2020). *International health care system profiles*. India (The Commonwealth Fund). https://www.commonwealthfund.org/international-health-policy-center/countries/india. Zugegriffen am 18.10.2024.

Hategeka, C., et al. (2021). Impact of the COVID-19 pandemic and response on the utilisation of health services in public facilities during the first wave in Kinshasa, the Democratic Republic of the Congo. *BMJ Global Health, 6*, e005955.

Hein, W. (2013). *Gesundheit für alle? Gesundheitsversorgung in Lateinamerika* (GIGA Focus Lateinamerika, 10). GIGA.

IHME (Institute for Health Metrics and Evaluation) (webpage). Democratic Republic of the Congo (Section: Health research by location). https://www.healthdata.org/research-analysis/health-by-location/profiles/democratic-republic-congo. Zugegriffen am 24.10.2024.

India State-Level Disease Burden Initiative Collaborators. (2017). Nations within a nation: Variations in epidemiological transition across the states of India, 1990–2016 in the global burden of disease study. *The Lancet, 390*.

Informe Estado de la Nación 2023. (2023). CONARE. https://estadonacion.or.cr/?informes=informe-estado-de-la-nacion-2023. Zugegriffen am 16.10.2024.

International Rescue Committee. (2007). *Mortality in the Democratic Republic of Congo: An ongoing crisis* (Report, 1.5.2007). https://www.rescue.org/report/mortality-democratic-republic-congo-ongoing-crisis. Zugegriffen am 24.10.2024.

Jha, P., & Laxminarayan, R. (2009). *Choosing health. An entitlement for all Indians*. Centre for Global Health Research (CGHR).

Kalisya, L. M. (2015). The state of emergency care in Democratic Republic of Congo. *African Journal of Emergency Medicine, 5*, 153–158.

Kongo, I. E. (2016): The access to health care in the Democratic Republic of Congo: Major challenge for the poor. *Journal of Nursing and Palliative Care Services 1*(103), 6–8. https://www.hendun.org/viewJournal/CRJNPS11-251/The-Access-to-health-care-in-the-Democratic-Republic-of-Congo%2D%2DMajor-challenge-for-the-poor. Zugegriffen am 27.10.2024.

Krishnan, V. (23. October 2015). Poor risk cover under govt. health scheme. *The Hindu*. https://www.thehindu.com/data/poor-risk-cover-under-govt-health-scheme/article7793554.ece. Zugegriffen am 22.10.2024.

Kumar, A. K. S., et al. (2011). Financing health care for all: Challenges and opportunities. *The Lancet, 377*, 668–679.

Lahariya, C. (2014). A brief history of vaccines & vaccination in India. *Indian Journal of Medical Research, 139*(4):491–511. https://pmc.ncbi.nlm.nih.gov/articles/PMC4078488/. Zugegriffen am 18.10.2024.

Levinson, J. (2016). *63 million Indians are pushed into poverty by health expenses each year – and drugs are the chief cause*. Blog, One Health Trust. https://onehealthtrust.org/news-media/blog/63-million-indian-pushed-into-poverty-due-to-health-expenses-each-year/. Zugegriffen am 22.10.2024.

Matuvanga, T. Z., et al. (2022). Challenges to COVID-19 vaccine introduction in the Democratic Republic of the Congo – A commentary. *Human Vaccines & Immunotherapeutics, 18*(6), e2127272. https://www.ncbi.nlm.nih.gov/pmc/articles/PMC9746480/pdf/KHVI_18_2127272.pdf. Zugegriffen am 01.11.2024.

Menon, N. (2020). Corona-Kapitalismus und das Hindu-Reich in Indien (Zur Diskussion). *PERIPHERIE – Politik, Ökonomie, Kultur, 40*(3–4), 473–491. https://doi.org/10.3224/peripherie.v40i3-4.15. Zugegriffen am 01.11.2024.

Ministère de la Santé. (2021). *Rapport Annuel 2020 du Secteur de la Sante, 2ème rapport de suivi de la mise en œuvre du PNDS 2019–2022*. https://sante.gouv.cd/ressources-et-publications/categories/rapports-annuels. Zugegriffen am 28.10.2024.

Ministère de la Santé (webpage). Carte Sanitaire de la République Démocratique du Congo. https://dev.cartesanitairerdc.org/. Zugegriffen am 27.10.2024.

Mora-García, C. A., et al. (2024). Maintaining essential health services during a pandemic: Lessons from Costa Rica's COVID-19 response. *BMJ Global Health, 8*, e014143. https://gh.bmj.com/content/8/Suppl_6/e014143. Zugegriffen am 17.10.2024.

National Family Health Survey (NFHS). (1) 1992–1993; (2) 1998/9; (3) 2005/6; (4) 2015/16. International Institute for Population Sciences (IIPS), webpage National Family Health Survey (links zu den publizierten Surveys unter „About Us"). http://www.nfhsiips.in/nfhsnew/nfhsuser/index.php. Zugegriffen am 23.20.2024.

National Health Authority (webpage). About Pradhan Mantri Jan Arogya Yojana (PM-JAY). https://nha.gov.in/PM-JAY. Zugegriffen am 22.10.2024.

National Health Systems Resource Centre (NHSRC). (2024). National health accounts estimates for India 2021–2022. Ministry of Health and Family Welfare, Government of India. https://mohfw.gov.in/sites/default/files/NHA%202021-22_up.pdf. Zugegriffen am 22.10.2024.

National Sample Survey Organization (NSSO). (2015). Key indicators of social consumption in India. Health: NSS 71st round (January–June 2014, veröffentlicht June 2015). https://microdata.gov.in/nada43/index.php/catalog/135

Observatoire National des Ressources Humaines pour la Santé. (2015). *Profil Pays des Ressources Humaines pour la Santé de la République Démocratique du Congo*. http://www.minisante-rhs.cd/images/pdf/profil%20pays.pdf. Zugegriffen am 20.12.2022.

OECD. (2017). *OECD reviews of health systems: Costa Rica 2017*. OECD Publishing.

OECD. (2020, May 7). *COVID-19 in Africa: Regional socio-economic implications and policy priorities* (OECD policy responses to coronavirus (COVID-19). https://read.oecd--ilibrary.org/view/?ref=132_132745-u5pt1rdb5x&title=COVID-19-in-Africa-Regional-socio-economic-implications-and-policy-priorities. Zugegriffen am 31.10.2024.

Office fédéral des migrations. (2014). *Le système sanitaire à Kinshasa: medicaments et soins du VIH-sida, de l'hypertension artérielle, du diabète de type II et des troubles mentaux.* https://www.sem.admin.ch/dam/data/sem/internationales/herkunftslaender/afrika/cod/COD-med-lage-f.pdf. Zugegriffen am 27.10.2024.

Organización Panamericana de la Salud (OPS). (2003). (Representación en Costa Rica): 100 años de salud- Costa Rica: Siglo XX. http://www.bvs.sa.cr/php/situacion/100salud.pdf. Zugegriffen am 15.10.2024.

Park, K. (2015). *Park's textbook of preventive and social medicine* (23. Aufl.). https://de.scribd.com/document/326461178/K-Park-Park-s-Textbook-of-Preventive-and-Social-Medicine-Banarsi-das-Bhanot-2015-1. Zugegriffen am 17.10.2024.

Pesec, M., et al. (2017). Primary health care that works: The Costa Rican experience. *Health Affairs, 36*(3), 531–538.

Plan National de Développement Sanitaire (PNDS) 2016–2020. (2016). *Plan National de Développement Sanitaire 2016- 2020: Vers la couverture sanitaire universelle*. République Démocratique du Congo. http://www.nationalplanningcycles.org/sites/default/files/planning_cycle_repository/democratic_republic_of_congo/pnds_2016-2020_version_finale_29_avril_2016.pdf. Zugegriffen am 25.10.2024.

Plan National de Développement Sanitaire (PNDS). (2018). *Plan National de Développement Sanitaire recadré pour la période 2019–2022: Vers la couverture sanitaire universelle.* https://www.globalfinancingfacility.org/sites/gff_new/files/documents/DRC_Investment_Case_FR.pdf. Zugegriffen am 27.10.2024.

Prinja, S., & Muraleedharan, V. R. (2021). Financing primary health care in India. In *The Lancet Global Health Commission on financing primary health care, scoping report.* https://www.lshtm.ac.uk/media/59791. Zugegriffen am 22.10.2024.

Programme National des Comptes Nationaux de Santé (PNCNS). (2023). *Rapport sur les comptes de la Santé 2021*. Organisation mondial de la Santé et al. https://p4h.world/app/uploads/2024/05/Rapport-sur-les-CNS-2021-RDC-ok.x23411.pdf. Zugegriffen am 27.10.2024.

Raman, A. V., & Björkman, J. W. (2008). *Public-private partnerships in health care in India: Lessons for developing countries*. Routledge. https://doi.org/10.4324/9780203886557

Rao, M., et al. (2011). Human resources for health in India. *The Lancet, 377*, 587–597.

Reddy, K. S., et al. (2011). Towards achievement of universal health care in India by 2020: A call to action for The Lancet India Group for Universal Healthcare. *The Lancet, 377*, 760–768.

República de Costa Rica, Ministerio de Salud. (2023). Política Nacional de Salud 2023–2033 y su Plan de Acción, San José 2023. ISBN 978-9977-62-275-0.

Rosero-Bixby, L., & Dow, W. H. (2016). Exploring why Costa Rica outperforms the United States in life expectancy: A tale of two inequality gradients. *PNAS, Proceedings of the National Academy of Sciences of the United States of America, 113*(5), 1130–1137.

Sáenz, M. R., et al. (2010). Universal coverage. In *A middle in-come country: Costa Rica* (World health report, background paper, no 11). http://www.who.int/healthsystems/topics/financing/healthreport/CostaRicaNo11.pdf. Zugegriffen am 16.10.2024.

Sáenz, M. R., et al. (2011). Sistema de salud de Costa Rica. *Salud pública de México, 53 supl.2*, 156–167. http://www.scielo.org.mx/scielo.php?script=sci_arttext&pid=S0036-36342011000800011. Zugegriffen am 29.03.2025

Safi, M. (02. January 2018). Indian doctors protest against plan to let ‚quacks' practise medicine. *The Guardian*. https://www.theguardian.com/world/2018/jan/02/indian-doctors-protest-against-plan-to-let-quacks-practice-medicine. Zugegriffen am 22.10.2024.

Selvaraj, S., et al. (2015). Chapter 16: Publicly financed health insurance schemes in India: How effective are they in providing financial risk protection? In *Council for social development, India: Social development report 2014: Challenges of public health.*

Sharma, A. K. (2014). The national rural health mission: A critique. *Sociological Bulletin, 63*(2), 287–301. https://www.academia.edu/7663457/The_National_Rural_Health_Mission_A_Critique. Zugegriffen am 21.10.2024.

Singaravelu, N. (Team SPRF). (2022). *Assessing Ayushman Bharat: Has it enhanced the financial protection of Indians?* https://sprf.in/assessing-ayushman-bharat-has-it-enhanced-the-financial-protection-of-indians/. Zugegriffen am 22.10.2024.

Singh, M., & Jyani, G.(2021). Chapter 1.1: Indian health system & healthcare financing. In *Ministry of health and family welfare, A handbook of health system cost-ing* (S. 17–26). https://www.researchgate.net/publication/353338990. Zugegriffen am 22.10.2024.

Sojo, A. (December 1998). Health management contracts in Costa Rica from a comparative perspective. *CEPAL Review*, No. 66, 73–104. https://repositorio.cepal.org/server/api/core/bitstreams/95fd9267-2602-4660-b7d4-1520cf818db0/content. Zugegriffen am 16.10.2024.

Stasse, S., et al. (2015). *Improving financial access to health care in the Kisantu district in the Democratic Republic of Congo: Acting upon complexity.* Global Health Action. Published online: 05 Jan 2015. https://www.tandfonline.com/doi/full/10.3402/gha.v8.25480. Zugegriffen am 24.10.2024.

Tobar, F. (Hrsg.). (1997). *Reforma De Los Sistemas De Salud En América Latina*. Fundación ISALUD. https://periferiaactiva.wordpress.com/wp-content/uploads/2014/09/reforma-de-los-sistemas-de-salud-en-amca-latina.pdf. Zugegriffen am 16.10.2024.

Umaña, P. (25. January 2018). Therapeutic abortion: A Costa Rican right ensnared in doubts and fears. *Tico Times*. https://ticotimes.net/2018/01/25/therapeutic-abortion-a-costa-rican-right-ensnared-in-doubts-and-fears. Zugegriffen am 17.10.2024.

United Nations Population Division (UNPD, webpage). Data portal, life expectancy at birth. https://population.un.org/dataportal/data/indicators/61/locations/180/start/1990/end/2005/table/pivotbylocation?df=88f5b832-04c4-43f4-aba7-1151f4f5377f. Zugegriffen am 24.10.2024.

UNICEF. (2023). *The state of the world's children 2023*. https://www.unicef.org/media/108161/file/SOWC-2023-full-report-English.pdf. Zugegriffen am 27.10.2024.

USAID. (2023). *Local health system sustainability project (LHSS) under the USAID integrated health systems IDIQ. Avril 2023. Rapport de l'Analyse du Financement de la Santé en RDC*. Abt Associates. https://www.lhssproject.org/sites/default/files/resource/2023-12/LHSS%20DRC_%20Rapport%20de%20l%27analyse%20du%20financement%20de%20la%20sant%C3%A9%20en%20RDC_%20FR_508C.pdf. Zugegriffen am 28.10.2024.

USAID. (o.J.-a). *Democratic Republic of the Congo. Health Factsheet*. https://2012-2017.usaid.gov/democratic-republic-congo/fact-sheets/usaiddrc-fact-sheet-health. Zugegriffen am 24.10.2024.

USAID. (o.J.-b). *Democratic Republic of the Congo, global health*. https://2012-2017.usaid.gov/democratic-republic-congo/global-health. Zugegriffen am 24.10.2024.

USAID, et al. (2021). Integrating community health program. Democratic Republic of Congo Country snapshot. https://lastmilehealth.org/wp-content/uploads/2022/02/DRC_ICH-Country-Snapshot_English.pdf. Zugegriffen am 28.10.2024.

VanderZanden, A., et al. (2021). *What does community-oriented primary health care look like? Lessons from Costa Rica.* The Commonwealth Fund. https://www.commonwealthfund.org/publications/case-study/2021/mar/community-oriented-primary-care-lessons-costa-rica. Zugegriffen am 24.10.2024.

Verbeke, F. (2020). Plan National de Développement de l'Informatique de Santé 2020–2024, Ministère de la Santé Publique de la RDC. https://www.researchgate.net/publication/344042425_Plan_National_de_Developpement_de_l'Informatique_de_Sante_en_RDC_2020-2024. Zugegriffen am 24.10.2024.

Wa ku Demba, M. (2017, August 31). *Les mutuelles de santé prennent en charge les malades insolvables.* International Press Service. http://ipsinternational.org/fr/_note.asp?idnews=7489. Zugegriffen am 27.10.2024.

Wikipedia. (2024a). List of countries by GDP (PPP). Last edited on 14 September 2024.

Wikipedia. (2024b, octobre 22). Congo Belge, dernière modification.

Wikipedia. (2024c). List of countries by GDP (PPP) per capita. Last edited on 14 September 2024.

World Bank. (May 2005). *Democratic Republic of Congo: Health, nutrition and popula-tion* Country status report; World Bank document, report no. 35626-ZR. http://documents.worldbank.org/curated/en/312311468245430956/pdf/356260ZR.pdf. Zugegriffen am 24.10.2024.

World Bank. (2023a, March 03). *World Bank signs a $1 billion program to support India's health sector for pandemic preparedness and enhanced health service delivery* (Press release). https://www.worldbank.org/en/news/press-release/2023/03/03/world-bank-signs-a-1-billion-program-to-support-india-s-health-sector-for-pandemic-preparedness-and-enhanced-health-serv. Zugegriffen am 22.10.2024.

World Bank. (2023b). *Ayushman Bharat digital mission's integrated digital health ecosystem is the foundation of Universal Citizen-Centered Health Care in India.* World Bank. https://documents1.worldbank.org/curated/en/099081723223028498/pdf/P1750750936a760320bfb9066084a6084bf.pdf. Zugegriffen am 22.10.2024.

World Health Organization (webpage). Global health expenditure database. Visualisation. Health expenditure profile. https://apps.who.int/nha/database/country_profile/Index/en. Zugegriffen am 23.10.2024.

World Health Organization (WHO). (2020, March 7). *Critical preparedness, readiness and response actions for COVID-19: interim guidance.* World Health Organization. https://iris.who.int/handle/10665/331422. Zugegriffen am 31.10.2024.

World Health Organization, World Bank. (2021). Tracking universal health coverage. 2021 Global monitoring report.

WHO & World Bank. (2023). *Tracking universal health coverage. 2023 global monitoring report.* WHO, IBRD/World Bank. https://iris.who.int/bitstream/handle/10665/374059/9789240080379-eng.pdf?sequence=1. Zugegriffen am 14.11.2024.

World Health Organization – Global Health Observatory. (2024). Processed by our world in data. „The Universal Health Coverage (UHC) Service Coverage Index“ [dataset]. https://ourworldindata.org/grapher/universal-health-coverage-index. Zugegriffen am 16.10.2024.

Zúñiga-Brenes, M. P., et al. (2012). Out-of-pocket and catastrophic health expenditures puzzle: The Costa Rican experience. In F. M. Knaul (Hrsg.), *(Harvard global equity initiative): Household spending and impoverishment* (Financing Health in Latin America, 1, Band 1). Harvard University Press.

6 Internationale Gesundheitspolitik – Global Health Governance

Zusammenfassung

Globale Zusammenhänge beeinflussen seit langem Ziele und Rahmenbedingungen von Gesundheitsversorgung – allerdings in einem historischen Prozess ungleicher und ungleichzeitiger Entwicklung (s. Kap. 1). Internationale Kooperation (Kontrolle von Infektionskrankheiten, Wissenschaft) gibt es seit dem 19. Jht.. Mit der Gründung der WHO (1948) entstand eine weltumfassende Organisation zur Sicherung der Weltgesundheit. Dies betrifft die Bereitstellung globaler öffentlicher Güter sowie die Förderung der Gesundheitsversorgung in ärmeren Ländern. Seit den 1990er-Jahren ist eine Proliferation internationaler Akteure aller Art (intergouvernementale und zivilgesellschaftliche Organisationen, public-private partnerships) zu beobachten (Global Health Governance). Als Reaktion auf COVID-19 entstanden weiterreichende Ansätze zur Vertiefung der internationalen Gesundheitskooperation, u. a. Verhandlungen über einen Pandemic Treaty sowie eine Stärkung von UHC.

Verschiedentlich wurde bereits darauf hingewiesen, dass für die Gesundheitsversorgung in Entwicklungsländern, aber auch für die Verfolgung des Zieles „nachhaltige Entwicklung“ im Allgemeinen der globale Kontext sowohl in Form internationaler Kooperation als auch im Hinblick auf die Rückwirkung des Globalen auf nationale Prozesse einen sehr wichtigen Faktor darstellt. Eine zentrale Rolle spielt dabei der Zusammenhang zwischen der nationalstaatlichen Organisation der Gesundheitsversorgung, dem Charakter von Krankheiten als einer grenzüberschreitenden Bedrohung (auch vieler chronischer Krankheiten, die von

W. Hein, *Nachhaltige Gesundheitsversorgung in Entwicklungsländern und Global Health Governance*, SDG – Forschung, Konzepte, Lösungsansätze zur Nachhaltigkeit, https://doi.org/10.1007/978-3-658-47224-5_6

Konsummustern und Umweltbelastungen abhängen) sowie den Implikationen des Globalisierungsprozesses. Das betrifft sowohl die Ziele als auch die Rahmenbedingungen der Entwicklung von Gesundheitsversorgung. In spezifischen Bereichen (etwa: religiöse und wissenschaftliche Organisationen) seit dem 19. Jahrhundert, aber zunehmend in den letzten Jahrzehnten spielen dabei auch nichtstaatliche Akteure eine wichtige Rolle.

Seit etwa zwanzig Jahren können wir eine Proliferation internationaler Akteure aller Art in der Gesundheitspolitik beobachten. Multilaterale Kooperation von Staaten in internationalen Regierungsorganisationen (IGOs) sowie Aktivitäten einer wachsenden Zahl von inter-/transnationalen zivilgesellschaftlichen Organisationen (Civil society organizations, CSOs) spielen in vielen Politikbereichen inzwischen eine wichtige Rolle. Der Begriff der „Global Governance" ist in diesem Zusammenhang entstanden; dies betrifft auch die Weltgesundheit (Global Health Governance, GHG). In diesem Kapitel werden zunächst das Entstehen von GHG, die damit zusammenhängende Transformation der internationalen Gesundheitspolitik sowie wichtige Problembereiche wie der Zugang zu Medikamenten und die Bereitstellung globaler öffentlicher Güter (Beispiel: institutionelle Mechanismen zur Bekämpfung von Infektionskrankheiten) einschließlich der Auseinandersetzungen um COVID-19 behandelt. Das folgende Kap. 7 beschäftigt sich dann speziell mit der internationalen Kooperation zur Förderung nationaler Gesundheitsversorgung.

Internationale, aber auch transnationale Kooperation im Gesundheitssektor ist ein altes Phänomen. Bereits im 19. Jahrhundert sind vier Bereiche zu identifizieren, die auch heute noch in der Global Governance von Gesundheit eine wichtige Rolle spielen (Berridge et al., 2009; Kickbusch & Ivanova, 2013):

(1) Kontrolle der Ausbreitung von Infektionskrankheiten: Die *International Sanitary Conferences* der zweiten Hälfte des 19. Jahrhunderts, die sich vor allem mit der Kontrolle von Cholera befassten, suchten bereits ein Gleichgewicht zwischen einer effektiven Verhinderung der Ausbreitung von Krankheiten und einer möglichst geringen Behinderung der internationalen Mobilität (Personen und Waren).
(2) Hilfe in Form von konkreten Gesundheitsdienstleistungen in ärmeren Ländern und Kolonien: Vor allem Missionsstationen, damit also kirchliche Organisationen i (FBOs), spielten hier eine zentrale Rolle.
(3) Advocacy für eine „Zivilisierung" des Krieges: Zu nennen ist hier insbesondere die 1. Genfer Konvention und die Gründung des Roten Kreuzes.
(4) Wissen: Fachlicher Austausch und Bildung wurden seit 1853 durch internationale Kongresse zu verschiedenen medizinischen Spezialgebieten gefördert.

Seit 1900 entstanden permanente Organisationen: So das *International Sanitary Bureau of the Americas* (1902, als Vorgänger der *Panamerican Health Organization, PAHO*), das *Office Internationale d'Hygiène Publique* (*OIHP*, Paris, 1907) und schließlich die *League of Nations Health Organization (LNHO),* die Gesundheitsorganisation des Völkerbundes (1920). Die LNHO erhielt zwischen einem Drittel und der Hälfte ihrer finanziellen Ressourcen von der *Rockefeller Foundation*, die auch bereits zuvor Aktivitäten zur Förderung des Aufbaus von Gesundheitssystemen sowie zur Bekämpfung von Tropenkrankheiten finanziert hatte – ein Vorläufer der heutigen *Public Private Partnerships (PPPs).*

6.1 WHO, andere intergouvernementale Organisationen und Global Health Governance

Seit dem letzten Drittel des 20. Jahrhunderts ist internationale Gesundheitspolitik durch einen strukturellen Wandel von der Dominanz der Weltgesundheitsorganisation (WHO) zu Global Health Governance (GHG) mit einer vor allem seit den 1990er-Jahren stark wachsenden Bedeutung nicht-staatlicher (NGOs, philanthropische Organisationen, Fachorganisationen usw.) und hybrider Akteure gekennzeichnet. Bei Letzteren handelt es sich um Partnerschaften auf Augenhöhe zwischen Staaten, intergouvernementalen und privaten Organisationen.

Laut Artikel 55 der Charta der Vereinten Nationen (DGVN, o.J.), fördern die Vereinten Nationen u. a.

> „„„...die Lösung internationaler Probleme wirtschaftlicher, sozialer, gesundheitlicher und verwandter Art", wozu, laut Art. 57 „die verschiedenen durch zwischenstaatliche Übereinkünfte errichteten Sonderorganisationen, die auf den Gebieten der Wirtschaft, des Sozialwesens, der Kultur, der Erziehung, der Gesundheit und auf verwandten Gebieten weitreichende, in ihren maßgebenden Urkunden umschriebene internationale Aufgaben zu erfüllen haben...““.

6.1.1 WHO und UNICEF: UN-Sonderorganisationen und Gesundheit

Die WHO wurde – u. a. an der Gesundheitsorganisation des Völkerbundes und der 1902 gegründeten Panamerikanischen Gesundheitsorganisation anknüpfend – nach dem zweiten Weltkrieg von der internationalen Staatengemeinschaft als die internationale Organisation gegründet, als deren Aufgabe die Mitgliedsstaaten (praktisch identisch mit den UN-Mitgliedern) festlegten, die „Kooperation unter ihnen und mit anderen zu fördern und die Gesundheit aller Völker zu sichern" (Verfassung der Weltgesundheitsorganisation, 1946). In der WHO-Verfassung wird zudem ausgeführt, dass „eines der Grundrechte jedes Menschen ist, sich des bestmöglichen Gesundheitszustandes zu erfreuen, ohne Unterschied der Rasse, der Religion, der politischen Überzeugung, der wirtschaftlichen und sozialen Stellung". Zudem ist es Ziel der WHO, „die Bemühungen zur Ausrottung epidemischer, endemischer und anderer Krankheiten zu stimulieren und zu fördern". Damit sind drei zentrale Ziele der WHO genannt: (1) Förderung einer internationalen Gesundheitspolitik, (2) Förderung der Gesundheit eines jeden einzelnen als Menschenrecht und (3) Bekämpfung von Infektionskrankheiten. In der Verfassung der WHO wird in Artikel 2 k auch als eine ihrer Funktionen bestimmt: „Sie schlägt Verträge, Abkommen und Regelungen vor, macht Empfehlungen in Fragen des internationalen Gesundheitswesens und führt die Aufgaben durch, die der Organisation dabei übertragen werden und ihrem Zwecke entsprechen."

Parallel dazu entstand das UN-Kinderhilfswerk (UNICEF, gegründet 1946) mit der Aufgabe der Förderung der Gesundheit von Kindern. Die Weltbank (*International Bank for Reconstruction and Development, IBRD*, die zusammen mit einigen Teilorganisation die sog. Weltbankgruppe bildet) begann 1970 mit einer zunächst bescheidenen Projektfinanzierung im Gesundheitsbereich. Ihre wachsende Bedeutung im entwicklungspolitischen Diskurs kam seit den 1980er-Jahren auch darin zum Ausdruck, dass sie mit eigenen Konzepten in die ursprüngliche Domäne der WHO eingriff. Das durch die Entscheidungsstrukturen der internationalen Finanzorganisationen (Weltbankgruppe und Internationalem Währungsfonds, IWF) gegebene geringere Gewicht der Entwicklungsländer hat die Differenzierung der politischen Orientierung zwischen Weltbank und WHO zu den Hochzeiten neoliberaler Dominanz zunehmend verstärkt.[1]

[1] Statt des Prinzips der UN-Organisationen „ein Mitgliedsland – eine Stimme", von dem lediglich der UN-Sicherheitsrat mit den unterschiedlichen Stimmrechten von ständigen und nicht-ständigen Mitgliedern (Vetorecht) eine wichtige Ausnahme bildet, beziehen sich die Stimmanteile der einzelnen Mitgliedsstaaten in den internationalen Finanzorganisationen auf ihr wirtschaftliches Gewicht innerhalb der einzelnen Organisationen (Weltbank und Teilorganisationen jeweils Anteil am Kapitalstock; IWF: festgelegte Einlagen der Mitgliedsstaaten orientiert am Gewicht der Staaten in der Weltwirtschaft): Damit verfügten die HICs auch nach der Aufstockung der Einlagen (Quoten) Chinas und einiger anderer UMICs weiterhin über eine klare Mehrheit im Board of Governors des IWF (https://www.imf.org/en/About/executive-board/members-quotas#3; last updated August 8, 2024); das Gleiche gilt für die Weltbank-Gruppe (s. auch Tetzlaff, 1996).

6.1.2 Transformation von „Weltgesundheit" im Rahmen der Globalisierung

In den 1950er- und 1960er-Jahren war die WHO vor allem eine technische Organisation, dominiert von Ärzten und medizinischen Experten mit dem primären Ziel der Bekämpfung und Eindämmung spezifischer Krankheiten. Internationale Kampagnen zur Ausrottung von Tuberkulose, Malaria, Pocken wurden in Gang gesetzt, mit insgesamt gemischtem Erfolg Die Entwicklung von Standards für Medikamente und international vergleichbare Gesundheitsstatistiken, die Weiterentwicklung der *International Classification of Diseases (ICD)*, die Vergabe von Stipendien zur Förderung einer gut ausgebildeten Elite wurden als Ausgangspunkt eines Modernisierungsprozesses angesehen, der letztlich Stabilisierung und Entwicklungsprozesse (und eine Art Immunität gegen den Kommunismus) in Gang setzen sollte (Rostow, 1967).

Im Zuge des Nord-Süd-Konfliktes der 1970er-Jahre erlebte allerdings auch die WHO eine Politisierung. Diskussionen über den Zusammenhang von (Unter-)Entwicklung und Gesundheit standen auf der Tagesordnung. Gleichzeitig wurden zu dieser Zeit Probleme in der Malaria-Bekämpfung deutlich (Verbot von DDT wegen erheblicher Umweltbelastung); die Konzentration auf technisch-medizinische Lösungen in der Bekämpfung von spezifischen Krankheiten wurde in Frage gestellt. Die Entwicklung der *WHO Model List on Essential Medicines* im Jahre 1977 sollte die Grundlage für bessere und preisgünstigere medizinische Interventionen in Entwicklungsländern liefern, die bisher vor allem teure Medikamente bekannter Marken importierten (WHO, 2015). Auf der Konferenz von Alma Ata 1978 wurde das Konzept der Primary Health Care vorgeschlagen (und von der Weltgesundheitsversammlung 1979 verabschiedet), das heißt ein horizontaler und umfassender Ansatz der öffentlichen Gesundheitsversorgung (Exworthy, 2008).

Allerdings bewirkten die ideologische Aufladung des Nord-Süd-Konfliktes und eine gewisse Reserviertheit bis Ablehnung bei den mächtigsten Regierungen der Industrieländer (das Konzept galt als nicht finanzierbar und zu idealistisch), dass der Primary Health Care-Ansatz nur zögerlich und nur in wenigen Ländern umgesetzt wurde. Im Zuge der Hegemonie neoliberaler Konzepte in den 1980er-Jahren war dann die Konjunktur dieses universalistischen Konzeptes zunächst einmal beendet; gleichwohl wurde es im Konzept der *Selective Primary Health Care* modifiziert aufgegriffen, konzentriert auf spezifische Krankheiten und besondere Bevölkerungsgruppen.

Zur gleichen Zeit begann die Weltbank –formales Mitglied der UN-Familie, aber mit andern Abstimmungsmechanismen, die den HICs eine Mehrheit garantieren (s.o., Anmerkung 1) – ihr Engagement im Gesundheitssektor der Entwicklungsländer zu verstärken. UNICEF, bereits Mitveranstalterin der Alma-Ata-

Konferenz, führte in den 1980er-Jahren viele Programme im Gesundheitssektor von Entwicklungsländern durch. Durch die Zunahme der Kredite für den Gesundheitssektor wuchs auch der Einfluss der Weltbank auf die nationalen Konzepte und Strategien der Gesundheitsversorgung. Der Weltentwicklungsbericht von 1993 (Investing in Health, World Bank, 1993), der u. a. einen Mix aus öffentlicher und privater Gesundheitsversorgung empfahl, hatte einen sehr großen Einfluss auf konzeptionelle Fragen der Gesundheitspolitik in Entwicklungsländern in den 1990er-Jahren. Die Weltbank kann inzwischen als einer der mächtigsten Akteure der internationalen und globalen Gesundheitspolitik angesehen werden. Diese Entwicklung weist auf Veränderungen in den Nord-Süd-Beziehungen hin, die durch die Verschuldungskrise und die Strukturpassungspolitik in den 1980er-Jahren einerseits und die Reaktionen auf diese Prozesse andererseits gekennzeichnet sind. Sie stehen gleichzeitig in engem Zusammenhang mit dem Globalisierungsprozess, der sich in den 1980er- und 90er-Jahren stark beschleunigt hat.

Damit ist auch ein tiefgreifender Wandel im Hinblick auf die Perzeption der zentralen Probleme der „Weltgesundheit" und die politischen Auseinandersetzungen mit diesem Problemfeld festzustellen, die durch folgende Aspekte charakterisiert werden können:

- Angesichts der Verschuldungskrise und der Priorität makroökonomischer Strukturanpassung in den 1980er-Jahren wurden sozialpolitische Programme nicht länger als ein primärer Fokus der Entwicklungskooperation angesehen. In den ärmsten Ländern litten selbst die grundlegendsten Leistungen (Impfungen, Schwangerschaftsbetreuung) unter gravierenden Finanzierungsproblemen (vgl. Werner & Sanders, 1997, s. auch Abschn. 4.2.2).
- Die Liberalisierung des internationalen Handels sowie die internationale Regulierung intellektueller Eigentumsrechte durch das Übereinkommen über handelsbezogene Aspekte der Rechte am geistigen Eigentum (*TRIPS: Trade-Related Aspects of Intellectual Property Rights*) reduzierten die Kontrolle nationaler Gesellschaften über die Produktion und den Zugang zu Medikamenten, medizinischen Geräten und – mit dem *General Agreement on Trade in Services (GATS)* – zu einem gewissen Grad auch über das Angebot medizinischer Dienstleistungen (vgl. Mackintosh & Koivusalo, 2005; s. auch Abschn. 2.4 und 6.2).
- Seit Mitte der 1990er-Jahre ist eine wachsende Besorgnis über den Teufelskreis steigender Armut und eine größere Verwundbarkeit durch Gesundheitsprobleme in einer zunehmend globalen Gesellschaft zu beobachten.
- Die Kontrolle globaler Gesundheitsprobleme wird erschwert: zum einen wegen einer sich ausweitenden, beschleunigten weltweiten Mobilität (Infektionskrankheiten), zum anderen durch die Globalisierung von Konsumgewohnheiten

wegen globaler Werbung and kultureller Assimilation (Rauchen, Ernährungsmuster). HIV/AIDS stellt eine globale Bedrohung dar, und bisher unbekannte Krankheiten wie Ebola und SARS werden als Beispiele neuer globaler Gesundheitsgefahren verstanden.

- Die sich ausbreitende antimikrobiale Resistenz von Krankheitserregern (u. a. gegen Antibiotika) ist das Ergebnis sowohl der übermäßigen Nutzung entsprechender Medikamente durch Mittel- und Oberschichten als auch unvollständiger Therapien ärmerer Menschen bei ungenügender medizinischer Überwachung, aber auch eine Folge der Nutzung von Antibiotika in der Tierzucht. Das Entstehen von Krankheitserregern, die gegen eine Mehrzahl von antibakteriellen Wirkstoffen resistent sind, ist bei der Behandlung von Tuberkulose und Malaria zu einem ernsten Problem geworden.
- Umweltfaktoren werden zunehmend als wichtige Determinanten von Gesundheitsrisiken wahrgenommen, die von der Luftverschmutzung in Innenräumen bis zum globalen Klimawandel reichen.
- Regierungen der OECD-Länder sind angesichts der internationalen Gesundheitssituation immer besorgter – sowohl wegen der Ausbreitung von Infektionskrankheiten als auch über mögliche politische und ökonomische Instabilitäten, die mit einer hohen Prävalenz von armutsbezogenen Krankheiten in einigen Weltregionen (wie HIV/AIDS und Tuberkulose) in Zusammenhang stehen (Hein & Kohlmorgen, 2008). Dies ist ein Grund für die zunehmende Rolle von Gesundheit in der G7/G8, aber hat auch die Aufnahme von drei gesundheitsbezogenen Zielen in die Millennium Development Goals (MDGs) und schließlich das starke Gewicht von „guter Gesundheit" in den SDGs und der Agenda 2030 unterstützt.
- Neue Medikamente und medizinische Technologien beinhalten das Potenzial weltweiter Verbesserung von Krankheitsbekämpfung, implizieren jedoch ethische Probleme, da die einkommensbedingte Ungleichheit der Gesundheitsversorgung immer offensichtlicher wird. Die Forderungen nach einem bezahlbaren Zugang zu essentiellen Medikamenten (zunächst mit dem Schwerpunkt HIV/AIDS) spielten eine zentrale Rolle für die Intensivierung von Aktivitäten zivilgesellschaftlicher Organisationen in der internationalen Gesundheitspolitik.

6.1.3 Proliferation der Akteure in Global Health

Seit Ende der 1980er-Jahren nimmt der Einfluss nichtstaatlicher Akteure auf die internationale Gesundheitspolitik rasch zu. Dies hängt sowohl mit dem wachsenden Engagement zivilgesellschaftlicher Organisationen im Bereich der internationalen Gesundheitspolitik generell als auch mit dem Engagement in spezifischen Problembereichen wie dem Kampf gegen HIV/AIDS zusammen. Mit dem Entstehen von Public Private Partnerships wurden hybride Organisationsformen geschaffen, die etwa Probleme im Hinblick auf den Zugang zu Medikamenten in den armen Ländern lösen, aber auch Forschung zu Impfstoffen und vernachlässigten tropischen Krankheiten finanzieren sollen.

Der Begriff „Global Health Governance“ (GHG) wird zunehmend zur Kennzeichnung des komplexer werdenden Systems von Konflikten, Kooperation und parallelen Aktivitäten in der internationalen Gesundheitspolitik benutzt. Die Entstehung von GHG hängt mit umfassenderen Transformationen der internationalen Politik zusammen. Im Zuge des Globalisierungsprozesses kam es zu einer Internationalisierung von Politik, bei der immer mehr Aufgaben auf zwischenstaatliche Institutionen und Organisationen verlagert wurden, aber auch zu einem Prozess der Transnationalisierung, in dem Funktionen und Regelungskompetenzen verstärkt auch von nichtstaatlichen Akteuren übernommen werden (s. Hein, 2015). Global Governance verweist somit einerseits auf die Ausweitung der Politik in den internationalen und transnationalen Raum und andererseits auf eine neue Aufgabenverteilung zwischen staatlichen und privaten Akteuren.

Strukturen von Global Governance wurden auch dadurch gefördert, dass trotz zunehmend internationaler und transnationaler Problemlagen in vielen Politikfeldern zwischenstaatliche Governance-Institutionen (wie insbesondere das UN-System) oftmals aufgrund ihrer politischen Entscheidungsmechanismen Spannungen zwischen Mehrheiten (Entwicklungsländer) und ihrer finanziellen Basis (Beiträge der reicheren Länder) erzeugen. Deshalb kam es häufig zu langfristigen Verhandlungsprozessen; anstehende Probleme wurden wenig effektiv oder gar nicht bearbeitet. Zivilgesellschaftliche und privatwirtschaftliche Akteure können folglich den globalen politischen Raum „besetzen“ und ihren Einfluss geltend machen, auch wenn sie grundsätzlich – gemäß den Vorstellungen der traditionellen Politik – dazu nicht legitimiert sind (wie CSOs oder Unternehmen) oder eigentlich über wenig Machtressourcen verfügen (wie die meisten CSOs). Ich verwende im Folgenden den Begriff „Global Governance“ nicht im normativen Sinne kooperativer Netzwerke zur Lösung globaler Probleme, sondern beziehe ihn einerseits auf die Bedeutung eines zunehmend komplexeren transnationalen Raumes für die Behandlung internationaler politischer Konflikte und andererseits auf eine veränderte Aufgabenverteilung zwischen staatlichen und privaten Akteuren (vgl. Messner & Nuscheler, 2003, Koenig-Archibugi & Zürn, 2006). Nationalstaaten nutzen die sich nun bietenden Möglichkeiten, durch die Gründung flexiblerer hybrider Organisationen UN-Institutionen wie die WHO zu umgehen.

Ein Beispiel dafür ist die Gründung des Global Fund to Fight AIDS, Tuberculosis and Malaria (GFATM): Von den G-8-Staaten wurde die Notwendigkeit, erheblich mehr Mittel für die Bekämpfung von HIV/AIDS und anderen, vor allem in den Entwicklungsländern verbreiteten Krankheiten (Tuberkulose und Malaria), erkannt; UN-Generalsekretär Kofi Annan nahm dies auf und forderte die Gründung eines globalen Fonds zu diesem Zweck. Die USA und Japan weigerten sich jedoch, diesen Fonds im Rahmen des UN-Systems einzurichten, da dies aufgrund der politisierten Entscheidungsmechanismen in den UN eine effektive Verwendung der Mittel behindert hätte; so wurde mit dem Global Fund eine neuartige Organisation gegründet, in der die WHO wenig Einfluss hatte (Bartsch, 2007: 149).

Ähnliche Strukturen hatte auch die im Jahre 2000 gegründete GAVI (*Global Alliance for Vaccines and Immunization;* heutiger Name *GAVI. The Vaccine Alliance*), die mit einer Startfinanzierung der *Bill&Melinda Gates Foundation* gegründet wurde und das *Expanded Program on Immunization* von WHO und UNICEF ablöste, das zunächst sehr erfolgreich war (Steigerung der Impfrate von Kindern in Entwicklungsländern von 5 % (1974) auf 80& im Jahre 1990), aber während der 1990er-Jahre stagnierte. Auch hier ist von einem Vertrauensverlust gegenüber der WHO die Rede. GAVI wird von einem Gremium (Board) gesteuert, das aus einer gleichen Anzahl von Vertretern von Geber- und Entwicklungsländern sowie von Vertretern der WHO, UNICEF, der Weltbank, einer CSO, eines Gesundheitsforschungsinstitut, der Gates Foundation, der Impfstoffindustrie und neun „unabhängigen" Individuen besteht (Clinton & Sridhar, 2017, S. 40–47). Diese Zusammensetzung reflektiert die Komplexität von GHG, vermeidet aber eine Mehrheit von Entwicklungsländern, wie sie in der Weltgesundheitsversammlung der WHO besteht.

Die USA trugen weiterhin durch den sog. *United Nations Reform Act* (Helms-Biden Act) von 1999 zu einer Schwächung der Organisation bei. Dieses Gesetz setzte eine Reihe von Bedingungen zur Reform des UN-Systems, bevor die USA ihre bestehenden Beitragsrückstände an die UN begleichen würden. In Verbindung mit dem eingeforderten Prinzip des Nullwachstums des ordentlichen WHO-Budgets zwang dies die Organisation in die Abhängigkeit von außerordentlichen Budgetmitteln. Damit musste die WHO in einen Wettbewerb um finanzielle Ressourcen mit anderen Institutionen, NGOs und selbst Staaten eintreten. Da diese außerordentlichen Beiträge meist an bestimmte Aktivitäten gebunden sind, besteht das Risiko, dass die zentrale Rolle der WHO „als ein glaubwürdiger neutraler Vermittler zwischen wissenschaftlichen und fachlichen Gemeinschaften einerseits und den Regierungen der Entwicklungsländer andererseits, untergraben wird" (Ravishankar et al., 2009: 2122).

Die Strukturen internationaler Gesundheitspolitik präsentieren sich als ein vierdimensionales Problemfeld sowohl im Hinblick auf die Vielfalt von Tätigkeitsbereichen globaler Gesundheitspolitik und von Akteuren, die dieses Feld bevölkern, als auch in Bezug auf Interaktionen mit anderen Teilordnungen der Weltpolitik, den damit verbundenen Konflikten sowie den institutionellen Formen ihrer Bewältigung. Die Diskussion von „Problemlösung(en)“ im Bereich von Global Health Governance muss sich also mit ganz unterschiedlichen Problembereichen und gleichzeitig einer Diversifizierung von institutionellen Problemen beschäftigen.

Tab. 6.1 gibt einen Überblick über die wachsende Bedeutung einer Vielzahl von ganz unterschiedlichen Akteuren in GHG (Buse et al., 2009; Frenk & Moon, 2013; Kickbusch, 2016; Kickbusch et al., 2016). Die Proliferation unterschiedlicher Typen von Akteuren wurde als ein zentrales Charakteristikum von Global Health Governance gekennzeichnet und kontrovers diskutiert. Auf der einen Seite wurde betont, dass es gut für die globale Gesundheitssituation sei, wenn

Tab. 6.1 Akteure im Bereich Global Health. (Eigene Darstellung, publiziert in Hein, 2016: 10)

Period	Central Authority in Global Health	Other IGOs relevant to Global Health	NStAs (CSOs, Business Associations etc.)	Hybrid Actors	North vs. South
1950s	WHO	UNICEF	[Professional Assoc., Red Cross, FBOs, Philanthr. Org.]		North; WHO as a technical organizisation
1960s & 70s	WHO	World Bank, UNICEF	+ CSOs; TNPCs		North-South-conflict/South
1980s	WHO, World Bank	UNICEF, UNFPA, FAO	same		North-South-conflict/North
1990s	WHO, World Bank	UNICEF, FAO, UNFPA, WTO, UNAIDS	+CSO alliances, foundations (Gates)	GPPPs; GAVI	North; health in G 7/8
Since 2000	?? (WHO?, WB?, GHG)	UNICEF, FAO, UNFPA, WTO, UNAIDS	Further proliferation of NStAs, alliances, nodal governance	+ GFATM; + ghps (global health partn.)	CSO Alliances/ rising powers vs. North/IPRs

Abkürzungen: *NStAs* Nichtstaatliche Akteure; *FBOs* Faith-based Organizations (Nichtstaatliche Organisation mit religiösem Hintergrund, etwa kirchliche Hilfsorganisationen); *CSOs* Civil Society Organizations; *TNPCs* Transnational Pharmaceutical Corporations; *FAO* Food and Agricultural Organization of the United Nations; UNFPA United Nations Population Fund; *GFATM* Global Fund to Fight AIDS, Tuberculosis and Malaria; *IPRs* Intellectual Property Rights

viele Organisationen sich an den Aktivitäten beteiligten und ihre Ressourcen, ihr Wissen und ihr Engagement einbrächten. Zudem könne die Partizipation möglichst vieler Akteure die Möglichkeiten der Mitsprache von zivilgesellschaftlichen Gruppen und von Betroffenen erhöhen. Auf der anderen Seite wiesen Experten – insbesondere aus Entwicklungsländern – darauf hin, dass die Akteursvielfalt erhebliche Koordinationsprobleme in der konkreten Zusammenarbeit mit sich bringe und viele ärmere Länder überfordere. Gesundheitspolitik muss die Einflüsse von vielfältigen Akteuren sowie internationaler Normen und Regime im Rahmen eines nationalen Gesundheitssystems integrieren. Im Zeitalter der Globalisierung muss dies jede Regierung leisten; es ist aber für arme Entwicklungsländer insofern zentral, als die Verbesserung ihrer Gesundheitsversorgung von verschiedenen Formen internationaler Ressourcentransfers abhängt, so vor allem von finanziellen Ressourcen, Expertise, Förderung der Innovationskapazität und Zugang zu Medikamenten.

6.1.4 Problem der Koordination

Wo viele Akteure in denselben Politikfeldern interagieren, müssen ihre Aktivitäten koordiniert werden.

Nach der Verabschiedung der Millennium Development Goals (MDGs) im Jahr 2000 organisierten OECD und Weltbank eine internationale Diskussion über die Effektivität der Entwicklungshilfe. Die Kooperation mit einer Vielfalt von inter- bzw. transnationalen Akteuren, die jeweils unterschiedliche Anforderungen an die Partner stellen, hat die Steuerungskapazitäten der betroffenen Regierungen eher reduziert. Besonders in den ärmsten Ländern erschien es schwierig, die Millenniumsziele ohne eine Reform internationaler Kooperation zu erreichen.

Die Internationale Konferenz zu Finanzierung von Entwicklung in Monterrey/Mexiko (2002) ebnete den Weg für einen Verhandlungsprozess, der zur *Paris Declaration on Aid-Effectiveness* (2005) führte. In der Erklärung werden fünf zentrale Ziele für die Stärkung der Effektivität von Hilfsleistungen formuliert: Eigenverantwortung (Ownership), Harmonisierung, Ausrichtung (der Geberpolitik an den Zielen der Empfängerländer), Ergebnisorientierung und gegenseitige Verantwortlichkeit. Geberländer sollen ihre Hilfe koordinieren und harmonisieren, um die nationalen Entwicklungsstrategien ihrer Partner effektiv zu unterstützen, die sich wiederum an international abgestimmten Konzepten von Good Governance orientieren, um die öffentliche Sicherheit und einen gerechten Zugang zu den grundlegenden sozialen Leistungen zu garantieren.[2] Im Gesundheitssektor sind zu diesem Zweck unter anderem die *IHP+* (s. o., Abschn. 4.2.3) und die sog. *Health 8*, eine informelle Gruppe acht zentraler GHG-Organisationen (WHO, UNICEF, UNFPA, UNAIDS, GFATM, GAVI Alliance, Gates Foundation und Weltbank) entstanden.

Im Bereich der Verantwortlichkeit in der Entwicklungszusammenarbeit besteht das Problem nicht nur in der Koordination der verschiedenen Geberinstitutionen, sondern auch darin, die notwendige Verbindlichkeit bei der langfristigen Finanzierung der entsprechenden Programme zu erreichen. Ein spezifisches Problem von HIV/AIDS besteht darin, dass die Krankheit ja immer noch nicht heilbar ist; Patienten in armen Ländern brauchen also eine lebenslange Unterstützung für den Erwerb von Medikamenten und eine entsprechende medizinische Behandlung. Dazu kommen weitere HIV-Infizierte, die bisher noch keine Behandlung erhalten haben, und Neu-Infizierte, deren Zahl mittelfristig erheblich bleibt. Kurz, es besteht ein in Zukunft erheblich wachsender Bedarf an Ressourcen (vgl. den Report des IWF: Haacker, 2004). Tatsächlich aber blieben z. B. etwa die Beiträge für den GFATM zunächst deutlich hinter den Erwartungen zurück (vgl. genauer in Abschn. 6.4).

Darüber hinaus fehlt auch ein Anreiz für die Forschung zu Krankheiten, die nur in armen Ländern (mit fehlender zahlungsfähiger Nachfrage) auftreten. In diesem Zusammenhang beschloss die Weltgesundheitsversammlung im Mai 2006 weitere Arbeiten an einem Global Framework on Essential Health R&D (Research and Development, Forschung und Entwicklung), um öffentliche Interessen stärker in die Forschung an neuen Medikamenten einbringen zu können. Dies führte 2008 zur Verabschiedung der *Global Strategy and Plan of Action on Public Health, Innovation and Intellectual Property (GSPoA)*, die allerdings trotz ursprünglich weiterreichender Ziele das Problem der Koordination nur begrenzt voranbrachte (s.u. Abschn. 6.2).

Es gibt eine Reihe von nationalen Initiativen, die sich auf verschiedene Global Health-Probleme beziehen. Angesichts einer gewissen Unzufriedenheit mit der Entwicklung des GFATM haben die USA im Jahre 2004 ein eigenes unilaterales Programm der AIDS-Bekämpfung entwickelt, das sog. *PEPFAR (The President's Emergency Plan for AIDS Relief)*, in das inzwischen erheblich umfangreichere Mittel der USA als in den GFATM fließen und das zunächst eine andere Politik verfolgte (Propagierung sexueller Enthaltung, weitgehende Nutzung teurerer

[2] Zur Bedeutung der Paris Declaration on Aid Effectiveness für GHG s. Hein & Kickbusch, 2010.

Medikamente der Originalhersteller anstatt von Generika). Dem folgte einige Jahre später die *US Global Health Initiative* und deren verschiedene Programme (Bendavid & Miller, 2010).

Das Programm *BACKUP Health – Worldwide support for cooperation partners in their work with the Global Fund* kann als ein von der deutschen Entwicklungszusammenarbeit initiiertes Beispiel dafür angesehen werden (Gründung im Jahre 2007); es wird aktuell von UK aid, der Swiss Agency for Development and Cooperation und der EU mitgetragen. Sektorprogramme der Deutschen Gesellschaft für Internationale Zusammenarbeit (GIZ) dienen der Orientierung der Entwicklungskooperation an globalen Problemstellungen, so etwa das Programm „Gesundheitssystemstärkung". Neben einer internen Beratungsfunktion zur Koordination verschiedener europäischer Akteure in diesem Bereich und der Förderung innovativer Konzepte zu neuen globalen Herausforderungen, beispielsweise zu Antibiotikaresistenzen, vernachlässigten Tropenkrankheiten, nichtübertragbaren Krankheiten, E-Health, Gesundheitssystemen innerhalb fragiler Staatlichkeit, gehört auch die Beratung von Regierungen in Kooperationsländern zu diesem Programm, insgesamt elf Focusländern und einer Focusregion (GIZ, 2023).

Gesundheit wurde auch im Rahmen der Diskussion zur Paris Declaration von 2005 als besonders komplexes Gebiet gesehen. In einem Papier wurde vorgeschlagen, Gesundheit als einen *tracer sector* zur Fortschrittskontrolle in Bezug auf die Umsetzung der Paris Declaration zu benutzen, denn „aid effectiveness is particularly challenging in health. As with other sectors, difficulties are the result of inefficiencies in the global aid architecture and of poor country policies; however, problems in health are exacerbated by the inherent complexities of the sector itself" (Dodd et al., 2007: 1, 5; vgl. auch: Hein & Kickbusch, 2010: 3). Zum Problem der Koordination gibt es eine umfangreiche Literatur (vgl. etwa: Hill et al., 2012; Hein & Holstenkamp, 2018). Die Problematik der Kooperation und Koordination in Global Health kam auch in der zunehmenden Fokussierung auf UHC zum Ausdruck und zwar durch die Transformation der IHP+ in die UHC 2030 (*UHC2030's Global Compact for progress towards universal health coverage,* UHC 2030 (webpage): History).

Wie wir gesehen haben, war mit der Entfaltung von GHG zunächst ein Einflussverlust der WHO verbunden, die sich nun einer Vielzahl autonom handelnder Akteure gegenübersah. Selbst die die WHO konstituierenden Nationalstaaten nutzten hybride Strukturen wie den GFATM, um die komplexen Entscheidungsprozesse in der WHO zu umgehen. So wurde nach der Jahrtausendwende zunehmend deutlich, dass GHG in mehrfacher Hinsicht einer koordinierenden und integrierenden Institution bedarf:

(1) Die Stärkung von Gesundheitssystemen setzt eine internationale Verantwortung für eine langfristige kohärente Politik in diesem Bereich voraus. Hier ist die WHO als Manager der Schnittstellen zwischen unterschiedlichen Akteuren gefragt. Nur eine langfristig orientierte, international legitimierte und über umfassende Expertise verfügende Organisation kann dies leisten – auch wenn die Mittel zur Finanzierung nicht unbedingt nur aus staatlichen Haushalten, sondern evtl. auch teilweise aus langfristigen Verpflichtungen großer privater Stiftungen kommen können.
(2) Globale Politik in einer Reihe von Bereichen ist von einer verbindlichen Koordination internationalen Handelns abhängig, die in bestimmten Bereichen auch eine kurzfristige Handlungsfähigkeit impliziert. Letzteres gilt vor allem für die notwendige schnelle Reaktion auf das Auftreten neuer Infektionskrankheiten, auch durch konkrete Maßnahmen zur Unterstützung betroffener Länder.
(3) Schließlich ist die WHO prädestiniert (und durch ihre Verfassung auch legitimiert), ein Forum für weltweite Diskussionen zu gesundheitsbezogenen Themen zu bilden, das auch Prozesse hin zu einer universellen Gesundheitsversorgung lenken kann. Damit könnte die WHO in Kooperation mit anderen Organisationen der Vereinten Nationen, die Aufgaben im Gesundheitsbereich übernommen haben, sowie anderen Akteuren von GHG ihre Rolle als zentrale Instanz der Weltgesundheitspolitik wiedergewinnen.

Dies setzt aber voraus, dass die WHO auch über die entsprechenden Mittel und die Unabhängigkeit verfügt, die für die Übernahme dieser Rollen nötig sind. Die WHO ist allerdings in hohem Maße abhängig von freiwilligen Beiträgen, die 2010 etwa 80 % des gesamten Budgets ausmachen; wobei lediglich 52 % von Mitgliedsstaaten bereitgestellt werden, der Rest von privaten Sponsoren. Im Allgemeinen sind diese Beiträge an spezifische Projekte gebunden. Das bedeutet, dass diejenigen, die freiwillige Beiträge leisten, einen erheblichen, nicht durch die WHO-Verfassung abgedeckten Einfluss auf die Politik der Organisation haben; die Verwendung des größten Teils der WHO-Mittel kann nicht durch die Budget-Verhandlungen innerhalb der Organisation kontrolliert werden. Die 2010 eingeleitete WHO-Reform hat weitgehend erfolglos versucht, die vertragsmäßig festgelegten Beiträge der Mitgliedsstaaten zu erhöhen (WHO, 2010a, c).

Dies begann sich erst im Zusammenhang der Ebola-Krise in Westafrika zu ändern (und wurde durch die Erfahrungen während der COVID-19-Pandemie noch bestärkt), als deutlich wurde, dass die WHO über mehr Mittel verfügen müsste, um die Gesundheitssysteme in armen Ländern zu befähigen, mit entsprechenden Krisen effektiv umzugehen (Diagnosemethoden, Fähigkeit zur raschen Reaktion in solchen Fällen und Entwicklung von Strukturen, in denen internationale Hilfe schneller wirksam werden kann). In einem längeren Bericht der *Lancet Commission „Global Health 2035"*, einer vom Lancet eingesetzten Expertenkommission (Jamison et al., 2013), wird es für erreichbar gehalten, bis zum Jahre 2035 weltweit einen universellen Zugang zur Gesundheitsversorgung zu gewährleisten. Dies würde allerdings eine Konzentration internationalen kollektiven Handelns auf die *Kernbereiche (core functions)* des globalen Gesundheitssystems verlangen, nämlich die Bereitstellung globaler öffentlicher Güter (vor allem im Bereich Forschung & Entwicklung) und das Management von externen Effekten gesellschaftlicher Entwicklung, Führerschaft und Verantwortung. Damit die WHO eine angemessene Rolle in diesem Zusammenhang übernehmen kann, benötigt sie erhebliche zusätzliche Mittel in ihrem regulären Budget, das seit 1994 real (d. h. inflationsbereinigt) ständig gesunken sei. Das Budget der WHO zur weltweiten Grippebekämpfung habe 2013 gerade einmal 7,7 Mio. US$ betragen, weniger als ein Drittel der Mittel, die die Stadt New York allein für die Vorsorge auf öffentliche Gesundheitskrisen bereitstelle (Jamison et al., 2013: 1910). Koordination und internationale Führerschaft sind nicht umsonst zu haben.

Trotz der detaillierten Vorschläge internationaler Experten und der Erfahrung der Ebola-Krise hat sich bis 2020 nichts Grundsätzliches an der WHO-Finanzierung geändert; das WHO-Budget für 2020/2021 konnte nur zu 16 % durch die Pflichtbeiträge der Mitgliedsstaaten finanziert werden (Gulrajani et al., 2022). Erst die COVID-19-Krise hat wieder entsprechende Verhandlungen angestoßen. Die COVID-19-Krise hat die weiterhin bestehenden ernsten Koordinations- und Kooperations-Probleme im Zusammenhang mit der Antwort auf globale Gesundheitskrisen aufgezeigt (s.u., Abschn. 6.5).

Im Folgenden werden drei Aspekte von Global Health Governance etwas ausführlicher diskutiert: (a) die komplexen Konfliktstrukturen am Beispiel des Konfliktes um Intellektuelle Eigentumsrechte (Patentrecht) und den Zugang zu Medikamenten, (b) die Rolle von Global Governance im Hinblick auf die Bereitstellung globaler öffentlicher Güter, wie etwa die *International Health Regulations* als Mechanismus zur globalen Kontrolle von Infektionskrankheiten, und (c) die Herausforderungen der COVID-19-Krise an die inter-nationale Gemeinschaft.

6.2 Konflikt um Zugang zu Medikamenten

Internationale Gesundheitspolitik ist von einer Vielzahl von Regelungen betroffen, die sich eigentlich auf die Regelung anderer Bereiche beziehen wie z. B. das internationale Handelsrecht, die Förderung von Menschenrechten, das Umwelt- und Arbeitsrecht usw.. Vor allem im Falle der Auswirkungen des Abkommens über handelsbezogene intellektuelle Eigentumsrechte (TRIPS) im Rahmen der WTO auf die Preise von Medikamenten zur Behandlung von HIV/AIDS ist dies deutlich geworden. Das Patentrecht gibt dem Patentinhaber ein zeitlich begrenztes Monopol auf patentierte Produkte, also auch auf neue Medikamente im Allgemeinen für 20 Jahre (vgl. oben, Abschn. 2.4). Die vorhandenen antiretroviralen Medikamente, die AIDS aus einer tödlichen in eine chronische Krankheit verwandeln, kosteten Ende der 1990er-Jahre mehr als US$ 10.000 pro Person und Jahr. Für die meisten Entwicklungsländer war die Finanzierung einer Behandlung der HIV-Infizierten damit unerschwinglich, und entsprechend konzentrierten sich die WHO und die Weltbank auf Programme zur AIDS-Prävention.

Es ist den Aktivitäten einiger Entwicklungsländer (vor allem Brasiliens) und CSOs zu verdanken, die das Menschenrecht auf Gesundheit und damit das Recht aller Infizierten auf Zugang zu den vorhandenen Medikamenten in ihren Kampagnen einklagten, dass sich dies innerhalb weniger Jahre radikal änderte (Hein & Moon, 2013). Pharmaunternehmen waren nun bereit, im Rahmen von *Public Private Partnerships* Medikamente in armen Ländern erheblich billiger anzubieten, und die rechtlichen Bedingungen des Zugangs zu billigeren Generika im Rahmen des TRIPS-Abkommens (durch die sog. *Doha Declaration on the TRIPS Agreement and Public Health* vom November 2001) wurden geändert. 2005 kostete die Behandlung in den meisten Entwicklungsländern schließlich nur noch zwischen 150 und 200 US$ pro Person und Jahr (vgl. Poku & Whiteside, 2004; Hein, 2007: 56–57).

Die Ambivalenz intellektueller Eigentumsrechte als Anreize für medizinische Forschung wurde seit etwa 2000 zunehmend diskutiert und zwar vor allem in der *Commission on Intellectual Property Rights, Innovation and Public Health* (CIPIH, 2006). Lebensrettende Medikamente (wie die antiretrovirale Therapie im Falle von HIV/AIDS), die grundsätzlich zu geringen Kosten produziert werden können, sind oft für die Betroffenen nicht erschwinglich, weil das Patentrecht es den Firmen, die diese entwickelt haben, ermöglicht, sie teuer zu verkaufen. Andererseits schaffen Patente einen Anreiz, viel Geld in die Forschung und Entwicklung (Research & Development, R&D) neuer profitversprechender Medikamente zu stecken. Die Forschung zu Medikamenten, die HIV/AIDS heilen können, kommt nur langsam voran und findet wenig Unterstützung von Seiten der Pharmaindustrie, wobei gelegentlich der Verdacht geäußert wird, die Pharmaindustrie habe vor allem deshalb ein geringes Interesse an Forschung zur Heilung der Krankheit, weil die bisherige Notwendigkeit lebenslanger Einnahme von Medikamenten ihre Gewinnperspektiven verbessert (Hasse, 2017).

Der Doha Declaration folgten umfangreiche Diskussionen innerhalb der WHO über den Zugang zu Medikamenten, u. a. im Rahmen einiger vielbeachteter

Expertenkommissionen, nämlich die bereits zitierte *CIPIH* (2006) sowie die *Commission on Social Determinants of Health* (CSDH, 2008); in diesen Diskussionen wurde auch das Problem der sog. vernachlässigten tropischen Krankheiten (Desinteresse der Pharmaindustrie an der Entwicklung von Medikamenten, für die es keine zahlungsfähige Nachfrage gib, um die Entwicklungskosten abzudecken) diskutiert: Für viele tropischen Krankheiten fehlten überhaupt effektive Medikamente, obwohl deren Entwicklung auf der Basis der rein wissenschaftlichen Forschung durchaus möglich gewesen wäre.

Im Jahre 2008 wurde die *GSPoA* von der WHA (WHO, 62nd WHA, Doc. A62/16, Add.1, s. auch Hein, 2016) verabschiedet. Deren Ziel war es vor allem, die Innovationkapazität in Entwicklungsländern zu stärken, wobei insgesamt von einem Finanzierungsbedarf von etwa 149 Mrd. US$ für die Jahre 2008–2015 (nationale und internationale Finanzierung von Forschung & Entwicklung) ausgegangen wurde. Der Anteil von Investitionen in „Krankheiten, die primär Entwicklungsländer betreffen" sollte von 3 % auf 12 % steigen (zusammengefasst in Hein & Moon, 2013: 150 f.). Darüber hinaus sieht die GSPoA eine Reform internationaler Regulierungen vor mit dem Ziel einer „Entkoppelung der Kosten von Forschung und Entwicklung und den Preisen von Gesundheitsprodukten", möglicherweise durch einen international verbindlichen Vertrag (*binding R&D treaty*). Vom GSPoA sind zweifellos Initiativen zur stärkeren Förderung von Forschung & Entwicklung zu vernachlässigten Krankheiten ausgegangen, obwohl die Beiträge im Rahmen dieser Strategie überschaubar blieben (einige, relativ schwach finanzierte Musterprojekte und ein verbessertes Informationssystem bei der WHO (*R&D Observatory*), Verhandlungen zu einem bindenden Vertrag wurden jedoch von einigen HICs blockiert. Im Bericht des 2016 vom UN-Generalsekretär einberufenen *High level panel on access to medicines* werden Regierungen zu zusätzlichen Investitionen in Innovationen im Bereich der Gesundheitstechnologien aufgefordert (UN Secretary General, 2016). Darüber hinaus werden weiterhin Verhandlungen zu einer R&D-Konvention gefordert (ebda.: 10) sowie die Etablierung eines *Innovation Fund* (US$ 2 Mrd. über fünf Jahre) angeregt, um die Entwicklung neuer Antibiotika sowie Medikamente für andere nicht abgedeckte Bedürfnisse zu fördern (ebda.: 31). Insgesamt hat diese groß angelegte Strategie bisher nur sehr begrenzte Erfolge gezeitigt (vgl. Hein, 2016). Allerdings sind als Folge der COVID-Pandemie neue Verhandlungen zu einer Revision der IHR und einer *Pandemic Convention*, also verbindlichen Vereinbarungen, mit potentiellen Auswirkungen auf den Zugang zu Impfstoffen und Medikamenten in Gang gekommen (s.u. Abschn. 6.4).

In diesem Zusammenhang ist auch eine relative Vernachlässigung der Forschung zu Impfstoffen nach den großen Erfolgen der Impfungen gegen Pocken und

Polio und andere Krankheiten, die auch die Industrieländer stark betreffen, zu sehen. Die wichtigsten Impfungen für Kleinkinder (vor allem: Masern, Diphtherie, Tetanus, Keuchhusten) werden von der WHO als eine der kosteneffektivsten Gesundheitsinterventionen angesehen (WHO, 2010b: 70).

6.3 Bereitstellung globaler öffentlicher Güter

Im Rahmen globaler Gesundheitsfinanzierung muss zwischen zwei unterschiedlichen Politikbereichen unterschieden werden, nämlich einerseits Transferleistungen von reicheren Ländern (bzw. internationalen Akteuren) an ärmere, also im weitesten Sinne Entwicklungshilfe, und andererseits die Bereitstellung „globaler öffentlicher Güter".

Öffentliche Güter (auch als „Kollektivgüter" bezeichnet) sind durch die Eigenschaften der Nicht-Ausschließbarkeit und Nicht-Rivalität gekennzeichnet, d. h. niemand kann von ihrer Nutzung ausgeschlossen werden, und der Konsum des Gutes reduziert nicht den Nutzen für andere Konsumenten. Häufig genannte Beispiele ganz unterschiedlicher Art sind Gesetze, Deiche und Ampelanlagen. Jeder, der hinter dem Deich wohnt, profitiert von seiner Schutzfunktion und diese nimmt nicht dadurch ab, dass sie von zusätzlichen Menschen genutzt wird. Zentral ist das Problem der Finanzierung: Aufgrund der „Nicht-Ausschließbarkeit" vom Konsum können diese Güter nicht verkauft werden. Daher werden sie meist vom Staat bzw. durch eine kollektive Übereinkunft bereitgestellt. Eine gute Übersicht zur Diskussion über spezifische Aspekte öffentlicher Güter liefert Arnswald, 2012.

Eine kurze Definition „*globaler* öffentlicher Güter" (*Global public goods, GPGs)* kennzeichnet diese als „… öffentliche Güter mit einem Nutzen – oder Verlust im Falle von „Schäden" wie Verbrechen und Gewalt – der sich über Länder und Regionen, über reiche und arme Länder und über Generationen erstreckt" (Kaul et al., 2003: 3, Übersetzung W.H., s. auch Kaul et al., 1999; Ferroni & Mody, 2002). In Analogie zu (nationalen) öffentlichen Gütern sind GPGs durch zwei wichtige Charakteristika gekennzeichnet, die ihre ausreichende Bereitstellung durch nationale Regierungen erschweren bzw. verunmöglichen: Nichtausschließbarkeit der Nutzung bedeutet hier, dass auch Staaten von der Nutzung des globalen öffentlichen Gutes nicht ausgeschlossen werden können, die zu seiner Bereitstellung nicht beigetragen haben (*free rider* Problem), Nichtrivalität im Konsum bedeutet, dass der Konsum eines solchen Gutes durch Staat A den Konsum von Staat B nicht beeinträchtigt. Meist beeinträchtigen nämlich zusätzliche Konsumenten den Nutzen der bisherigen Konsumenten (Allmendegüter, Übernutzung etwa von Straßen) oder sind zusätzliche Nutzer durch Vorgabe von finanziellen oder anderen Zugangsvoraussetzungen zumindest teilweise ausschließbar (unreine öffentliche Güter; Klubgüter, s. Arnswald, 274 ff,, 280; Altvater, 2003: 187 f.). Reine globale öffentliche Güter (etwa Weltfrieden) sind ebenso selten wie die effektive Bereitstellung entsprechender Güter innerhalb von Staaten.

Beispiele von GPGs sind die Eliminierung/Ausrottung von Infektionskrankheiten, die *International Health Regulations* (Internationale Gesundheitsvorschriften) sowie die Bereitstellung von Gesundheitswissen, einschließlich im Prinzip das Wissen über Medikamente, das allerdings, wie wir gesehen haben, über das Patentrecht zumindest für einen begrenzten Zeitraum privat angeeignet werden kann. „Globale öffentliche Güter" werden als globale Kollektivgüter (materielle Güter, aber auch Ergebnisse erfolgreicher Regulierung wie z. B. Frieden und eine internationale Währung- und Finanzordnung) produziert, also im übergreifenden Interesse aller Länder. Neben der Durchsetzung entsprechender Ordnungen stellt die dauerhafte Bereitstellung der nötigen Finanzierung ein Hauptproblem dar, da diese durch voneinander grundsätzlich unabhängige Geber (souveräne Staaten und zwischenstaatliche, aber auch nichtstaatliche internationale Akteure) mit jeweils spezifischen, sich im Zeitverlauf auch verändernden Interessen und finanziellen Möglichkeiten, gewährleistet sein muss. Die Garantie der Bereitstellung dieser Güter hat allerdings Implikationen für Entwicklungskooperation, da arme Länder ggfs. eine externe Unterstützung benötigen, um ihr Gesundheitssystem für die Fähigkeit zur Bereitstellung der nötigen lokalen Leistungen zu „ertüchtigen" bzw. die Fähigkeit zur Wissensproduktion oder zumindest zur Absorption des entsprechenden Wissens zu entwickeln. Moon (2017) betont, dass drei Schritte nötig seien, um die Finanzierung und Bereitstellung von GPGs für Gesundheit besser zu steuern:

> „... first, improved data to develop a clearer picture of how much money is currently going to providing which types of GPGs; second, a legitimate global political process to decide upon priority missing GPGs, followed by estimates of total amounts needed; and third, financing streams for GPGs from governments and private sources, to be channeled through new or existing institutions." (ebda.: 195)

6.3.1 Ausrottung von Krankheiten: Erfolge und ihre Grenzen

Im Bereich der GPGs für Gesundheit stellt die Ausrottung von Krankheiten einen besonderen Fall dar. Während die Kosten zeitlich begrenzt sind, ist der Nutzen permanent, was einen starken Anreiz zur Verfolgung dieses Ziels darstellt (Woodward & Drager, 2003: 12).

Die Annahme einer begrenzten Zahl von tödlichen Krankheiten, die außergewöhnlich große Zahlen von Opfer fordern und die besonders häufig durch internationale Kontakte (Reisen und Transport von Waren) übertragen werden, führte bereits im 19. Jahrhundert zu internationalen Verhandlungen über Abkommen zum Gesundheitsschutz (*sanitary agreements*). Die Forschung zu Impfstoffen ließ die Ausrottung lebensbedrohender Krankheiten machbar erscheinen, vor allem wenn die Krankheit weltweit als eine gefährliche Bedrohung angesehen wird. Diese Situation war es, die eine erfolgreiche Eliminierung der Pocken durch eine weltweit unterstützte WHO-Kampagne ermöglichte – selbst vorübergehende Feuerpausen im Falle militärischer Konflikte wurden ausgehandelt, um Impfungen durchzuführen.

Auf der Liste der eliminierbaren Krankheiten stehen seit längerem Tropenkrankheiten wie Malaria, Frambösie (Knoten bzw. Geschwüre an den Gelenken, englisch: yaws), die Guinea-Wurm-Krankheit (Dracunciliasis) sowie Polio (Kinderlähmung). Weitere Krankheiten wie Masern, Mumps und Röteln werden als mit bestehenden Technologien eliminierbar angesehen, doch bleiben bisher die Pocken die einzige menschliche Krankheit, die erfolgreich ausgerottet worden ist. Die Kampagnen gegen Polio und den Guineawurm sind bisher weitgehend, aber noch nicht vollständig erfolgreich. Im Falle von Polio gibt es nur noch drei Länder mit einer signifikanten Zahl von endemischen Fällen (Pakistan, Afghanistan, Nigeria, s. Abb. 6.1), die mit fehlendem Vertrauen gegenüber der Impfkampagne in Verbindung gebracht wurden – vermutlich entfacht durch Gerüchte, dass die CIA angeblich Impfkampagnen ausnutzten, um DNA-Samples von Verwandten Osama Bin Ladens zu sammeln (The Lancet, 2013). Neben den endemischen Fällen (*wild* poliovirus), gibt es auch sog. *circulating vaccine-derived cases*, die bei der Schluckimpfung in seltenen Fällen auftreten (Entwicklung der Krankheit durch Mutation des Virus in der geimpften Person bzw. durch Ansteckung von dieser). 2021/2022 ist eine zunehmende Verbreitung dieser Fälle in den USA und Europa festgestellt worden.

Trotz einiger Fortschritte in den vergangenen Jahrzehnten ist es unumstritten, dass Ausrottungskampagnen gegen einzelne Krankheiten nicht zu einer vollständigen Eliminierung von ansteckenden Krankheiten führen können. Verschiedene Quellen von Infektionskrankheiten können niemals eliminiert werden, etwa wenn Krankheiten durch die Übertragung von Wildtieren auf Menschen entstehen (HIV/AIDS; Ebola; COVID-19).

Die Effektivität von medizinischen Wirkstoffen kann nicht für immer gesichert werden, da Mutationen von Krankheitserregern Wirkstoffresistenzen (antimicrobial resistance; AMR) erzeugen, oder auch die Krankheitsmuster sich selbst verändern (wie im Falle von Influenza). AMR ist zwar grundsätzlich seit den 1950er-Jahren bekannt, aber erst seit der Jahrtausendwende zu einem vielbeachteten Thema

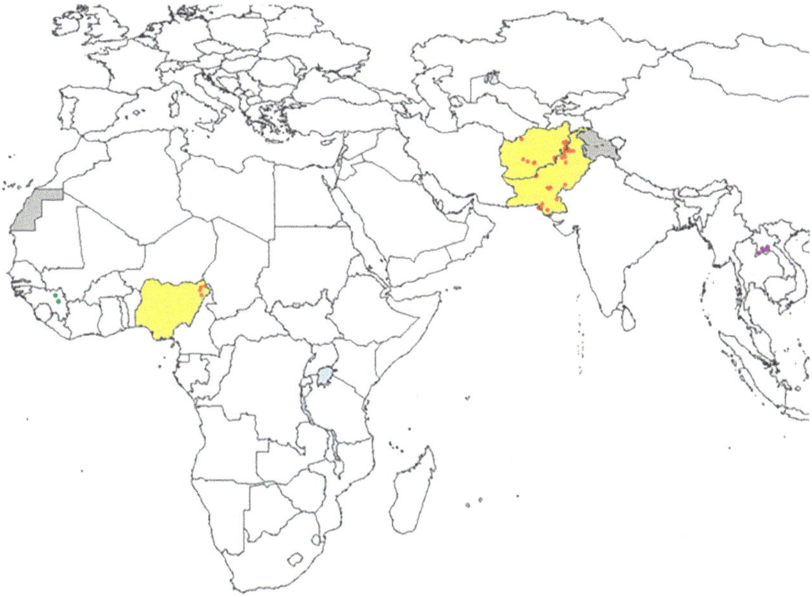

Abb. 6.1 Fälle von Polio 2015–2016. (**Quelle:** Centers for Disease Control: phttps://www.cdc.gov/polio/progress/)

im Feld der Kontrolle von Infektionskrankheiten geworden. Dies stärkt die Überlegungen, dass Infektionskontrolle als globales öffentliches Gut nicht allzu eng als die Ausrottung von Krankheiten sowie eine Kontrolle der grenzüberschreitenden Ausbreitung von Krankheitsausbrüchen verstanden werden sollte (Hein, 2020). Das wachsende Bewusstsein der Zusammenhänge von Infektionskrankheiten in der Human- und der Tiermedizin, von Umweltfaktoren und der Entwicklung von Wirkstoffresistenzen zur Entwicklung führte zur zunehmenden Bedeutung des sog. *One-Health*-Konzeptes, in dem diese Aspekte integrativ betrachtet werden (Mackenzie & Martyn Jeggo, 2019).

6.3.2 Kontrolle der Verbreitung von Krankheiten (International Sanitary/Health Regulations)

Internationale Regelungen zur Koordination von Maßnahmen, um die Ausbreitung von Infektionskrankheiten zu verhindern, gehen bis ins 19. Jahrhundert zurück. Seit

1851 entwickelten eine Reihe von *International Sanitary Conferences* Regeln zum Umgang mit Infektionskrankheiten – vor allem Cholera, Pest und Gelbfieber – im internationalen Personen- und Warenverkehr (Fidler, 2005). Das zentrale Ziel der Vereinbarungen war schon damals eine optimale Kontrolle von Krankheiten bei einem Minimum an Einschränkungen des internationalen Handels, zunächst vor allem in der Schifffahrt.

Reise- und Handelsbeschränkungen haben immer erhebliche wirtschaftliche Auswirkungen. So wird geschätzt, dass die Bekämpfung von SARS allein für die Region von Toronto im Jahre 2003 Kosten von über 1 Mrd. US$ und einen Verlust von 12.000 Arbeitsplätzen bedeutete; in Asien wird von Kosten von etwa 60 Mrd. US$ ausgegangen. Im Falle von COVID-19 sind die Kosten noch um ein Vielfaches höher (s.u.). Die Experten sind sich einig, dass die Ausnutzung derartiger Restriktionen im Sinne eines versteckten Protektionismus auf jeden Fall verhindert werden müsse. Heute geht es dabei auch um die Berücksichtigung des Menschenrechts auf Mobilität, aber auch einer möglichst weitgehenden Achtung der individuellen Privatsphäre im Hinblick auf ärztliche Kontrollen, Pflichtimpfungen, individuelle Freiheitseinschränkungen (Quarantäne) etc..

Seit 1951 koordiniert die WHO ein System von *International Sanitary Regulations* (ab 1969: *International Health Regulations, IHR*), das allerdings auf eine kleine Zahl von Krankheiten beschränkt war und schließlich weitgehend an Bedeutung verlor. Die Entwicklung von antibiotischen und antiviralen Medikamenten sowie von Impfstoffen gegen die gefährlichsten Infektionskrankheiten ließen in den Industrieländern den Eindruck entstehen, dass diese Gefahr weitestgehend erfolgreich zurückgedrängt worden sei. Die International Sanitary Regulations waren der erste (und bis zur Rahmenkonvention zur Tabakkontrolle im Jahre 2003) einzige internationale Vertrag, der im Rahmen der WHO verabschiedet wurde. Von den 1960er- bis in die erste Hälfte der 1990er-Jahre spielten die IHR kaum eine Rolle. Erst mit der HIV/AIDS-Pandemie und dem Auftreten anderer neuer Krankheiten (wie Ebola, West Nil Virus, Rift-Valley-Fieber) wurde die internationale Kontrolle von Infektionskrankheiten wieder zu einem prioritären politischen Thema.

Nach der Aufnahme von Verhandlungen zur Erneuerung der IHR (Internationale Gesundheitsvorschriften/IGV in der offiziellen deutschen Übersetzung) im Jahre 1995 wurde schließlich (vor allem unter dem Eindruck der SARS-Epidemie) Ende Mai 2005 von der Weltgesundheitsversammlung, dem höchsten Organ der WHO, ein neues IGV-Abkommen verabschiedet, das sich nun generell auf jeden „öffentlichen Gesundheitsnotstand von internationaler Bedeutung“ *(„public health emergency of international concern“, PHEIC*) bezieht und weitreichende Formen internationaler Koordination unter Führung der WHO vorsieht (Fidler, 2005, deutscher und englischer Originaltext in: Bundesrat, 2007). Die neuen IHR sind seit 2007 in Kraft und wurden 2024 novelliert.

6.3.3 Die neuen International Health Regulations (IHR 2005)

Angesichts der Bedeutung, die den IHR 2005 im Zusammenhang mit der COVID-19-Pandemie und der Rolle der WHO für die Bereitstellung öffentlicher Güter zukommt, verdient dieser Vertrag eine etwas ausführlichere Behandlung. Die IHR 2005 befassen sich im Wesentlichen mit folgenden Themenbereichen:

(1) *Informationen über Gesundheitsgefahren*: Es besteht eine Verpflichtung für alle Staaten, Informationen über Krankheitsausbrüche, die möglicherweise einen PHEIC darstellen, der WHO zu melden, und die WHO ist autorisiert, auf der Basis derartiger Informationen (auch von nichtstaatlichen Organisationen) die Existenz eines solchen PHEICs zu erklären. Dazu werden *National IHR Focal Points* und *WHO IHR Contact Points* eingerichtet, um die nötige Kommunikation garantieren. Grundlage für das Vorgehen ist ein Entscheidungsschema im Anhang des Vertrages (s. Abb. 6.2).

(2) *Maßnahmen zum Gesundheitsschutz auf nationaler Ebene*: Jeder Vertragsstaat verpflichtet sich – ggfs. mit Unterstützung der WHO sowie der Hilfe anderer Staaten – die nötigen Kapazitäten zu entwickeln, „um umgehend und wirksam auf Gefahren für die öffentliche Gesundheit und gesundheitliche Notlagen von internationaler Tragweite zu reagieren“ (*Core Capacity Requirements for Surveillance and Response*). Laut Annex 1 des Vertrages impliziert dies Kapazitäten auf lokaler Ebene zur Diagnose von Krankheiten und zur Bewertung außergewöhnlicher Ereignisse sowie zur Einleitung von Bekämpfungsmaßnahmen, auf mittlerer und nationaler Ebene zu spezialisierten Laboruntersuchungen, zur Aufstellung multidisziplinärer Teams im Rahmen nationaler Reaktionspläne, zu geeigneten Kontrollen an den Grenzen und zu effektiver Kooperation mit der WHO. Spätestens fünf Jahre nach Inkrafttreten des Vertrages (also 2012) sollen diese Kapazitäten in allen Staaten zur Verfügung stehen.

(3) Nach Artikel 44 IHR *soll die WHO mit den Mitgliedsstaaten zusammenarbeiten, „bei der Bereitstellung oder Förderung technischer Kooperation und logistischer Unterstützung“ und „der Mobilisierung finanzieller Ressourcen, um Entwicklungsländer beim Aufbau, bei der Stärkung und der Unterhaltung der in Annex 1 genannten Kapazitäten zu unterstützen“* – also bis 2012. Wie die

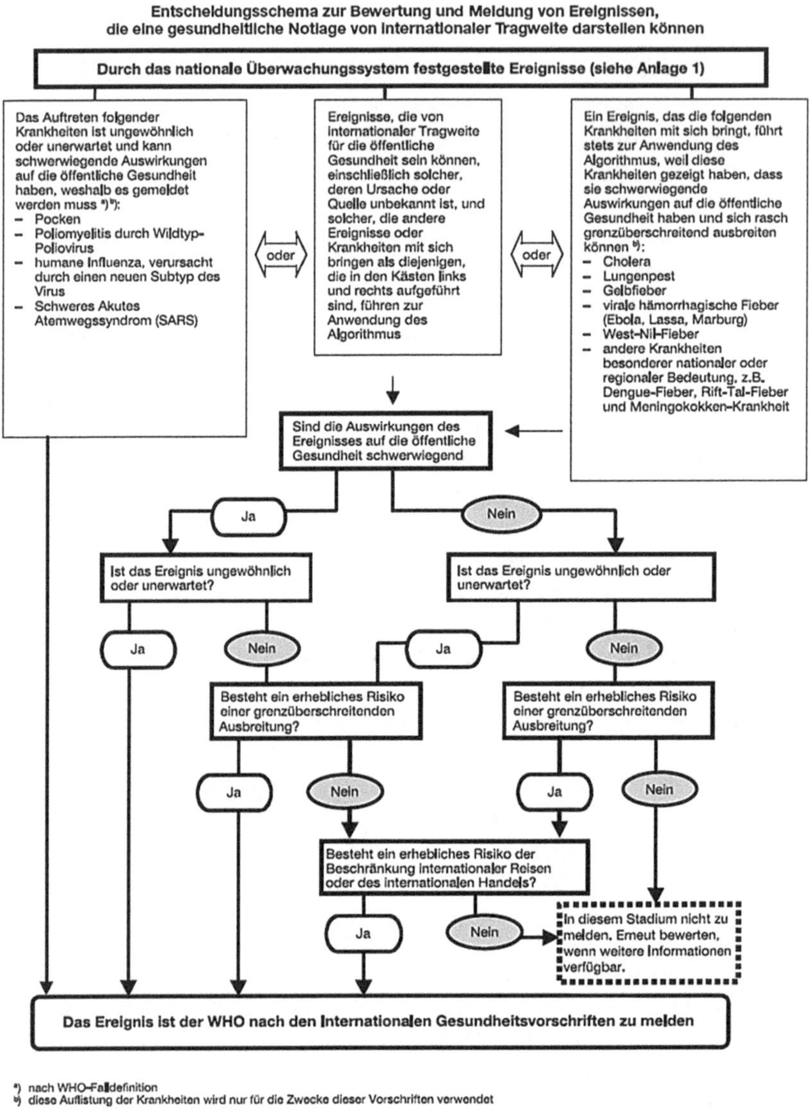

Abb. 6.2 Entscheidungsinstrumente zur Bewertung von PHEIC. (**Quelle:** Bundesrat Drucksache 229/07: 58 (Anlage 2): https://www.umwelt-online.de/PDFBR/2007/0229_2D07.pdf, abgerufen 6.11.2024)

Ebola-Krise in Westafrika deutlich machte, sind diese Vertragsbedingungen in vielen Ländern nicht erfüllt worden, was einerseits von den fehlenden Ressourcen in armen Ländern abhing, andererseits aber auch von der mangelnden Bereitschaft reicherer Länder, entsprechende Mittel zur Unterstützung bereitzustellen,

(4) *Entscheidungs- und Beratungsmechanismen bei der WHO/Empfehlungen zur Verhinderung der Ausbreitung von Infektionskrankheiten*: Der Generaldirektor der WHO hat im Rahmen der IHR weitreichende Vollmachten. Er erklärt, ob eine „gesundheitliche Notlage von internationaler Tragweite" vorliegt und empfiehlt – in Kooperation mit anderen internationalen Organisationen, vor allem der WTO – konkrete Maßnahmen etwa zur Kontrolle von Personen und zur Beschränkung von Mobilität und Handel, die wiederum die Mitgliedsstaaten autorisieren, zu beschließen. Diese beruhen auf Stellungnahmen eines sog. Notfallausschusses (*Emergency Committee*), dessen Mitglieder vom Generaldirektor aus einer „IGV-Sachverständigenliste" – auf der Basis der erforderlichen Fachkenntnis und „unter gebührender Berücksichtigung der Grundsätze gerechter geographischer Verteilung" – ausgewählt werden. Die Empfehlungen gelten zunächst für drei Monate, können aber durch einen Prüfungsausschuss (*Review Committee*) verlängert werden. Solche „ständige Empfehlungen" müssen dann durch die jeweils folgende Weltgesundheitsversammlung bestätigt werden.

Abb. 6.2 gibt eine Übersicht über die Entscheidungsstrukturen zur Feststellung einer PHEIC.

Die Ebola-Krise führte zur ersten sehr kritischen Debatte über die International Health Regulations. Reformen wurden vor allem in drei Feldern gefordert: Stärkung der nationalen Gesundheitssysteme und deren Kernkompetenzen, Transparenz, Koordination und Finanzierung. Im Mai 2016 befasste sich ein *IHR Review Committee* mit der Rolle der IHR während der Ebola-Ausbruchs und betonte, dass die Schwächen der Reaktion auf die westafrikanische Ebola-Krise nicht in der Struktur der IHR, sondern in ihrer unzureichenden Implementierung begründet seien: Nötig seien eine Verbesserung der *Public health preparedness*, wobei die *Kernkompetenzen* in eine Stärkung der nationalen Gesundheitssysteme eingebettet sein müssten. Verwiesen wurde auch auf die Bedeutung des „One Health"-Ansatzes, da die menschliche Gesundheit untrennbar mit der Tiergesundheit und der Umwelt verbunden sei (WHO, 2016, Annex, Absatz 41). Allerdings führte erst die COVID-19-Krise zum Beschluss von *Amendments to the IHR*, die zu einer Stärkung des globalen Schutzes vor der Ausbreitung von Infektionskrankheiten als GPG geführt haben (s.u. Abschn. 6.5.2).

6.4 Zusammenfassende Überlegungen zur GPG-Problematik

Auch wenn die Implementierung globaler Regeln je nach zu betrachtendem öffentlichem Gut, häufig konfliktiv ist, so kann man doch feststellen, dass die verlässliche, dauerhafte Mobilisierung ausreichender Ressourcen zur Finanzierung von globalen öffentlichen Gütern im Gesundheitsbereich (Smith et al., 2003) das zentrale Problem darstellt. Die zu beobachtende Vielfalt an Institutionen im internationalen Gesundheitssektor hängt damit zusammen, nicht zuletzt aber auch mit den Interessenlagen unterschiedlicher Gruppen von Gebern. Das zeigte sich am Beispiel der Gründung des GFATM (s. Abschn. 6.1.4); wo trotz der neuartigen institutionellen Form die Beiträge deutlich geringer als erwartet blieben. Statt der angestrebten jährlichen 7 Mrd. US$ wurden für die Jahre 2002 bis 2007 gerade einmal insgesamt 7,9 Mrd. $ zugesagt (GFATM, 2008). Woran liegt das? Bei den Beiträgen handelt es sich weitgehend um freiwillige Verpflichtungen einzelner Geber, die ständig unter dem Druck von Budgetdefiziten und der notwendigen Finanzierung anderer Ziele stehen und die ihre Prioritäten im Zeitverlauf verändern.Schließlich haben auch die USA angesichts einer gewissen Unzufriedenheit mit der Entwicklung des GFATM ein neues unilaterales Programm der AIDS-Bekämpfung entwickelt (PEPFAR, US Global Health Initiative, s.o.).

Ebenso legt die mangelnde Bereitschaft, die Pflichtbeiträge der Mitgliedsländer zur WHO zu erhöhen, um eigentlich beschlossene Aufgaben finanzieren zu können (etwa die Kernkompetenzen in den EL nach den IHR oder Musterprojekte zur Innovationsförderung gemäß GSPoA), eine gewisse Skepsis nahe (vgl. Hein, 2016).

Daten zur Finanzierung von Tuberkulose-Kontrolle in Entwicklungsländern weisen auch in diesem Bereich auf erhebliche Finanzierungslücken gerade für die ärmsten Länder hin. Das *United Nations (UN) high-level meeting on TB* im September 2023 (WHO, 2024b, Data, Abschn. 4.1) errechnete für 2027 für alle Länder mit niedrigem und mittlerem Einkommen (LDCs und MDCs) einen Bedarf von 22 Mrd. US$ für TB-Leistungen in den Bereichen Prävention, Diagnostik and Behandlung Tatsächlich standen dafür 2023 lediglich 5,7 Mrd $ (davon 1,2 Mrd. internationale Finanzierung) zur Verfügung, sogar weniger als noch 2019 (6,8 Mrd.), wahrscheinlich eine Folge von COVID-19. Während die relativ wohlhabenden BRICS-Staaten[3] ihren Teil (2,8 Mrd.) weitgehend selbst finanzieren konnten, waren die 27 weiteren Staaten mit einer hohen TB-Inzidenz sehr stark auf internationale Finanzierung angewiesen (0,83 Mrd. vs. 0,71 Mrd. lokal). Die LICs

[3] 2023: Brasilien, Russland, Indien, China und Südafrika.

in dieser Gruppe berichteten von einem Finanzierungsvolumen von lediglich US$ 0,37 Mrd. für 2024, während der *Global Plan to End TB* (https://www.stoptb.org/global-plan-to-end-tb/global-plan-to-end-tb-2023-2030) einen Bedarf der LICs von US$ 2,1 Mrd, errechnet. Es ist also ein erheblicher Anstieg der internationalen Finanzhilfe notwendig, um diese Lücke zu füllen.

Auch wenn verbindliche Zusagen primär von Staaten mit hohem Einkommensniveau kommen müssen, ist eine starke Grundlage der internationalen Zivilgesellschaft und philanthropischer Organisationen wichtig, um die dauerhafte Bereitstellung eines globalen öffentlichen Gutes abzusichern: Das betrifft einerseits eine ergänzende finanzielle Unterstützung, vor allem aber kontinuierliche advokative Aktivitäten, um den notwendigen Rückhalt für die staatliche Finanzierung dieses Gutes in der Bevölkerung zu schaffen, d. h. die Akzeptanz dauerhafter Zahlungen für dessen Bereitstellung auch in ärmeren Regionen als eine globale Norm (Hein & Moon, 2013).

Schließlich ist darauf hinzuweisen, dass die von den IHR (2005) geforderten „Kernkompetenzen, um auf Notlagen von internationaler Tragweite zu reagieren" nicht unabhängig von der Situation der nationalen Gesundheitssysteme entwickelt werden können, wie vom IHR Review Committee im Zusammenhang mit der Ebola-Krise festgestellt wurde. Die WHO etwa führt in der DR Kongo sechsmonatige Kurse durch, um medizinisches Personal für Interventionen im Falle von Gesundheitskrisen auszubilden (im Rahmen einer Initiative des WHO-Regionalbüros für Afrika); angesichts der begrenzten finanziellen Möglichkeiten der WHO sind solche Kurse allerdings eher ein „Tropfen auf den heißen Stein".

Die Diskussion im vorstehenden Abschn. 6.2 legt die Frage nahe, inwieweit nicht der Zugang zu Medikamenten und medizinischen Hilfsmitteln bzw. medizinisches Wissen überhaupt als GPG zu behandeln sind? „Wissen" wird verbreitet als öffentliches Gut behandelt, da im Prinzip niemand von der Nutzung von Wissen ausgeschlossen werden kann und gleichzeitig der Konsum von Wissen nicht den Nutzen für andere Konsumenten reduziert, „Wissen" wird nicht verbraucht, sondern ist häufig die Voraussetzung für die Produktion von neuem Wissen. Aufgrund zweier Argumente wurde der Aspekt des Zugangs zu Medikamenten und damit zu einem zentralen Produkt medizinischen Wissens in einem eigenen Kapitel behandelt:

(1) Die Nutzung von Wissen ist häufig, besonders im medizinischen Bereich, sehr voraussetzungsvoll. Ohne ein erhebliches Vorwissen ist etwa ein Wissen um medizinische Wirkstoffe und deren Produktion nicht von Nutzen; daher ist die Nutzung eines großen Teils medizinischen Wissens (auch ohne Patentrecht, s.u.) an Zugangsvoraussetzungen gebunden, die für die meisten Menschen

nicht gegeben sind, auch wenn die Präambel der WHO verlangt, „dass die Erkenntnisse der medizinischen, psychologischen und verwandten Wissenschaften allen Völkern zugänglich sind".

(2) Das Konzept des „intellektuellen Eigentums" und des darauf beruhenden Patentrechts (auch: Copyrights oder Trademarks) reicht zurück bis ins 15. Jahrhundert (Venedig) und verweist darauf, dass tatsächlich andere von der Anwendung bestimmter Formen des Wissens zumindest auf Zeit ausgeschlossen werden können.

Angesichts der Bedeutung dieser einschränkenden Faktoren besonders im Bereich der GHG sowie der Komplexität der Frage von Wissen als globalem öffentlichen Gut (s. zum Beispiel Stiglitz, 1999; Altvater, 2003), wurde diese im Abschn. 6.2 lediglich auf das Thema des Zugangs zu Medikamenten fokussiert.

6.5 COVID-19 und die internationale Gesundheitspolitik

6.5.1 Internationale Reaktionen während der COVID-Krise

Die ersten Fälle von Covid-19 wurden Ende 2019 in Wuhan. China, registriert. Die Krankheit erwies sich als extrem ansteckend; nachdem bis zum 31.1.2020 in China 5997 Fälle und außerhalb Chinas lediglich 68 Fälle (in 16 verschiedenen Ländern) registriert wurden, waren es bis zum 29.2. bereits 79.394 Fälle (47 Tote) in China und 6009 Fälle (86 Tote) in mehr als 50 anderen Ländern. Im März hatte China dann mit extremen Lock-down-Maßnahmen die weitere Ausbreitung des Virus offenbar weitgehend im Griff, während es sich in anderen Teilen der Welt geradezu explosionsartig verbreitete (31.3.: China: 82.545 Fälle, davon 3314 Tote, weltweit 750.890 Fälle, 36.504 Tote) (WHO webpage). Als Reaktion auf diese Entwicklung erklärte WHO-Generaldirektor Tedros A. Ghebreyesus bereits am 29.1.2020 einen „öffentlichen Gesundheitsnotstand von internationaler Bedeutung" PHEIC) und schließlich am 11.3. eine *Pandemie*. Letzteres ist ursprünglich keine Kategorie im Rahmen der IHR (2005) – wurde aber 2024 durch die Amendments eingefügt (s.u.) – sondern zunächst lediglich ein Begriff zur Hervorhebung des globalen (nicht nur „internationalen") Charakters der Bedrohung durch COVID-19.

Die weltweite Verbreitung von COVID-19 konnte nicht verhindert werden, bis zum 23. Juni 2024 registrierte die WHO weltweit über 775 Mio. bestätigte Fälle und über sieben Millionen Tote seit dem Ausbruch der Pandemie (WHO webpage, epidemiological update vom 15 July 2024). Die Auswirkungen des Virus einschließlich der Präventionsmaßnahmen besonders auf die ärmeren Regionen des Globalen Südens sind katastrophal. Schwache Gesundheitssysteme, vulnerable Ökonomien und extreme soziale Ungleichheiten bedrohen zusätzlich den Zugang zu Gesundheitsdienstleistungen, den Lebensunterhalt und den Frieden in den betreffenden Ländern und führten zu einer steigenden Verschuldung. Das Risiko steigender Infektionsraten blieb eine erhebliche Bedrohung für alle Länder, solange Impfstoffe und/oder effektive Medikamente nicht weltweit verfügbar waren. Im Folgenden wird eine Übersicht über die wichtigsten Problembereiche und Konflikte im Rahmen der globalen Politik zur Bewältigung der COVID-Krise gegeben:

(1) Die WHO empfahl bereits Anfang März 2020 ein umfassendes Paket von Infektionsschutzmaßnahmen (s.o. Abschn. 5.5). In Ländern mit einem ausgedehnten informellen Sektor sind viele dieser Maßnahmen schwierig durchzusetzen und bringen erhebliche Risiken für Gesundheit und Leben der ärmsten Bevölkerungsgruppen mit sich, indem diese ihre Einkommensquellen und ihre Nahrungsgrundlagen verlieren. Eine konsequente autoritäre Durchsetzung dieser Maßnahmen, wie sie in China praktiziert wurde („Zero Covid"), war offenbar erfolgreich für die kurz- bis mittelfristige Eindämmung der Infektion, brachte aber erhebliche wirtschaftliche Kosten (Behinderung der Produktion, Einkommensverluste der Bevölkerung) und soziale Unzufriedenheit mit sich und erwies sich schließlich sogar medizinisch als problematisch, da neue Virusvarianten sich angesichts fehlender Immunität in der Bevölkerung schneller durchsetzen konnten (Johnson, 2022).

(2) COVID-19 führte bereits im ersten Halbjahr 2020 zu einem erheblichen Rückgang des Welthandels vor allem wegen einer Reduktion der Umschlagskapazitäten in wichtigen Häfen. Dadurch und durch die Schließung von Betrieben und dem Ausbleiben von Rohstofflieferungen kam es zu einem Zusammenbruch wichtiger Produktionsketten, was wiederum zu einem hohen Einkommensverlust in vielen Wirtschaftszweigen und zur Zunahme von Arbeitslosigkeit und Armut führte. Bilaterale und multilaterale Hilfe durch Kredite bzw. die Unterstützung von spezifischen Hilfsprojekten zur sozialen Absicherung halfen zur Stabilisierung betroffener Gesellschaften.

(3) Es besteht weitgehende Einigkeit, dass der Schlüssel für die Bewältigung der Pandemie bei zeitlich begrenzten und sozial abgewogenen Lockdown-Maßnahmen in der Entwicklung und dem universellen Zugang zu effektiven Impfstoffen und Medikamenten liegt. Der Ausschuss für soziale Angelegenheiten, Gesundheit und nachhaltige Entwicklung des Europarats nahm im Dezember 2020 eine Resolution an, die die UN-Forderung, dass Impfstoffe ein globales öffentliches Gut sein müssten, unterstützte. Aufgrund der Definition

von GPGs (vgl. Abschn. 6.3) müsste sichergestellt sein, dass ausreichend Kapital und Wissen bereitgestellt wird, um innerhalb kurzer Zeit Impfstoffe in praktisch unbegrenzter Menge zur Verfügung zu haben (Nicht-Rivalität im Konsum) und andererseits jeder unabhängig von finanziellen Mitteln und politischen Bedingungen Zugang zu diesen haben müsste (Nichtausschließbarkeit der Nutzung). Es ist klar, dass es einige praktische Probleme geben würde, diese Bedingungen zu 100 % zu erfüllen, da nicht in einer Art „big bang" plötzlich Milliarden von Impfdosen zur Verfügung stehen können. Allerdings sollte die Priorität des Zugangs bedarfsorientiert und nicht auf der Basis von Zahlungsfähigkeit oder politischen Privilegien erfolgen.

(4) Tatsächlich gelang es der internationalen Gemeinschaft in sehr kurzer Zeit, eine breite Initiative als Grundlage des erforderlichen kollektiven Handelns zu entwickeln. Am 24.4. wird die Einrichtung des *Access to COVID-19 Tools Accelerator (ACT-A)* beschlossen, der die wichtigsten Stakeholder in der globalen Gesundheitspolitik (WHO, UNICEF, Weltbank, GAVI etc.) zusammenbrachte und zum zentralen Governance-Instrument im Kampf gegen die Pandemie wurde. Beteiligt sind die wichtigsten Organisationen in den Bereichen der Impfstoffentwicklung, des Managements und der Finanzierung von Impfkampagnen (u. a. CEPI (*Coalition for Epidemic Preparedness Innovation)*, GAVI, der Globale Fonds, UNITAID und IFPMA, der internationale Dachverband der forschenden Pharmaindustrie). ACT-A ist organisiert in fünf Säulen zur globalen Bekämpfung von COVID-19: Impfstoffe (COVAX), Diagnostik, Therapie (Forschung an effektiven Medikamenten, Unterstützung klinischer Behandlung), ein *health systems connector* (Verknüpfung der drei ersten Säulen und Überwindung von Versorgungsengpässen) sowie *access & allocation* (Gerechtigkeit im Zugang zu benötigten Ressourcen) (The Lancet. The ACT Accelerator: heading in the right direction? Volume 397, ISSUE 10283, P1419, April 17, 2021; https://doi.org/10.1016/S0140-6736(21)00835-7).

(5) Im Juni 2020 etablierten WHO, GAVI and CEPI die Organisation *COVAX (Covid-19 Vaccines Global Access)* als Mechanismus im Rahmen des ACT-A zur „Garantie eines fairen und ausgewogenen Zugangs für jedes Land der Erde". Teilnehmenden Ländern wird zugesichert, dass sie durch die Covax Facility eine ausreichende Menge an Impfstoffdosen erhalten werden, um zumindest 20 % der Bevölkerung und damit die vulnerabelsten Gruppen impfen zu können; dies sollte später bei entsprechender Verfügbarkeit der Vakzine auf weitere Teile der Bevölkerung ausgeweitet werden. Für LDCs werden die Kosten der Impfstoffe durch Entwicklungshilfe und philanthropische Organisationen übernommen. Die ersten Impfstoffe waren im Dezember 2020 verfügbar. Die Geschwindigkeit der Impfstoffentwicklung übertraf alles bisher Da-

gewesene, u. a. auch, da angesichts staatlicher Subventionen der Forschung und einer gesicherten Nachfrage erhebliche Gewinn winkten. Da die meisten HICs wegen der mit jedem Corona-Monat steigenden sozio-ökonomischen Kosten bereit waren, sich auch zu hohen Preisen Optionen auf die sich in Entwicklung befindlichen Vaccine zu sichern *(vaccine nationalism)*, war der Markt praktisch schon Ende 2020 leergekauft.

(6) Der Vorschlag, die Produktion von COVID-19-Impfstoffen durch *Knowledge Sharing*, den Zugang zu Testdaten und den teilweisen Verzicht auf die exklusive Nutzung von IPRs zu beschleunigen, wurde bereits an 24.3.2020 von Costa Rica in die WHO eingebracht und führte zur Einrichtung des *COVID-19 Technology Access Pool (C-TAP)* am 29.5.2020. Dieser wurde allerdings weder von Impfstoffherstellern als Inhaber einschlägiger Patente noch von Mitgliedsstaaten genutzt. In einem weiteren Versuch, geistige Eigentumsbarrieren für Covid-19-Medizinprodukte zu beseitigen, legten Südafrika und Indien am 2.10.2021 dem *TRIPS Council* einen Antrag vor, zur Prävention, Eindämmung und Behandlung von COVID einige Regelungen des TRIPS-Abkommens außer Kraft zu setzen (*TRIPS waiver*) und damit die Herstellung generischer Produkte in den fortgeschrittenen Ländern des Südens zu ermöglichen. Dieser Antrag wurde von vielen Entwicklungsländern, von vielen CSOs und vom WHO-Generaldirektor unterstützt. Der TRIPS Council verabschiedete schließlich am 17.6.2022 eine stark abgespeckte Version – zu einem Zeitpunkt, als die größte Knappheit an COVID-Impfstoffen bereits überwunden war. (s. Corporate Europe Observatory, 2022).

(7) Angesichts der hohen Kosten für die Impfstoffbeschaffung und des Hortens von Vakzinen durch reiche Länder des Nordens gerieten die COVAX-Operationen in finanzielle Probleme und fielen hinter ihren Zeitplan zurück. Die 74th WHA, durchgeführt als virtuelle Konferenz vom 24.–31.5.2021, forderte die Mitgliedsstaaten in einem *Call to Action* auf, COVAX mit ausreichenden Mitteln auszustatten, um 2 Mrd. Impfdosen im Jahre 2021 zu liefern, was eine dramatische Steigerung bedeutet hätte, da bis Mai 2021 lediglich 70 Mio. Dosen geliefert worden waren. Dank der Etablierung eines COVAX-World Bank financing mechanism im Juli 2021, wurde die Fähigkeit von COVAX, die nötigen APAs (Advance Purchase Agreements) abzuschließen, erheblich verbessert. (Relief Web, 2021). Nach Angaben des UNDP erhielten die Bewohner der 27 ärmsten Länder (8,6 % der Weltbevölkerung) bis Juni 2022 lediglich 1,3 % aller Vakzine. Impfgerechtigkeit (*vaccine equity*) wurde unterminiert durch Faktoren wie bilaterale Deals zwischen Produzenten und HICs, das Horten von Vakzinen, Exportverbote und der Weigerung von Produktionsfirmen, Know-how zur Produktion von Impfstoffen weiterzu-

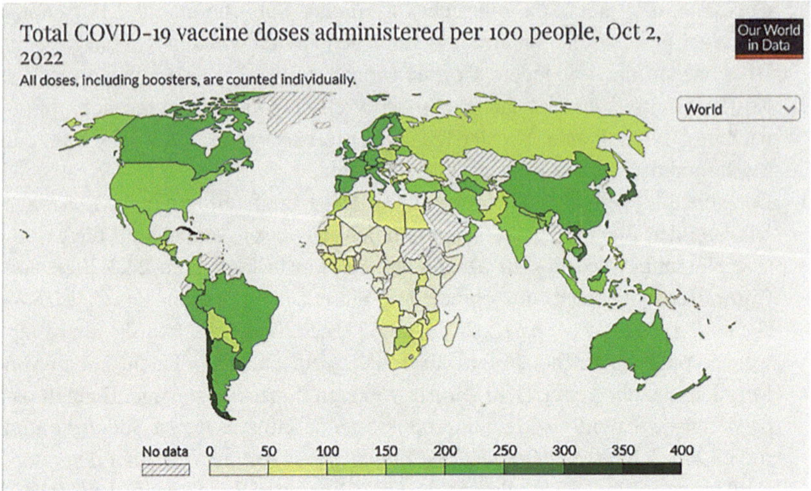

Abb. 6.3 Zugang zu COVID-19 Vakzin-Dosen bis 2.10.2022. (**Quelle**: https://ourworldindata.org/grapher/cumulative-covid-vaccinations?tab=map (benutzt wurde die Version vom 2.Okt. 2022, da bei den aktuelleren Versionen für jeweils wichtige Länder keine Daten vorliegen))

geben. Ende 2021 hatten nur vier LICs (Mosambik, Ruanda, Togo und Uganda) ausreichend Impfdosen erhalten, um 40 % der Bevölkerung vollständig impfen zu können (Meilenstein der WHO für Ende Juni 2022: 70 %) (Abb. 6.3).

(8) Trotz der umfangreichen Initiativen der WHO im ersten Halbjahr 2020 zur kollektiven Bekämpfung der Pandemie gab es harsche Kritik vor allem an drei Aspekten der Reaktion der WHO in der Frühphase: (a) die angeblich sehr laxe Haltung gegenüber China nach Eintreffen der ersten Informationen über ein unbekanntes Virus am 30.12.2019, (b) die angeblich zu späte Erklärung einer PHEIC am 29.1.2020 und (c) die anfängliche Zurück-haltung in Bezug auf die Empfehlung des Tragens von Gesichtsmasken. Eine entschiedenere Reaktion, unabhängig von Rücksichtnahmen auf chinesische Interessen, hätte, so die Kritiker, den Tod von Millionen von COVID-Opfern vermeiden können. Trotz aller Skepsis gegenüber der Informationspolitik Chinas ist allerdings zu berücksichtigen, dass China zum einen umfassende Maßnahmen eingeleitet hatte, um die Verbreitung des Virus zu kontrollieren und mit der WHO in ständigem Kontakt war (lokale WHO-Mitarbeiter besuchten Wuhan; die genetische Sequenz des Virus wurde kommuniziert) (vgl. Gruszczynski & Melillo, 2022). Es ist zu bedenken, dass die meisten Kritiken ex-post unter dem

Eindruck der explosiven Ausbreitung des Virus im Februar formuliert und teilweise auch von der militanten WHO-/UN-Feindlichkeit der Trump-Regierung beeinflusst wurden. Unter diesen Gesichtspunkten und angesichts der weitreichenden politischen Bedeutung eines solchen Schrittes ist das Zögern in Bezug auf die Erklärung einer PHEIC zu verstehen. Die Zurückhaltung der WHO gegenüber einer allgemeinen Maskenempfehlung (revidiert erst am 5.6.2020) wird weitgehend auf die wissenschaftliche Auseinandersetzung über die relative Bedeutung unterschiedlicher Formen der Übertragung von COVID-19-Viren (direkter Kontakt, Tröpfcheninfektion oder Aerosole) zurückgeführt (Lewis, 2022).

(9) Auf die Auseinandersetzungen über Fehler der WHO in den ersten Monaten der weltweiten Ausdehnung der Pandemie, folgten seit der zweiten Hälfte des Jahres 2020 Diskussionen über das Scheitern globaler Kooperation im Hinblick auf eine gerechte Verteilung von Impfstoffen. Einerseits förderte COVID-19 das Bewusstsein einer weltgesellschaftlichen Interdependenz. „No one should be left behind“, und zwar nicht „nur“ aus moralischen Gründen, sondern da jede größere nicht-geschützte soziale Gruppe die Brutstätte neuer Virusvarianten sein könnte, gegen die möglicherweise auch bereits erhaltene Vakzine nicht wirken. Dieser theoretische Kosmopolitismus stößt aber rasch an seine Grenzen, da letztlich nationalstaatliche Regierungen die einzigen gesellschaftlichen Instanzen sind, von denen ein Zugang zu Impfstoffen eingefordert werden kann. Die Autorität internationaler Mechanismen (wie COVAX bzw. deren Trägerorganisationen) ist trotz überzeugender Argumente für die Notwendigkeit internationaler Kooperation und Umverteilung durch die fehlenden Kompetenzen zur Durchsetzung internationaler Strategien gegen souveräne Nationalstaaten begrenzt.

6.5.2 Reformansätze als Reaktionen auf COVID-19

Mit dem Ziel einer von den institutionellen Prozessen innerhalb des IHR-Prozesses unabhängigen Einschätzung des bisherigen Umgangs der internationalen Gemeinschaft mit COVID-19 initiierte die WHO im Juli 2020 eine unabhängige Expertenkommission mit der Aufgabe, das Management der COVID-19 Pandemie durch die WHO und die Reaktionen der Regierungen der Mitgliedsstaaten zu begutachten (*The Independent Panel for Pandemic Preparedness and Response, IPPPR*). Das Ergebnis ist ein am 2.5.2021 veröffentlichter Bericht mit dem anspruchsvollen Titel *COVID-19: Make it the Last Pandemic*, der als Reaktion auf die Schwächen

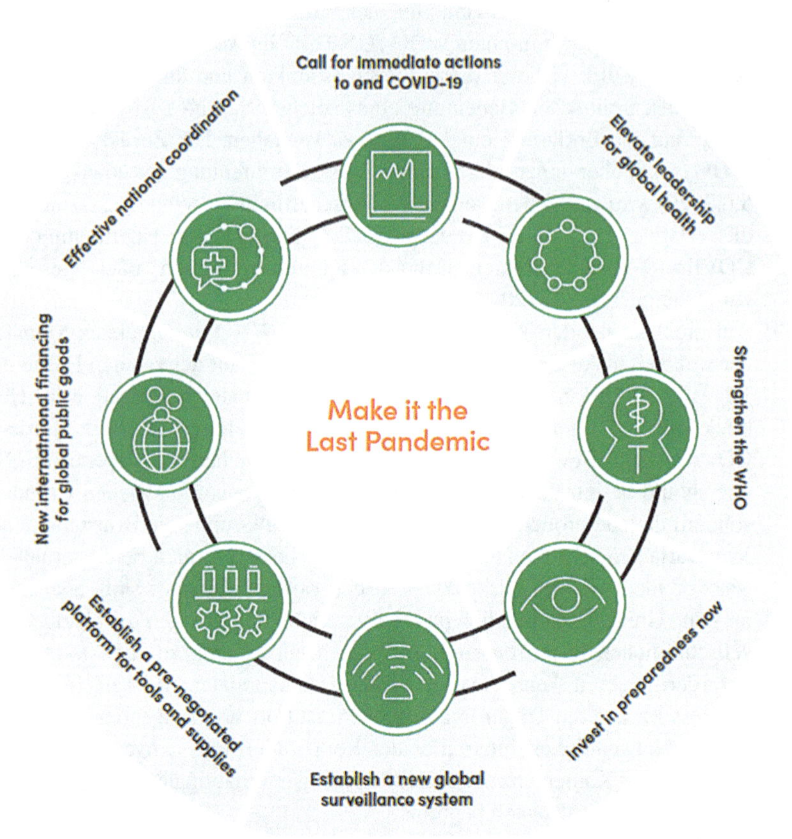

Abb. 6.4 Dimensionen effektiver Pandemiebekämpfung. (**Quelle:** IPPPR, 2021: 60)

der internationalen Reaktion auf den Ausbruch der Pandemie Listen von Empfehlungen zu acht Themenbereichen vorlegt (IPPPR 2021: 45–60, s. Abb. 6.4). Diese Empfehlungen bauen auf folgendem Statement auf:

> „For the Panel it is clear that the combination of poor strategic choices, unwillingness to tackle inequalities, and an uncoordinated system created a toxic cocktail which allowed the pandemic to turn into a catastrophic human crisis". (ebda, 43)

Auch wenn die Empfehlungen unter der übergeordneten Forderung nach sofortigen Aktionen zur Beendigung der COVID-19-Krise formuliert wurden, war von vornherein klar, dass diese nicht in kürzester Zeit umgesetzt werden könnten.

Die Empfehlungen des IPPPR beziehen sich zunächst auf die internationalen Führungsstrukturen hinsichtlich der Vorbereitung und Reaktionen auf globale Gesundheitsgefahren, die hochrangiger angesiedelt werden müssten, u. a. durch die Einrichtung eines *Global Health Threats Council* und die Verabschiedung einer *Pandemic Framework Convention* als internationalem Vertrag komplementär zu den IHR. Gleichzeitig müsse die Unabhängigkeit, Autorität und Finanzierung der WHO gestärkt werden. Ein neues globales Surveillance-System müsse eingerichtet werden, das state-of-the-art digitale Instrumente zur weltweiten Kommunikation mit Informationszentren nutze. Das aktuelle ACT-A solle durch eine tatsächlich globale End-to-End-Plattform für Vakzine, diagnostische und therapeutische Mittel und wichtigen medizinischen Bedarf ersetzt werden, wobei Innovation auf einem Modell zur Lieferung von Global Public Goods beruhen solle anstatt dem Markt überlassen zu werden (IPPPR, 2021: 68). Gleichzeitig müsse die internationale Finanzierung durch die Einrichtung einer *International Pandemic Financing Facility* gestärkt werden. Schließlich müssten auf nationaler Ebene nationale Pandemiekoordinatoren ernannt werden, national *pandemic coordinators*, die gegenüber den höchsten Regierungsebenen verantwortlich sind, um eine *whole of government* -Koordination zu erreichen.

Verschiedene internationale Akteure fordern ähnlich umfassende Maßnahmen. Bereits im Juli 2020 etablierte der Lancet eine Lancet COVID-19 Commission, bestehend aus einer größeren Zahl prominenter Wissenschaftler aus allen Weltregionen (wie im Falle der anderen Lancet Commisions, auf die bereits in diesem Text Bezug genommen wurde), die am 8.Oktober 2022 einen umfassenden Bericht vorlegte (Sachs et al., 2022). Neben umfangreichen Maßnahmen zur Koordination des Kampfes gegen COVID-19 und zur Kontrolle von Infektionskrankheiten auf nationaler und internationaler Ebene, wird vor allem eine Stärkung der internationalen Finanzarchitektur in diesem Bereich, vor allem auch zur Unterstützung der LDCs, gefordert.

Die verbreitete Forderung nach sehr weitreichenden Interventionen, die ein hohes Maß an (welt)gesellschaftlichem Konsens erfordern, stellt – wie in diesem Text schon verschiedentlich betont – ein grundsätzliches Dilemma für die Lösung globaler Probleme nicht nur im Gesundheitsbereich dar. Derartige Maßnahmen sind aus der Perspektive der diskutierten Problemlösungen eigentlich unabweisbar, aber übersehen oft ungelöste Konflikte in anderen Bereichen und sind damit im Allgemeinen nicht vollständig implementierbar.

Dies zeigte sich auch bei den Verhandlungen, die die WHO in Reaktion auf die genannten Forderungen, vor allem des IPPPR, einleitete, nämlich zur Reform der IHR (2005) und zur Vereinbarung eines *Pandemic Treaty*. Beide wurden von der WHO zunächst zusammengefasst unter *Pandemic prevention, preparedness and response (PPPR)*. (s. WHO, 2021b first meeting 15–16 July 2021). Im Dezember 2021 wurde auf einer Außerordentlichen Sitzung der Weltgesundheitsversammlung ein *Intergovernmental Negotiating Body to draft and negotiate a WHO convention, agreement or other international instrument on pandemic prevention, preparedness and response* (*INB*), beschlossen, sowie im Januar 2022 vom Executive Board der WHO die Einrichtung einer *Working Group on Amendments to the International Health Regulations (2005), WGIHR.*

Nach etwa zweijährigen Verhandlungen einigte sich die Weltgesundheitsversammlung am 1.6. 2024 auf *Amendments to the International Health Regulations* (WHO, 2024a).[4] Diese nehmen neben der offiziellen Einführung der Kategorie der *Pandemic Emergency* wesentliche Aspekte der IPPPR-Empfehlungen auf. *National IHR Authorities* sollen in Ergänzung der bestehenden *National IHR Focal Points* zur besseren Koordination der IHR-bezogenen Aktivitäten auf nationaler Ebene (Art. 4) beitragen sowie ein zweijährlich zusammentretendes konsultatives *States Parties Committee* (Art. 54) die Kommunikation und Kooperation zwischen den Mitgliedsstaaten fördern. Weiterhin wird ein *Coordinating Financial Mechanism* eingerichtet, der zur Mobilisierung der notwendigen finanziellen Mittel auf nationaler und zwischenstaatlicher Ebene führen soll.

Besonders zwei Aspekte stellen wichtige Erweiterungen der IHR dar, nämlich zum einen die Hinzufügung des Konzepts der Fähigkeit zur Reaktion auf zukünftige Gesundheitskrisen (*preparedness*) zur bisher vorherrschenden Forderung nach einer Antwort (response) auf solche Krisen (Art. 13, 44), was vor allem den sog. *core capacities* ein größeres Gewicht gibt. Um die Formulierung des zweiten Aspekts wurde in den Verhandlungen wohl am meisten gerungen, nämlich die Rolle der WHO für den Zugang zu „relevanten Gesundheitsprodukten" (u. a. Medikamente, Impfstoffe, Diagnosemittel, medizinische Geräte):

> „WHO shall facilitate, and work to remove barriers to, timely and equitable access by State Parties to relevant health products after the determination and during a public health emergency of international concern, including a pandemic emergency, based on public health risks and needs." (Art. 13, Absatz 8)[5]

---

[4] Die Amendmends sind von der WHO bisher (November 2024) lediglich in der hier zitierten Form erhältlich.

[5] In der vom Bundesgesundheitsministerium präsentierten deutschsprachigen Kurzversion der „Änderungen der Internationalen Gesundheitsvorschriften (IGV)" kommt die Brisanz der Originalversion kaum zum Ausdruck. Hier heißt es: …Zudem enthält das Änderungspaket Regelungen zu möglichen Empfehlungen der WHO über die Verfügbarkeit und Verteilung relevanter Gesundheitsprodukte." (https://www.bundesgesundheitsministerium.de/themen/internationale-gesundheitspolitik/global/who/aenderungen-igv.html, abgerufen 7.11.2024).

Damit müsste die WHO ggfs. in Konflikte um Patentrechte und ein Horten von Medikamenten intervenieren, die im Verlauf von COVID-19 den raschen Zugang zu Impfstoffen für ärmere Länder erschwert sowie deren Produktion in Ländern, die technisch dazu in der Lage gewesen wären verhindert haben. Wie diese Maßnahmen konkret umgesetzt und ausgestaltet werden, wird sich erst in den kommenden Jahren zeigen. Als nicht durchsetzbar hat sich allerdings der in den ersten Entwürfen geforderte Einbezug eines *compliance mechanism* erwiesen (Searchinger, 2024), was letztlich die volle Implementierung der ja grundsätzlich verbindlichen IHR-Regelungen in Frage stellt.

Mit dem *Pandemic Treaty*, der entgegen den ursprünglichen Zeitvorgaben des INB während der WHA 2024 nicht abschließend vereinbart werden konnte, wird ein international verbindliches Instrument zur Einbettung der IHR in ein umfassenderes System von „WHO governance and oversight" angestrebt. Dieser soll die Verpflichtung und die Fähigkeiten der Mitgliedsstaaten zu PPPR stärken und zwar vor allem einen Fokus auf Fairness und Gerechtigkeit (*equity*) setzen durch entsprechende Finanzierungssysteme und einen besseren Zugang zu Medikamenten, medizinischen Maßnahmen und Technologien, durch Kooperation im Rahmen eines One Health-Ansatzes und durch eine Förderung der Krisenbelastbarkeit durch eine Stärkung von UHC und Gesundheitssystemen. (WHO, 2021a: Bericht der WGPR vom 23.11.2021 mit Schwerpunkt Pandemic Treaty). Im Mittelpunkt der Verhandlungen stehen damit besonders jene Konfliktbereiche, die bei der Revision der IHR noch durch vagere Formulierungen und den Verzicht auf Compliance-Mechanismen akzeptabel gemacht werden konnten. Auch nach der WHA 2024 gibt es u. a. Konflikte über die genauere Abgrenzung von „*pandemic-related* health products", Formulierungen wie „*consideration* of the needs of developing countries" oder „*working towards fulfilling* them" sowie Fragen des Technologietranfers (MSF Access Campaign, 2024).

6.6 GHG im Bereich der gesundheitsbezogenen Entwicklungshilfe

Auch Globale Gesundheit allgemein kann als Kollektivgut betrachtet werden. Von der Motivation her ist „Globale Gesundheit" nicht leicht von den bisher diskutierten GPGs zu unterscheiden, da es um einen Zustand geht, von dem im Prinzip alle profitieren – ebenso wie von der Vermeidung einer weiteren Verbreitung der Viren durch die Verfügbarkeit von Gesichtsmasken. Allerdings deutet bereits dieser Hinweis daraufhin, dass die „Bereitstellung" unterschiedlicher GPGs auf extrem unterschiedlichen Voraussetzungen aufbaut; so kann die Optimierung nationaler Gesundheitssicherheit in HICs in einer Situation begrenzter Ressourcenverfügbarkeit auch im Konflikt mit der Förderung globaler Gesundheit stehen (wie z. B. im Falle des Impfnationalismus).

In Bezug auf die Zielsetzung der Verbesserung der Gesundheitssituation in ärmeren Ländern geht es zunächst einmal um eine Unterstützung dieser Länder für die Bereitstellung eines nationalen öffentlichen Gutes. Dabei hängt das Kalkül der Gewährung von Hilfe von den Bedürfnissen und den Bedingungen (Konditionalität, u. a. bezogen auf Good Governance) in den jeweiligen Ländern ab, im Bereich der bilateralen Hilfe z. T. auch weiterhin von Interessen der Geberländer. Dass die Überwindung von Armut und Mängeln der Gesundheitsversorgung auch als kollektives Problem der Weltgesellschaft angesehen werden kann – wie auch immer begründet etwa als ethische Verpflichtung (s. etwa Döring, 2021), oder als Voraussetzung globaler Sicherheit –, wird zwar von vielen abstrakt anerkannt, ist aber angesichts der Resilienz nationalstaatlichen Denkens noch weit davon entfernt, zur Grundlage einer wirkungsvollen Politik zu werden.

Unter diesem Gesichtspunkt ist es sinnvoll, die Problematik der Förderung nationaler Gesundheitsversorgung gesondert zu betrachten. Wie gelingt es, unter Berücksichtigung des vorhandenen Gesundheitssystems und aktueller Governance-Strukturen im jeweiligen Land, durch internationale Hilfe zu einer Entwicklung der Gesundheitsversorgung in Richtung auf ein integriertes System mit verlässlichen Leistungen und einem universellen Zugang der Bevölkerung zu diesen Leistungen beizutragen? Wie können die wechselseitigen Beziehungen zwischen Geberinstitutionen und nationalen Akteuren optimiert werden, d. h. vielfältige Leistungen effektiv integriert und gleichzeitig die Abhängigkeit des Landes von diesen Leistungen durch die Stärkung nationaler Ressourcen reduziert werden? Wie kann gewährleistet werden, dass „Gesundheit" als ein Element nachhaltiger Entwicklung betrachtet wird und in ein Konzept von *Health in all policies* eingebettet ist? Wie kann ein solches System auch in Krisensituationen aufrechterhalten werden? Diese Fragen können im folgenden Kapitel nicht alle beantwortet werden, aber sie werden im Kontext der aktuellen Förderung eines universellen Zugangs zur Gesundheitsversorgung zumindest gestellt.

Literatur

Altvater, E. (2003). Was passiert, wenn öffentliche Güter privatisiert warden? *Peripherie, 90/91*, 171–201.

Arnswald, U. (2012). Öffentliche versus private Güter. Philosophische Gedanken zur ökonomischen Theorie der öffentlichen Güter und zu Gemeinschaftsgütern als politischen

Gütern. In M. Maring (Hrsg.), *Globale öffentliche Güter in interdisziplinären Perspektiven* (S. 267–298). KIT Scientific Publishing. https://books.openedition.org/ksp/3811. Zugegriffen am 03.11.2024.

Bartsch, S. (2007). The global fund to fight AIDS, Tuberculosis and Malaria. In Hein, W., et al.: 146–171.

Bendavid, E., & Miller, G. (2010). The US global health initiative: informing policy with evidence. *JAMA, 304*(7), 791–792. https://doi.org/10.1001/jama.2010.1189. https://pmc.ncbi.nlm.nih.gov/articles/PMC3816172/. Zugegriffen am 03.11.2024.

Berridge, V., Loughlin, K., & Herring, R. (2009). Historical dimensions of global health governance. In Buse, K., et al.: 28–46.

Bundesrat. (2007). *Drucksache 229/07: Entwurf eines Gesetzes zu den Internationalen Gesundheitsvorschriften (2005) (IGV) vom 23. Mai 2005.*

Buse, K., et al. (Hrsg.). (2009). *Making sense of global health governance. A policy perspective.* Palgrave Macmillan.

CIPIH (Commission on Intellectual Property Rights, Innovation and Public Health). (2006). *Public health, innovation and intellectual property rights.* WHO. https://iris.who.int/bitstream/handle/10665/43460/a88438_eng.pdf?sequence=1. Zugegriffen am 04.11.2024.

Clinton, C., & Sridhar, D. (2017). *Governing global health: Who runs the world and why?* Oxford University Press.

Corporate Europe Observatory. (2022, July 8). *TRIPS ‚Waiver failure': EU betrayal of global south on vaccine access obscured by lack of transparency.* https://corporateeurope.org/en/2022/07/trips-waiver-failure-eu-betrayal-global-south-vaccine-access-obscured-lack-transparency. Zugegriffen am 07.11.2024.

CSDH (Commission on Social Determinants of Health). (2008). *Closing the gap in a generation: Health equity through action on the social determinants of health.* WHO. http://apps.who.int/iris/bitstream/10665/43943/1/9789241563703_eng.pdf. Zugegriffen am 04.11.2024.

DGVN (Deutsche Gesellschaft für die Vereinten Nationen). (o.J.). *Charta der Vereinten Nationen und Statut des Internationalen Gerichtshofs.* DGVN.

Dodd, R., et al. (2007). *Proposal to use health as a „tracer sector" for tracking progress on the Paris declaration* (OECD/DAC: DCD/DAC/EFF(2007)18). https://one.oecd.org/document/DCD/M(2007)3/en/pdf. Zugegriffen am 03.11.2024.

Döring, O. (2021). Ethik. In M. Bonk & T. Ulrichs (Hrsg.), *Global Health. Das Konzept der Globalen Gesundheit* (S. 119–143). DeGruyter.

Exworthy, M. (2008). The enduring legacy of Alma Ata: 30 years on. *Journal of Primary Care (Abingdon), 1*(2), 81–84. https://doi.org/10.1080/17571472.2008.11493214. Zugegriffen am 02.11.2024.

Ferroni, M., & Mody, A. (Hrsg.). (2002). *International public goods. Incentives, measurement, and financing.* Kluwer/World Bank.

Fidler, D. P. (2005). From international sanitary conventions to global health security: The new international health regulations. *Chinese Journal of International Law, Oxford University Press, 4*(2), 325–392.

Frenk, J., & Moon, S. (2013). Governance challenges in global health. *New England Journal of Medicine, 368*, 10.

GIZ Deutsche Gesellschaft für Internationale Zusammenarbeit. (2023). *BACKUP health – Global programme health systems strengthening.* GIZ, https://www.giz.de/en/downloads/giz2023-en-BACKUP-health-global-programme-health-systems-strengthening.pdf. Zugegriffen am 04.11.2024.

Global Fund to Fight AIDS, Tuberculosis and Malaria (GFATM). (2008, April 29). *Seventeenth board meeting*. Trustee Report. https://archive.theglobalfund.org/media/3704/archive_bm17-09trusteereport_presentation_en.pdf. Zugegriffen am 06.11.2024.

Gruszczynski, L., & Melillo, M. (2022). The uneasy coexistence of expertise and politics in the World Health Organization. Learning from the experience of the early response to the COVID-19 pandemic. *International Organizations Law Review, 9*(2022), 301–331.

Gulrajani, N., et al. (2022, January 26). *Fixing UN financing: A pandora's box the World Health Organization should open*. ODI. https://odi.org/en/publications/fixing-un-financing-a-pandoras-box-the-world-health-organization-should-open/. Zugegriffen am 04.11.2024.

Haacker, M. (2004). *The macroeconomics of HIV/AIDS*. International Monetary Fund. https://www.imf.org/external/pubs/ft/aids/eng/. Zugegriffen am 03.11.2024.

Hasse, M. (2017, Febuary 22). Scheitert der Test einer neuen HIV-Therapie am Geld? *Hamburger Abendblatt*. https://www.abendblatt.de/hamburg/article209692899/Scheitert-Test-von-HIV-Therapie-am-Geld.html. Zugegriffen am 04.11.2024.

Hein, W. (2007). Global health governance and WTO/TRIPS: Conflicts between ‚global market creation' und ‚global social rights'. In Hein, W., et al.: 38–66.

Hein, W. (2016). *Intellectual property rights and health. The constraints of WHO authority and the rise of global health governance as an element of contestation* (WZB discussion paper SP IV 2016-110). WZB. https://bibliothek.wzb.eu/pdf/2016/iv16-110.pdf. Zugegriffen am 03.11.2024.

Hein, W. (2020). Control of communicable diseases as a global public good. *MedOne, 5*(1), 1–37. https://wap.hapres.com/htmls/MO_1193_Detail.html. Zugegriffen am 04.11.2024.

Hein, W., & Holstenkamp, L., (2018). Global governance and the interplay of coordination and contestation: The case of renewable energies in the South, *Global Governance, 24(3)*. 431–459.

Hein, W., & Kickbusch, I. (2010). *Global Health, aid effectiveness and the changing role of the WHO, GIGA focus international edition english, 3*. German Institute for Global and Area Studies (GIGA). https://pure.giga-hamburg.de/ws/files/24543709/gf_international_1003.pdf. Zugegriffen am 03.11.2024.

Hein, W., & Kohlmorgen, L. (2008). Global health governance: Conflicts on global social rights. *Global Social Policy, 1/2008*, 80–108. Zugegriffen am 03.11.2024.

Hein, W., & Moon, S. (2013). *Informal norms in global governance: Negotiating global intellectual property rights, human rights and access to medicines*. Palgrave Macmillan.

Hein, W. (2015). Business and transnational norm-building in post-Westphalian global politics. International Journal of Business Governance and, Ethics, 10(3–4), 206–229.

Hein, W., et al. (Hrsg.). (2007). *Global governance and the fight against HIV/AIDS*. Palgrave Macmillan.

Hill, P. S., et al. (2012). Development cooperation for health: reviewing a dynamic concept in a complex global aid environment. *Globalization and Health, 8*, 5.

IPPPR (The Independent Panel for Pandemic Preparedness and Response). (2021). *COVID-19: Make it the last pandemic*. o.O. https://theindependentpanel.org/wp-content/uploads/2021/05/COVID-19-Make-it-the-Last-Pandemic_final.pdf. Zugegriffen am 07.11.2024.

Jamison, D. T., et al. (2013). [+24 weitere Autoren, W.H] global health 2035: A world converging within a generation. *Lancet, 382*, 1898–1955.

Johnson, C. K. (29. December 2022). *US will require COVID-19 testing for travelers from China*. Associated Press Health and Science Department. Zugegriffen am 06.11.2024.

Kaul, I., et al. (Hrsg.). (2003). *Providing global public goods. Managing globalization*. Oxford University Press.

Kaul, et al. (Hrsg.). (1999). *Global public goods. International cooperation in the 21sr century*. Oxford University Press.

Kickbusch, I. (2016). Global health governance challenges 2016 – Are we ready? *International Journal of Health Policy and Management, 5*(6), 349–353.

Kickbusch, I., & Ivanova, M. (2013). The history and evolution of global health diplomacy. In I. Kickbusch et al. (Hrsg.), *Global health diplomacy. Concepts, issues, actors, instruments, fora and cases* (S. 11–26). Springer.

Kickbusch, et al. (2016). *New directions in governing the global health domain – Leadership challenges for WHO*. Global Health Centre working paper 13/2016. https://www.graduateinstitute.ch/sites/internet/files/2019-02/GHC_Political_Leadership_10Questions_DG.pdf. Zugegriffen am 03.11.2024.

Koenig-Archibugi, M., & Zürn, M. (Hrsg.). (2006). *New modes of governance in the global system*. Palgrave Macmillan.

Lewis, D. (2022). Why the WHO took two years to say covid is airborne. *Nature, 604*, 26–31.

Mackenzie, J. & Martyn Jeggo, M. (2019). The One Health Approach—Why Is It So Important? Tropical Medicine and Infectious Disease 4(2) 88-10.3390/tropicalmed4020088

Mackintosh, M., & Koivusalo, M. (2005). *Commercialization of health care: Global and local dynamics and policy responses*. Palgrave Macmillan.

Messner, D., & Nuscheler, F. (2003). *Das Konzept Global Governance. Stand und Perspektiven*. INEF Report 67. https://edoc.vifapol.de/opus/volltexte/2013/4540/pdf/report67.pdf. Zugegriffen am 04.11.2024.

Moon, S., et al. (2017). Global public goods for health: Weaknesses and opportunities in the global health system. *Health Economics, Policy and Law, 12*, 195–205.

MSF (Mèdecins Sans Frontières) Access Campaign. (2024). *Pandemic agreement: MSF's comments on selected provisions of the draft proposal text* (Briefing document September 2024). https://msfaccess.org/sites/default/files/2024-09/MSF-AC_Comments_INB_May-Draft_Final.pdf. Zugegriffen am 07.11.2024.

Poku, N. K., & Whiteside, A. (Hrsg.). (2004). *Global health and governance of HIV/AIDS*. Third World Quarterly Series.

Ravishankar, N., et al. (2009). Financing of global health: Tracking development assistance for health from 1990 to 2007. *The Lancet, 373*, 2113–2124.

Relief Web. (2021, July 26). *COVAX and world bank to accelerate vaccine access for developing countries*. https://reliefweb.int/report/world/covax-and-world-bank-accelerate-vaccine-access-developing-countries-enarru. Zugegriffen am 07.11.2024.

Rostow, W. W. (1967). *Stadien wirtschaftlichen Wachstums. Eine Alternative zur marxistischen Entwicklungstheorie* (erste englischsprachige Version 1960, The Stages of Economic Growth: A Non-Communist Manifesto, 2. Aufl.). Cambridge University Press).

Sachs, J. D., et al. (2022). [insgesamt 45 Autor Lancet 2022; 400: 1224–8en]: The Lancet Commission on lessons for the future from the COVID-19 pandemic. *Lancet, 400*, 1224–1280.

Searchinger, C. (2024, June 4). The new amendments to the international health regulations. *Think GlobalHealt*. https://www.thinkglobalhealth.org/article/new-amendments-international-health-regulations. Zugegriffen am 07.11.2024.

Smith, R., et al. (2003). *Global public goods for health. Health economic and public health perspectives*. Oxford University Press.

Stiglitz, J. (1999). Knowledge as a global public good. In I. Kaul, et al.: 308–325.

Tetzlaff, R. (1996). *Weltbank und Weltwährungsfonds – Gestalter der Bretton-Woods-Ära*. Leske & Budrich.

The Lancet. (2013). Editorial: Polio eradication: The CIA and their unintended victims. *Lancet, 382*, 1381. https://www.thelancet.com/action/showPdf?pii=S0140-6736%2814%2960900-4. Zugegriffen am 05.11.2024.

The Lancet. (2021). Editorial: The act accelerator: Heading in the right direction? *The Lancet, 397*(10283), 1419. https://www.thelancet.com/action/showPdf?pii=S0140-6736%2821%2900835-7. Zugegriffen am 06.11.2024.

UHC 2030 (webpage). History. https://www.uhc2030.org/who-we-are/history/. Zugegriffen am 04.11.2024.

UN Secretary General. (2016). *Report of the United Nations Secretary-General's high-level panel on access to medicines*. United Nations. https://static1.squarespace.com/static/562094dee4b0d00c1a3ef761/t/57d9c6ebf5e231b2f02cd3d4/1473890031320/UNSG+HLP+Report+FINAL+12+Sept+2016.pdf. Zugegriffen am 04.11.2024.

Verfassung der Weltgesundheitsorganisation. (1946). unterzeichnet in New York am 22. Juli 1946, Ratifikationsurkunde von der Schweiz hinterlegt am 29. März 1947. https://www.admin.ch/ch/d/sr/i8/0.810.1.de.pdf. Zugegriffen am 25.09.2024.

Werner, D., & Sanders, D. (1997). *Questioning the solution; The politics of primary health care and child survival*. HealthWrights.

Woodward, D., & Drager, N. (2003). The global public goods for health concept. In Smith u.a.: 3–29.

World Bank (1993). World development report 1993. Investing in health.

World Health Organization. (2010a). *The future of financing for WHO*. Report by the Director-General, WHO Executive Board (EB128/21). https://apps.who.int/gb/ebwha/pdf_files/EB128/B128_21-en.pdf. Zugegriffen am 04.11.2024.

World Health Organization. (2010b). *World health report 2010: Health system financing. The path to universal coverage*. WHO. deutsche Kurzfassung. http://www.who.int/whr/2010/10_summary_de.pdf. Zugegriffen am 04.11.2024.

World Health Organization. (2010c, January 12.–13). *The future of financing for WHO: Report of an informal consultation convened by the Director-General* (WHO/DGO/2010.1).

World Health Organization. (2015). *The selection and use of essential medicines*. Twentieth report of the WHO Expert Committee 2015, WHO. https://iris.who.int/handle/10665/189763. Zugegriffen am 25.09.2024.

World Health Organization. (2016). *Implementation of the international health regulations (2005)*. Report of the review committee on the role of the international health regulations (2005) in the Ebola outbreak and response (Dokument, A69/21), WHO. https://apps.who.int/gb/ebwha/pdf_files/WHA69/A69_21-en.pdf. Zugegriffen am 06.11.2024.

World Health Organization. (2021a). *Report of the member states working group on strengthening WHO preparedness and response to health emergencies to the special session of the World Health Assembly* (Dokument SSA2/3 vom 23 November 2021). https://apps.who.int/gb/ebwha/pdf_files/WHASSA2/SSA2_3-en.pdf. Zugegriffen am 07.11.2024.

World Health Organization. (2021b). *Working group on strengthening WHO preparedness and response to health emergencies*. WHO. https://apps.who.int/gb/wgpr/. Zugegriffen am 07.11.2022.

World Health Organization. (2024a). *International health regulations (2005)* (Dokument A77/A/CONF.14, Seventy-Seventh World Health Assembly A77/A/CONF./14; Agenda item 13.3 1 June 2024). https://apps.who.int/gb/ebwha/pdf_files/WHA77/A77_ACONF14-en.pdf. Zugegriffen am 07.11.2024.

World Health Organization. (2024b). *Global tuberculosis report 2024*. WHO. Anhang TB Financing. https://www.who.int/teams/global-tuberculosis-programme/tb-reports/global-tuberculosis-report-2024/tb-financing/4-1-financing-for-tb-prevention%2D%2Ddiagnostic-and-treatment-services#refs. Zugegriffen am 06.11.2024.

World Health Organization (webpage). *Coronavirus disease (COVID-19) epidemiological updates and monthly operational updates*. https://www.who.int/emergencies/diseases/novel-coronavirus-2019/situation-reports. Zugegriffen am 06.11.2024.

Internationale Kooperation zur Förderung nationaler Gesundheitsversorgung

7

Zusammenfassung

Der Fokus internationaler Gesundheitskooperation schwankte seit Gründung der WHO zwischen einer vertikalen (krankheitsbezogenen) und einer horizontalen, auf Sicherung der Gesundheitsversorgung bezogenen Orientierung. Umfassende nationale und lokale gesundheitliche und sozialpolitische Sicherungssysteme wurden zunehmend auch als Basis für die erfolgreiche Prävention und Kontrolle von Infektionskrankheiten erkannt (UHC und Infektionsbekämpfung als integrierte Ziele). Das Problem, diese Mittel effektiv für die Verbesserung nationaler Gesundheitsversorgung einzusetzen, erfordert, abgesehen von verbesserten Governance-Strukturen in einzelnen Ländern, eine effektive Koordination der beteiligten Institutionen sowie die notwendige Verbindlichkeit bei der langfristigen Finanzierung der entsprechenden Programme.

7.1 Internationaler Strategiewandel und nationale Gesundheitspolitik

Abschn. 6.1 bot einen Überblick über die historische Entwicklung der internationalen Gesundheitspolitik. Dies machte deutlich, dass Konzepte und Akteurskonstellationen auch in Bezug auf die nationale Gesundheitsversorgung in Entwicklungsländern unterschiedliche Phasen durchliefen. In den 1950er- und 60er-Jahren spielten weltweite Kampagnen zur Bekämpfung von Infektionskrankheiten, die jeweils das Leben von Millionen von Menschen bedrohten, eine

W. Hein, *Nachhaltige Gesundheitsversorgung in Entwicklungsländern und Global Health Governance*, SDG – Forschung, Konzepte, Lösungsansätze zur Nachhaltigkeit, https://doi.org/10.1007/978-3-658-47224-5_7

zentrale Rolle (Malaria, Pocken, Cholera, Kinderlähmung/Polio). Während in den 1970er-Jahren ein Fokus auf die primäre Gesundheitsversorgung mit dem Ziel „Gesundheit für alle" in den Vordergrund trat (Erklärung von Alma Ata), veränderte sich die Situation bereits Anfang der 80er-Jahre wieder. Die Verschuldungskrise und die Durchsetzung neoliberaler Konzepte führten zu einer Verlagerung der Prioritäten auf die Stabilisierung der Staatshaushalte und die Rückführung der Verschuldung. „Gesundheit für alle" trat in den Hintergrund und die Bekämpfung von Infektionskrankheiten spielte wieder eine zunehmende Rolle in der internationalen Kooperation – vor allem nach der raschen Ausdehnung von HIV/AIDS. Die Frage, welche Auswirkungen Maßnahmen der Bekämpfung spezifischer Krankheiten (s. Abschn. 7.2: vertikale Strategien) auf die Entwicklung von Gesundheitssystemen haben, rückte dann in den 2000er-Jahren in den Vordergrund und führte schließlich dazu, dass die Diskussion über Gesundheitssysteme sowie die Rolle von *Primary Healthcare* (*PHC*) und, daran anknüpfend, *Universal Health Coverage (UHC)* wieder an Bedeutung gewannen (s. Abschn. 7.2 Vertikale und horizontale Strategien). Die Diskussion über Globale Öffentliche Güter (Global Public Goods) für Gesundheit ging zunächst von übertragbaren Krankheiten aus. Während eine schlechte Gesundheitssituation in fernen Ländern für die eigne Gesellschaft als nicht besonders relevant erschien, wurden Infektionskrankheiten (Seuchen) seit der Ausweitung weltweiter Handelsbeziehungen als eine potentiell weltweite Gefahr angesehen. Wenn der Zusammenhang zwischen der Ausbreitung von Epidemien und lokaler Gesundheitsversorgung hergestellt wird, stellt sich die Frage, inwieweit nicht auch UHC als GPG angesehen werden sollte.

Die Länderbeispiele im Kap. 5 haben gezeigt, wie essentiell die Förderung der nationalen Gesundheitssysteme und -versorgung ist. Zwar lässt sich nationale Gesundheit nicht von globalen Prozessen trennen, aber doch stellen die nationalen Gesundheitssysteme die Punkte der Integration von Gesundheitsversorgung dar – mit national erheblichen Unterschieden in der Abhängigkeit von internationalen Zusammenhängen (Kompetenzen, Technologie, Finanzierung).

7.2 Vertikale und horizontale Strategien in der internationalen Gesundheitskooperation

Vertikale Strategien beziehen sich auf die Förderung der Bekämpfung spezifischer Krankheiten (etwa: Bekämpfung von HIV/AIDS, *Roll Back Malaria*, *Stop TB*, aber auch nicht-ansteckender Krankheiten), in diesem Zusammenhang ist auch das Globale öffentliche Gut der Ausrottung von Krankheiten zu sehen (Abschn. 6.3.1).

Dies ist eng verbunden mit dem Problem des Zugangs zu Medikamenten (Preise von Medikamenten unter Patentschutz, Mechanismen zur Förderung des Zugangs, Abschn. 6.2).

Der Kampf gegen HIV/AIDS dominierte die internationale Gesundheitskooperation in den Jahren unmittelbar vor und nach der Jahrtausendwende und spielte eine erhebliche Rolle für die Entwicklung der Multiakteursstruktur von Global Health Governance (Abschn. 6.1.3; Hein et al., 2007). Die rasche Ausbreitung der Krankheit in den 1990er-Jahren und die erheblichen Auswirkungen auf die soziale Entwicklung in vielen afrikanischen Ländern bei einer gleichzeitigen Gefährdung fast aller Weltregionen einschließlich der Industrieländer führte zur Bereitschaft, erhebliche Mittel zu ihrer Bekämpfung bereitzustellen, einschließlich erheblicher Investitionen der Pharmaindustrie in Forschung und Entwicklung von Medikamenten.

Es gab allerdings eine kritische Auseinandersetzung um diese starke Fokussierung der internationalen Kooperation auf HIV/AIDS und die Bekämpfung von Infektionskrankheiten, positive Auswirkungen auf die Verbesserung lokaler Gesundheitssysteme waren eher begrenzte Nebeneffekte (Veenstra & Whiteside, 2009). Darüber hinaus wurde die Disproportionalität der zur Verfügung gestellten Ressourcen zuungunsten der nicht-übertragbaren Krankheiten kritisiert, die zunehmend auch in den Entwicklungsländern zur primären Gesundheitsgefahr werden (Stuckler et al., 2009), worauf bereits in Abschn. 2.1 hingewiesen wurde.

Horizontale Strategien betonen die Förderung von Gesundheitssystemen und Gesundheitsdienstleistungen im jeweiligen Land, meist bezogen auf Entwicklungsländer. In den letzten Jahrzehnten wurden unterschiedliche Ansätze diskutiert, wie *Primary Health Care einerseits*, die Stärkung privater Anbieter von Gesundheitsleistungen andererseits und aktuell das Ziel des universellen Zugangs zur Gesundheitsfürsorge. Ein kontinuierlicher Wandel von Strategien ist zu beobachten, von Alma Ata 1978 mit den Zielen Gesundheit für alle und *Primary Health Care* über das tendenziell wieder vertikale Konzept der *Selective PHC* (Konzentration auf die Bekämpfung der verheerendsten Infektionskrankheiten) hin zum Weltentwicklungsbericht 1993, der eine stärkere Rolle privater Mechanismen (Investitionen, *fees for services*) forderte, bis schließlich zum erneuten Bezug auf PHC seit Mitte der 2000er-Jahre.

Seit etwa 2005 ist die horizontale Perspektive wieder in den Vordergrund gerückt. Einen wichtigen Schritt in diese Richtung stellte die Arbeit der *Commission on Social Determinants of Health (CSDH)* dar, die im März 2005 von der WHO eingerichtet wurde und ihren Bericht 2008 vorlegte (CSDH, 2008). Die CSDH bezog sich wieder auf das Ziel „Gesundheit für Alle“, das durch das Konzept der Primary Health Care (PHC) als zentralem Instrument zum Erreichen von guter und fairer weltweiter Gesundheit (ibid.: 33) umgesetzt werden sollte. Obwohl auch die

Problematik der Kontrolle von Infektionskrankheiten auf die Bedeutung funktionierender Gesundheitssysteme und damit einer horizontalen Perspektive hinweist, behandelten der CSDH-Report und die Weltgesundheitsberichte von 2007 und 2008 diese Themen getrennt. Nur wenige Jahre später wurde die Perspektive mit dem Konzept der *Universal Health Care/Coverage* (UHC)[1] erweitert, wobei jetzt der universelle Zugang zu allen grundlegenden Gesundheitsleistungen (auch als Basis der Behandlung von Infektionskrankheiten) in den Vordergrund gestellt wurde (WHO, 2010).

Die Erfahrung von COVID-19 hätte das Pendel wieder in die andere Richtung ausschlagen lassen können, doch wie die kritischen Auseinandersetzungen zeigen, wurde mehr denn je die Bedeutung umfassender nationaler und lokaler gesundheitlicher und sozialpolitischer Sicherungssysteme auch für die erfolgreiche Prävention und Kontrolle von Infektionskrankheiten deutlich (s. Abschn. 6.5.2).

7.3 Transnationale und bilaterale Kooperation zur Förderung der Gesundheitsversorgung

7.3.1 Herkunft von Ressourcen in der internationalen Gesundheitspolitik

Ein beträchtlicher Teil nationaler Gesundheitskooperation dient der unilateralen Förderung von Projekten im Rahmen von Global Health (siehe PEPFAR und die Global Health Initiative der USA, auch Deutschlands *Providing for Health Initiative* im Rahmen der G7/8). Die klassische bilaterale Entwicklungskooperation spielt allerdings weiterhin eine bedeutende Rolle. Inzwischen liegen umfangreiche Daten zur Analyse der Dynamik und der Herkunft von Entwicklungshilfe zur Förderung von Gesundheit sowie ihrer Zielregionen und -sektoren vor, die vor allem vom *Institute for Health Metrics and Evaluation (IHME, Seattle)* ausgewertet und visualisiert wurden. Die Abb. 7.1 beruht auf Darstellungen des IHME. Weitere

[1] Zunächst wurde, vor allem auch in Bezug auf die Entwicklung eines die gesamte Bevölkerung einbeziehenden Gesundheitssystem in den Industrieländern einerseits, das Konzept der Primary Health Care andererseits, verbreitet von Universal Health *Care* gesprochen, während sich in der WHO der Begriff der Universal Health *Coverage* seit Ende der 2000er-Jahre durchsetzte, wobei der Schwerpunkt über den Zugang zu den notwendigen Leistungen hinaus auf die finanzielle Abdeckung der Behandlungskosten gelegt wurde („Universal health coverage (UHC) means that all people have access to the full range of quality health services they need, when and where they need them, without financial hardship".WHO webpage, Overview).

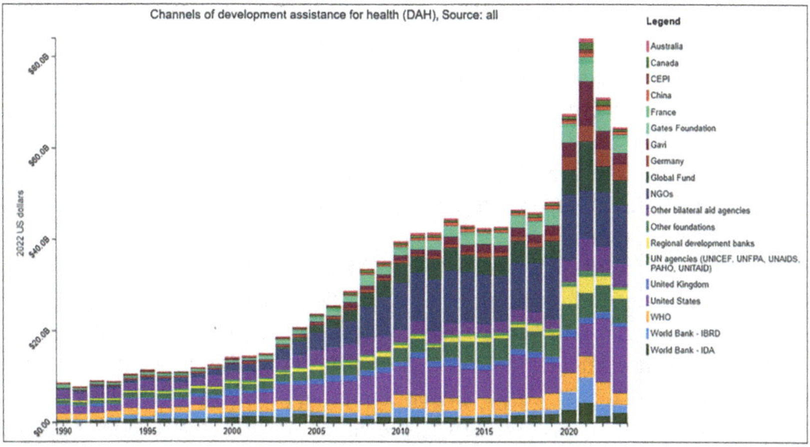

Abb. 7.1 Entwicklungshilfe für Gesundheit 1990–2023. (**Quelle**: Institute for Health Metrics and Evaluation, Health Data 2024: Trends, Channels of DAH, source: all)

wichtige Daten liefert auch der *Donor Tracker* der Berliner Consulting SEEK Development (webpage).

Eine Analyse der Mobilisierung notwendiger Ressourcen für eine effektive internationale Gesundheitspolitik wurde bereits im Zusammenhang mit den Anfängen des Diskurses über *Global Public Goods* und Gesundheit vorgelegt (Smith et al., 2003). Der Weltgesundheitsbericht des Jahres 2010 stellt das Thema des universellen Zugangs zur Gesundheitsversorgung (WHO, 2010) in den Mittelpunkt und stieß damit weltweit entsprechende Programme an.

Abb. 7.1 zeigt, dass es von 1992 bis 2001 zunächst einen langsamen, aber kontinuierlichen Anstieg der zur Verfügung stehenden Mittel gab, wobei in dieser Zeit die bi-laterale Entwicklungshilfe weitgehend stagnierte, während die Beiträge von NGOs und multilateralen Agenturen anstiegen (vor allem der Weltbank). Ab 2002 folgte dann eine Periode eines starken Wachstums dieser Mittel, jetzt auch im Bereich der bilateralen Hilfe. Ein Teil der Hilfe aus nationalstaatlichen Quellen floss allerdings auch über multilaterale Agenturen (und wurde in Abb. 7.1 diesen zugerechnet).

Im Jahre 2013 betrug die ODA (*Overseas Development Assistance*) für Gesundheit aller DAC/OECD-Länder 20,5 Mrd. US$, wovon schätzungsweise 79 % in länderspezifische Funktionen (auch über multilaterale Kanäle, s.u. Abschn. 7.3.3), 21 % in die Unterstützung globaler Ziele flossen (Marco Schäferhoff et al., 2015). Eine spätere Studie von Schäferhoff et al. (2019) kam zu dem Ergebnis, dass bis 2017 (bei einer insgesamt etwa 13 % höheren Gesamt-ODA) etwa 24 % der Mittel in die Förderung globaler Funktionen flossen.

Nach Angaben von IHME betrug die gesamte gesundheitsbezogene Entwicklungshilfe (Development Assistance for Health, DAH) im Jahre 2019 48,3 Mrd. US$ und erreichte dann 2021 mit 84,0 Mrd. US$ aufgrund der COVID-19-Krise einen Rekordwert, aber fiel dann bis 2023 wieder auf 64,6 Mrd. US$; davon entfielen US$ 20,6 Mrd. auf die USA, 5,29 Mrd. auf Deutschland, 3,67 Mrd. auf das UK, 4,05 Mrd. auf die Bill&Melinda Gates Foundation, 1,29 Mrd. auf Unternehmen und 7,0 Mrd. auf andere private Geber (u. a. NGOs). (IHME Health Data, 2024, Sources of DAH).[2]

Die DAH insgesamt stieg von 2010 (US$ 35,3 Mrd.) bis 2023 um 83 %, wobei der große Sprung allerdings aufgrund der COVID-19-Kooperation 2020 und 2021 erfolgte. Die Steigerungsraten zwischen 2010 und 2020 liegen für Japan mit 333,1 % und Deutschland mit 277,0 % erheblich über dem Durchschnitt, China mit 89,7 % und das UK mit 75,9 % hatten immer noch überdurchschnittliche Zuwächse, während die USA mit +18,7 % deutlich dahinter zurückblieb (IHME, 2021: 121). Letzteres ist sicherlich im Gesamtzusammenhang einer relativ geringen Popularität der Entwicklungszusammenarbeit in der US-amerikanischen Bevölkerung gesehen, zumal wenn der Zusammenhang mit nationalen Interessen nicht im Vordergrund steht; dies erklärt den Rückgang von 0,6 % des GNI in der Hochzeit des Kalten Kriegs auf 0,18 % (1982) und 0,15 % im Jahr 2019 (OECD, webpage); es folgt ein Anstieg auf 0,37 % (2023) aufgrund der COVID-Krise und der Unterstützung der Ukraine. Der Rückgang der DAH zwischen 2021 und 2023 impliziert die spannende Frage, inwieweit die Werte für den Rest dieses Jahrzehnts deutlich über den Werten für die Jahre zwischen 2010 und 2019 liegen werden, d. h. ob die Lehren aus der COVID-Pandemie und die in Angriff genommenen Reformen tatsächlich zu einer gestärkten finanziellen Basis für die globale Gesundheitspolitik führt.

7.3.2 Vielfalt der Geber und nationale Gesundheitssysteme

Die Vielfalt der Geberinstitutionen verweist auf die Auswirkungen der im Kap. 6 dargestellten Proliferation von Institutionen im internationalen Gesundheitssektor, nicht zuletzt aber auch auf die Interessenlagen unterschiedlicher Gruppen von Gebern. Ein Beispiel dafür ist die Gründung des GFATM, wie im Abschn. 6.1.3 skizziert wurde.

---

[2] In der angegebenen Quelle des IHME sind die numerischen Werte der jeweiligen Quellen der DAH durch Anklicken der entsprechenden Abschnitte in den Säulen für die einzelnen Jahre sichtbar.

Das Problem, diese Mittel effektiv für die Verbesserung nationaler Gesundheitsversorgung einzusetzen, liegt (abgesehen von den spezifischen Governance-Strukturen in einzelnen Ländern, s.u.) in der Koordination der verschiedenen Geberinstitutionen (s.o., Abschn. 6.1.3) sowie weiterhin darin, die notwendige Verbindlichkeit bei der langfristigen Finanzierung der entsprechenden Programme zu erreichen, und schließlich in den Zielen und Projekten der Geber (s.u., Abschn. 7.3.3).

Wie bereits festgestellt hat die vertikale Orientierung an spezifischen Krankheiten lediglich potentielle Sekundäreffekte für die Entwicklung von Gesundheitssystemen; nur ein sehr begrenzter Teil dieser Mittel floss in das, was die Lancet-Kommission (GBD, 2019; Universal Health Coverage Collaborators, 2020) als Kernbereiche der Entwicklung von UHC bezeichnet (s.o. Abschn. 6.1.4). Darüber hinaus ist festzustellen, dass die Empfängerländer von Hilfe nicht immer diejenigen waren, die diese Hilfe am notwendigsten benötigten: IHME (2017, p.52)) vergleicht die 20 Länder mit dem höchsten *burden of disease* im Bereich „Kinder- und Müttergesundheit" (2015) mit ihrem Ranking in Bezug auf erhaltene Entwicklungshilfe (2012–14), wobei sich vor allem bei afrikanischen Ländern erhebliche Diskrepanzen ergeben (DR Kongo: 4 (Ranking BoD)/11 (Ranking erhaltene Hilfe für diesen Sektor); Niger (11/32); Tschad (13/51); Kamerun (18/30), Elfenbeinküste (19/41)). (Zum Ungleichgewicht der Empfängerländer s. auch Van de Maele et al., 2013).

Ein beträchtlicher Teil der zwischen 2000 und 2010 zur Verfügung gestellten Mittel floss in den Kampf gegen HIV/AIDS, wobei die Probleme in Bezug auf die langfristige Verbindlichkeit von Hilfsprogrammen bereits oben dargestellt wurden. Darüber hinaus zeigt sich hier wieder die zwischenzeitliche Verschiebung von horizontalen zu vertikalen Programmen und zurück: Während 1990 auf HIV/AIDS, Malaria und Tuberkulose 5,7 % der Gesundheits-Entwicklungshilfe fällt, sind es 2000 14,8 %, 2006 34,2 % und 2010 42,2 %; seitdem ist der Anteil wieder leicht gesunken, 2016 waren es nur noch 36,0 %. Im Falle der auf das Gesundheitssystem bezogenen Hilfe (Kinder- und Müttergesundheit + Stärkung des Gesundheitssystems) sind es 1990 43,1 %, und 2000 48,2 %, der Anteil sinkt dann auf ein Tief im Jahre 2006 (30,3 %) und steigt seitdem wieder an, 2010 waren es 36,1 %, 2016: 39,1 %, also wieder mehr als bei den drei Infektionskrankheiten (eigene Berechnung nach: IHME, 2017, Tab. B5, S. 106 f.).

Die Überproportionalität der Ausgaben für den Kampf gegen Infektionskrankheiten um die Jahrtausendwende belegen auch die Projekte der Weltbank zwischen 1998-und 2003 (15 Projekte/US$1,408 Mrd. im Bereich Infektionskrankheiten gegenüber 6 Projekten/480 Mio. für Gesundheitssystemreform und -rekonstruktion), während 1991–97 noch 23 Projekte (US$1,518 Mrd.) in den Gesundheitssystembereich flossen (vgl. Wogart, 2003: 195). Auch die *American Public Health*

Association betont in einem Dokument aus dem Jahre 2008: „Obwohl viele vertikale Programme erhebliche Fortschritte zeigen, ist die sichere Finanzierung der Stärkung des gesamten Gesundheitssystem von kritischer Bedeutung." (APHA, 2008: Übersetzung W.H.).

Einen zusammenfassenden Überblick zu den Ressourcenflüssen der gesundheitsbezogenen Entwicklungszusammenarbeit (auf der Grundlage von IHME-Daten) gibt der Artikel von Dieleman et al. (2016) im Lancet. Einen visuellen Eindruck vermitteln die Darstellungen des IHME zum Thema „Flows of development assistance for health" (s. als Beispiel Abb. 7.2), wobei in der Webpage des IHME (https://vizhub.healthdata.org/fgh/) hier die Daten für 2020 für die Gesamtheit der Finanzierungskanäle und der Zielbereiche im Gesundheitssektor benutzt werden.

Die Breite der dargestellten Finanzströme bezieht sich auf die gesamten 2020 jeweils geflossenen Mittel, und zwar ausgehend von den Akteuren, die diese zur Verfügung gestellt haben, über die Kanäle, über die diese Mittel in den Gesundheitssektor geflossen sind, zu den jeweiligen gesundheitspolitischen Schwerpunktbereichen, in denen diese Mittel ausgegeben wurden. In der Originalquelle erscheinen durch Klicken auf die jeweiligen Ströme die entsprechenden Daten (Höhe der Mittel, Anteil an der internationalen Gesundheitsfinanzierung der jeweiligen Quelle, Anteil der Quelle an der Finanzierung der jeweiligen Kanäle bzw. der Kanäle an den jeweiligen Schwerpunktbereichen). Wechselt man von den Zahlen für 2019 auf jene für 2020, so steigen die Mittel für *other infectious diseases*, die 2020 COVID-19 enthalten, von 2,3 Mrd. auf 16,0 Mrd.

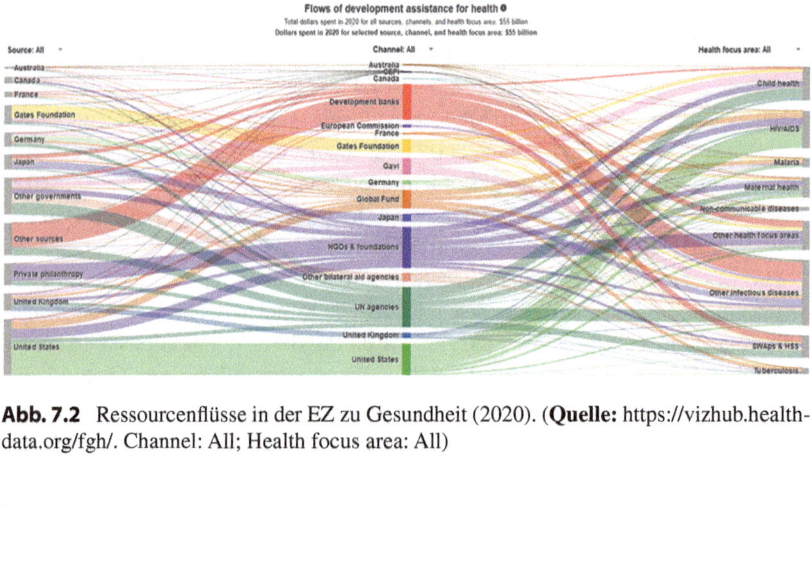

Abb. 7.2 Ressourcenflüsse in der EZ zu Gesundheit (2020). (**Quelle:** https://vizhub.healthdata.org/fgh/. Channel: All; Health focus area: All)

Allerdings ist mit der Identifikation dieser Ressourcenflüsse noch nicht klar, wie sich deren Integration in ein funktionierendes Gesundheitssystem vollzieht. Vor allem in Ländern mit schwachen Governance-Strukturen im Gesundheitsbereich wie im Falle der DR Kongo dienen die externen Mittel weitgehend der Aufrechterhaltung minimaler Leistungen des Gesundheitssystems (s. Abschn. 5.4).

7.3.3 Ziele und Projekte in der internationalen Gesundheitskooperation: Auf dem Wege zu Universal Health Coverage?

Seit etwa 2008 rückte die Förderung von Gesundheitssystemen, also der horizontale Ansatz mit dem Schwerpunkt auf dem Fokus der Universal Health Coverage (UHC), wieder stärker in den Vordergrund von GHG (s. Abschn. 7.2). Diese Diskussion wurde vor allem von der WHO vorangetrieben (CSDH, 2008; WHO, 2010). Gefordert wurden mehr Mittel der internationalen Zusammenarbeit, vor allem auch über „innovative Finanzierungsquellen“, die meist keinen internationalen Konsens benötigten, sondern entsprechend der jeweiligen Möglichkeiten bereitgestellt werden könnten. Im Sinne einer universellen Absicherung müssen vor allem die finanziellen Risiken abgesichert werden, die für die Armen durch das Verlangen von Behandlungsgebühren unabhängig von der wirtschaftlichen Lage der Patienten (*fees for services/out-of-pocket (OoP)-Zahlungen*) bestehen. Im Allgemeinen sollte eine „Risiko streuende kollektive Vorauszahlung“, d. h. ein Versicherungssystem, diese ersetzen, wobei Beitragspflicht bestehen müsse, damit auch die „Reichen und Gesunden“ einzahlen und die Ärmsten abgesichert sind. Dabei müssten die Versicherungsbeiträge der Ärmsten staatlich bezuschusst werde, oder aber es müsste für diese ein direkter Zugang zu staatlich finanzierten Leistungen bestehen (WHO, 2010: xiv).

Die kollektive Bereitstellung von finanziellen Ressourcen muss mit deren effizienter Nutzung einhergehen. Dies verlangt zunächst einmal eine rationale Nutzung von Medikamenten (preisgünstige Beschaffung, wenn möglich in Form von Generika; adäquate Lagerung; Qualitätskontrolle; adäquater Einsatz der Medikamente, vor allem von Antibiotika). Darüber hinaus verweist der WHO-Bericht auf sechs weitere Problembereiche:

- Get the most out of technologies and health services
- Motivate health workers
- Improve hospital efficiency
- Get care right the first time by reducing medical errors

- Eliminate waste and corruption
- Critically assess what services are needed. (ebda, xivii).

Im September 2019 fand in der UN-Vollversammlung ein *High-level meeting on universal health coverage* statt, in dessen Rahmen eine umfassende Erklärung mit dem Titel *Universal health coverage: moving together to build a healthier world* verabschiedet wurde, die den angestrebten Weg zum Ziel UHC bis zum Jahre 2030 detailliert vorzeichnete. Die WHO legte dafür einen Bericht zum Stand der Entwicklung von UHC vor (WHO, 2019). In einem im September 2020 vorgelegten Bericht der *International Health Partnership for UHC 2030*, die Vertreter von Regierungen, IGOs, CSOs, Philanthropischen Organisationen und Wissenschaft verbindet (s. unten), wird die Bedeutung von UHC im Zusammenhang mit der Bekämpfung von COVID-19 analysiert (UHC 2030 (2020)). Starke und resiliente Gesundheitssysteme werden auch als Grundlage für Vorsorge und Reaktion auf Gesundheitskrisen (*health emergency preparedness and response*) angesehen.

Angesichts der Bedrohung durch neue Ausbrüche von Epidemien und Pandemien (wie COVID und Ebola, s. Abschn. 6.3, 6.4 und 6.5 oben), aber auch durch chronische Infektionskrankheiten wie AIDS, Tuberkulose und Malaria sind spezifische Maßnahmen zur Infektionsbekämpfung weiterhin bedeutsam, doch trat spätestens seit der westafrikanischen Ebola-Epidemie (2014–16) die Bedeutung von Gesundheitssystemen als Grundlage auch des Kampfes gegen Infektionskrankheiten immer stärker in den Vordergrund. Ein beträchtlicher Anteil der Mittel zur Kontrolle von Infektionskrankheiten fließt bereits seit etwa 2005 mit zunehmender Tendenz in den Bereich des *Health system strengthening (HSS)*. Dies sind zwischen 2012 und 2016 etwa 40 % der Mittel für die Stärkung der Gesundheitssystem, während ca. 60 % der Kategorie *Health sector support and sector-wide approaches* (also ohne Bezug auf spezifische Krankheiten) zugeordnet werden (IHME, 2017, S. 65 f).

Prävention und Bekämpfung der internationalen Verbreitung von Infektionskrankheiten wird heute verbreitet als *Global Health Security* bezeichnet. Die *Global Health Security Initiative* wurde im November 2001 als direkte Reaktion auf die Anthrax-Attacken nach dem Anschlag auf das World Trade Center von Kanada, der Europäischen Union, Frankreich, Deutschland, Italien, Japan, Mexiko, dem Vereinigten Königreich und den USA ins Leben gerufen (GHSI webpage), d. h. weitestgehend von Industrieländern zur Stärkung der Sicherheit vor Gesundheitsgefahren primär aus den Entwicklungsländern, sei es durch Bioterrorismus oder Infektionskrankheiten. Dies führte zu einer Kritik an der securitization (Versicherheitlichung) von Gesundheit:

> „The securitisation (ie, depiction of health as a threat to a nation's security) of health has distilled health issues of international concern largely down to highly virulent infectious diseases and bioterrorist threats. For this reason, the agenda for global health security has a skewed priority setting in health, creating a disconnect between perceived threats to health and the leading causes of morbidity and mortality worldwide. For example, the predicted spread of malaria in countries affected by the Ebola virus is further evidence of the need to avoid a single disease-specific approach in times of crisis.“ (Smith, 2015)

Bereits in den IHR (2005) wurde die Bedeutung des Gesundheitsschutzes auf nationaler Ebene (*core capacity requirements*) berücksichtigt. Die Diskussion über UHC hatte ebenfalls die Bedeutung nationaler Gesundheitssysteme als zentraler Grundlage globaler Gesundheitssicherheit betont; die wachsende Gefahr durch die immer häufigere Resistenz gegen medizinische Wirkstoffe (Antibiotika, Antivirale Medikamente und andere; antimikrobielle Resistenz, AMR) bestätigte dies.

Im Februar 2014, also noch vor der Ebola-Katastrophe in Westafrika, kam ein erweitertes Verständnis von Health Security in der *Global Health Security Agenda (GHSA)* als Grundlage einer globalen Partnerschaft von inzwischen mehr als 70 Ländern, internationalen Organisationen, NGOs und privaten Unternehmen zum Ausdruck.

> „Global health security is a shared responsibility that cannot be achieved be [sic] a single actor or sector of government. Its success depends upon collaboration among the health, security, environmental and agricultural sectors. GHSA acknowledges the essential need for a multilateral and multi-sectoral approach to strengthen both the global capacity and nations' capacity to prevent, detect, and respond to infectious threats (Global Health Security Agenda (webpage): About/vision).“

Health security wurde damit zu einem Begriff, der vertikale und horizontale Konzepte von GHG integriert und *security* nicht mehr in erster Linie aus der Sicht des Globalen Nordens sieht, allerdings weiterhin mit einem primären Fokus auf *Health Emergencies* (WHO, 2021).

Die oben skizzierten Konzepte der WHO (2010) und die zunehmende Gesundheitssystemorientierung im Rahmen der Bekämpfung von Infektionskrankheiten zeigen sich in der Fokussierung der Hilfe der einzelnen Geberländer. Schäferhoff et al. (2015, S. 2437) fassen folgende Ziele von Hilfsleistungen unter „länderspezifische Ziele“ zusammen: (a) Förderung der Konvergenz in spezifischen Bereichen wie die Kontrolle von Infektionskrankheiten und Leistungen im Bereich der Reproduktions-, Mütter-, Säuglings- und Kindergesundheit, (b) Kontrolle von nicht-übertragbaren Krankheiten und Verletzungen und (c) Stärkung des Gesundheitssystems.

Auch die Sorge um globale Gesundheitssicherheit hat somit letztlich die *Stärkung von Gesundheitssystemen und Universal Health Coverage* immer mehr in den Mittelpunkt internationalen Gesundheitskooperation treten lassen.

Im Rahmen des SDG-Gipfels im September 2015 entwickelten das BMZ und die WHO einen Fahrplan (*Roadmap*) mit dem Namen *Healthy Systems – Healthy Lives* zur internationalen Kooperation für die Stärkung von Gesundheitssystemen (WHO & BMZ, 2015), das einen Ausgangspunkt für ein gemeinsames Papier von WHO und Weltbank bildete (WHO & World Bank, 2017) und zur Transformation der *International Health Partnership+ (IHP+)* in die *International Health Partnership for UHC 2030* führte An dieser nehmen über 80 Staaten, 18 multilaterale Organisationen (u. a. WHO, Weltbank, GFATM, GAVI Alliance, OECD, UNICEF, UN-AIDS), die Gates Foundation, Rockefeller Foundation und die United Nations Foundation und über 60 zivilgesellschaftliche Organisationen teil (UHC2030 webpage, Who We Are. History). Mit der *UHC2030 Private Sector Constituency*, vertreten durch die World Bank, wurde eine Plattform geschaffen, die die Mitarbeit privater Organisationen des Gesundheitssektors stärken soll. UHC2030 stellt damit eine *Multistakeholder*-Plattform zur Verfügung, um die Zusammenarbeit innerhalb von Ländern und im globalen Kontext im Bereich der Stärkung von Gesundheitssystemen zu fördern (UHC2030 webpage; UHC2030 (2020)); UHC 2030 versteht sich somit als ein Instrument der Koordination und der advocacy.

Im Dokument von WHO und Weltbank (2017) wird ein umfassendes Konzept zur Stärkung von Gesundheitssystemen entwickelt, das zunächst zwischen drei Handlungsfeldern (action areas) unterscheidet: Bereitstellung von Gesundheitsdienstleistungen, Finanzierung und Governance; in jedem Handlungsfeld sind die Leistungen entsprechend den Kriterien Gerechtigkeit (equity), Qualität, Handlungsorientierung an jeweils spezifischen Herausforderungen (responsiveness), Effizienz und Resilienz[3] zu bewerten. Zwei Zitate

> „The focus on equity in access and financing implies that progress towards UHC cannot be assessed based only on national averages; rather, disaggregated data are important to understand the extent to which there are systematic disparities in access, effective coverage and the financial burden associated with health service associated with health services (for example, by sex, age, geographical area, education, income, ethnicity, disability, migrant status) (12).
>
> The concept of responsiveness refers to the extent to which a health system meets people's expectations and preferences concerning non-health matters, including the

[3] „Capacity of health actors, institutions, and populations to prepare for and effectively respond to Crises" (WHO & Weltbank, 2017: 12).

importance of respecting people's dignity, socio-cultural beliefs and preferences, autonomy and the confidentiality of information, besides responding to the needs and demand of patients." (12)

Auf die meisten der in diesem Buch behandelten Problembereiche (Kap. 2 und 3) wird eingegangen, sowie darüber hinaus vor allem im Governancebereich auf Transparenz und Verantwortlichkeit (14–18, 21), Bedeutung der Zivilgesellschaft und Communities (11, 14, 19, 22) und die Perspektive auf Health in all policies (19). Im Zusammenhang mit den Handlungsfeldern Finanzierung und Governance wird sowohl auf die weitere Bedeutung von Entwicklungshilfe (DAH) (17) und deren internationaler Koordinierung (19 f.) hingewiesen als auch auf die Bereitstellung von GPGs:

„Faster progress on international cooperation to support other critical inputs towards strong and affordable health systems such as effective and balanced intellectual property arrangements, trade agreements, health worker migration, development of training programs, and global public goods is also required. Given the nature of such global public goods, the challenge is to initiate, organize and finance collective action." (ebda.19)

Dieses Konzept und die in diesem Zusammenhang entstandene *International Health Partnership for UHC 2030* haben zu einem erheblichen Maße Projekte der Entwicklungszusammenarbeit seit Mitte des vergangenen Jahrzehnts bestimmt. Dies zeigt auch ein Blick auf die *deutsche und europäische EZ im Gesundheitssektor*:

Ein beträchtlicher Teil der seit 2010 deutlich gestiegenen deutschen Beiträge zu DAH gingen im Jahre 2015 über mehrere Kanäle in den Bereich der UHC. US$440 Mio. flossen an multilaterale Organisationen, vor allem an den Global Fund, an EU-Institutionen (s.u.) und *GAVI (Global Alliance for Vaccines and Immunization*). Deutschland hat in den Wiederauffüllungskonferenzen des Global Funds (September 2016) und GAVI (Januar 2015) überdurchschnittliche Beitragssteigerungen zugesagt. Parallel zu seiner Rolle als Protagonist der Transformation von IHP+ zu UHC 2030 hat Deutschland im Rahmen seiner Präsidentschaften in der G7 (2015) und G20 (2017) Global Health als eine Priorität internationaler Kooperation hervorgehoben (Seek development, webpage, Donor Tracker).

Die deutsche Gesundheitskooperation wurde im Zusammenhang mit der Förderung von UHC deutlich ausgeweitet (s.u., Abschn. 7.3.1). Zur Interaktion mit den Empfängerländern wurde eine Fallstudie zu Indien und Indonesien vorgelegt (GIZ, 2020b). Zur Reaktion auf COVID-19 publizierte die GIZ im November 2020 ein

Diskussionspapier mit dem programmatischen Titel *Building back better from COVID-19 through inclusive territorial approaches* vor (GIZ, 2020a).

Die EU insgesamt ist weltweit einer der wichtigsten Geber von DAH, wobei der weitaus größte Teil dieser Mittel allerdings von den Einzelstaaten stammt. Die gesamte Entwicklungshilfe (Overseas Development Aid nach OECD-Definition, grant equivalent) durch die Europäische Institutionen betrug im Jahre 2022 24,8 Mrd. US$ (2019 vor dem Anstieg aufgrund von COVID-19 und der Ukraine-Hilfe 15,3 Mrd.) (OECD webpage a), davon gingen 1,08 Mrd. in den Gesundheitssektor (DAH). 2016 waren es laut IHME knapp US$600 (IHME, 2017, 91).[4] Die EU-Kommission verabschiedete 2022 eine *Global Health Strategy*, in der „investing in the well-being of all people and reaching universal health coverage with stronger health systems" als absolute Prioritäten bezeichnet werden und die insgesamt 20 *Guiding principles* sich mit den oben genannten Handlungsfeldern und Leistungskriterien für UHC überschneiden (European Commission, 2022). Diese Strategie könnte durch den Einfluss der EU auf die internationale Gesundheitspolitik der Mitgliedsstaaten sowie durch Anpassungen in anderen Sektoren (Handel, öffentliche Investitionen, Forschung und Ausbildung, humanitäre Hilfe, Positionierung in multilateralen Organisationen) eine Wirkung entfalten, die weit über die Bedeutung der DAH hinausgeht (Greer et al., 2023).

Ein weiterer Bereich, dem in den letzten Jahren zunehmende Bedeutung in der internationalen Hilfe beigemessen wird, stellt die Unterstützung von Forschung und Entwicklung zu Gesundheit dar, die vor allem durch die Diskussionen zu *Neglected Tropical Diseases*, die von der WHO verabschiedete GSPoA und die in den letzten Jahren zunehmend gefürchtete Resistenz gegen medizinische Wirkstoffe (Antimicrobial Resistance, AMR) an Bedeutung gewann, aber im Hinblick auf den Zugang zu Medikamenten auch für UHC von zentraler Bedeutung ist. Die für *Global Health R&D* zur Verfügung gestellten öffentlichen Mittel bewegten sich allerdings mit Ausnahme der USA (US$ 1,7 Mrd, von denen jedoch 89 % in den USA selbst investiert wurden) und dem United Kingdom (US$ 125 Mio.) im ein- bis zweistelligen Millionenbereich (Deutschland: US$ 51 Mio.) (jeweils Daten für 2015). Die Mittel stellen zu einem großen Teil Beiträge zu sog. *Product Development Partnerships* dar, die sich mit der Forschung zu HIV/AIDS, Tuberkulose und Malaria sowie zu tropischen Krankheiten beschäftigen; ein kleinerer Teil der Mittel wurde auch zur Förderung medizinischer R&D in Entwicklungsländern bereitgestellt. Im Jahre 2016 wurde in Berlin die *‚Global Antibiotic Research and Development Partnership' (GARDP)* von der WHO und der *Drugs for Neglected*

[4] Die IHME-Seite „Financing Global Health" listet ab 2017 nur die wichtigsten Geberquellen auf, wozu die EU-Institutionen nicht gehören.

Diseases initiative (DNDi) von Ärzte ohne Grenzen (*Médecins Sans Frontières, MSF*) gegründet, für die Jahre 2016 bis 2025 Zahlungen von etwa € 105 Mio. geleistet bzw. zugesagt wurden (GARDP, 2021: 19).

Trotz der gestiegenen Aufmerksamkeit in Bezug auf die mangelhafte medizinische Grundversorgung in vielen Entwicklungsländern und trotz zunehmender Mittel zur Förderung von UHC einerseits, der stark wachsenden Belastung durch chronische Krankheiten in Entwicklungsländern (s.o. Abschn. 2.1, Tab. 2.2) andererseits, ist der Anteil der Mittel für nicht-übertragbare Krankheiten (*non-communicable diseases, NCDs*) an der DAH erschreckend gering geblieben – lediglich 2,3 % der gesamten DAH für 2023 (IHME, 2023, Health Focus Area Non-Communicable Diseases). Als eine der Ursachen wird in der Literatur angegeben, dass neoliberales Denken die Verantwortlichkeit für nicht-übertragbare Krankheiten und deren Prävention als eine Sache der Individuen ansieht, während übertragbare Krankheiten von Anfang an als ein gesellschaftliches Problem behandelt wurden (Glasgow & Schrecker, 2016). Im Rahmen der NCDs wurde vor allem auch das Problem der psychischen Erkrankungen in Entwicklungsländern für lange Zeit vernachlässigt. Es wird geschätzt, dass psychische und suchtmittelbedingte Krankheiten weltweit für 23 % aller Lebensjahre mit Behinderungen (Years Lived with Disability (YLDs)[5]) verantwortlich sind (und damit etwa mehr als Krebs oder Herz-Kreislauf-Erkrankungen), dass aber 2013 nur 0,77 % der DAH für die Bekämpfung dieser Krankheiten ausgegeben wurde (Gilbert et al., 2015). Auch wenn dieser Anteil an der DAH inzwischen deutlich gestiegen ist (s.o.), ändert dies nichts an der grundsätzlichen Problematik (s. Nguenha et al., 2024).

Schließlich ist darauf hinzuweisen, dass in Verbindung mit UHC, also der Fokussierung auf den universellen Zugang zu Gesundheitsleistungen und der Stärkung nationaler Gesundheitssysteme eine holistischere Sicht von Gesundheit in ihrem gesellschaftlichen Zusammengang erreicht wurde und damit auch die Verbindung zu anderen Politikbereichen stärker in den Vordergrund getreten ist – allerdings auch der Blick auf Machtverhältnisse, die einer konsequenten Umsetzung von UHC häufig im Wege stehen. Auf das Konzept von *Health in all policies* ist in diesem Buch bereits mehrfach verwiesen worden (s. vor allem Kap. 1 und Abschn. 2.3).

> „… the new context of global health is defined first and foremost by the global diffusion of power, the new awareness requires an understanding of the interface between the ecological crisis, the financial crisis, the health security crisis and the crisis of so-

---

[5] *Years Lived with Disability (YLDs)* ist ein Element des Konzepts *Burden of Disease (BoD)*, s.o. Abschn. 2.1.

cial dislocation .... Today the goal of global health goal [sic!] requires an integrated approach which aims at ‚Safeguarding both human health and the natural systems that underpin it.'" (Kickbusch, 2016: 351)

7.4 Internationale Kooperation: Schaffung nachhaltiger Rahmen-bedingungen für Gesundheit in Entwicklungsländern

Internationale Zusammenarbeit stellt in den Entwicklungsländern einen essentiellen Beitrag zur Verbesserung der Gesundheitsversorgung auf nationaler Ebene dar – in den ärmeren Ländern vor allem auch in Form finanzieller Ressourcen, in den fortgeschritteneren Ländern mit mittlerem Einkommen primär in Form technischer und wissenschaftlicher Zusammenarbeit sowie zur Sicherung des Zugangs zu Medikamenten im bestehenden System intellektueller Eigentumsrechte. Diese Zusammenarbeit ist allerdings nur dann effektiv, wenn gleichzeitig eine Verbesserung der Rahmenbedingungen in Richtung Nachhaltigkeit erreicht wird. Dies ist ein komplexes Problem, das bei mangelnder Governance-Kapazität nationaler Regierungen gleichzeitig durch einen Charakter der Bruchstückhaftigkeit gekennzeichnet ist.

Ein beträchtlicher Teil von Projekten in der internationalen Kooperation beschäftigt sich mit der Förderung nachhaltiger Rahmenbedingungen für Gesundheit; das betrifft sowohl die Umwelt im engeren Sinne, als auch die gesellschaftlichen Voraussetzungen im Sinne von *Health in all policies* (CSDH, 2008, Ch. 10; Kickbusch & Buckett, 2010, s. auch als Überblick Köckler & Geene, 2022). Hygienische Bedingungen implizieren den Zugang zu sauberem Trinkwasser, aber auch die Reduktion von Gewässer- und Luftverschmutzung und ein gewisses Niveau an Sauberkeit im lokalen Lebensraum (vor allem: Abwasser- und Müllentsorgung), um die Gefahr durch Krankheitserreger zu reduzieren. Wichtig sind weiterhin eine gesunde Ernährung (und das entsprechende Lebensmittelangebot) sowie gute Wohn- und Arbeitsbedingungen, die zur Verbesserung der Gesundheitssituation der Menschen und zur Stärkung ihres Immunsystems beitragen, die Verbesserung der Infrastruktur und der Zugang zu Gesundheitsleistungen (Verkehr, Kommunikation). Weiterhin sind die Auswirkungen des Klimawandels auf die Gesundheitssituation und die Förderung geeigneter Anpassungsprozesse sowie geeigneter politischer Maßnahmen zur Verbesserung des Zugangs zu Medikamenten zu beachten (auch im Hinblick auf die Qualitätskontrolle zur Ausschaltung von Fälschungen von Medikamenten, die Verfügbarkeit von Medikamenten in peripheren Regionen, die Sicherung der Kühlkette usw.). Alle diese Entwicklungen hängen entscheidend von den Strukturen von Good Governance in der jeweiligen Gesellschaft zusammen, aber auch von ihrer Einbettung in entsprechende Strukturen auf der globalen Ebene.

Die Diskussionen über die *Sustainable Development Goals (SDGs)* ebenso wie das zunehmende Wissen über Verbindungen zwischen ansteckenden und nichtansteckenden Krankheiten (u. a. Erkenntnisse über krebsfördernde Viren; Schwächung des Immunsystems durch chronische Erkrankungen) haben zu einem integrativeren Ansatz in der Medizin geführt (s. z. B. Dye, 2014; American Cancer Society, 2016); in diesem Zusammenhang ist auch auf das *One-Health-Konzept* zu verweisen (s.o., Abschn. 6.3.1). Eine WHO-Veröffentlichung über die SDGs betont:

> „The target on UHC underpins all other targets and provides an opportunity to refocus efforts on a more sustainable approach through system-wide reform, based on the principles of efficiency and health service integration and people-centred care. The SDGs also fundamentally call for intersectoral action, acknowledging that the attainment of health goals is dependent not only on actions within the health sector, but also on economic, social, cultural and environmental factors." (WHO, 2015: 41).

Die Schaffung nachhaltiger Rahmenbedingungen verlangt eine breite Kooperation zwischen vielen Akteuren, wobei es nicht nur um finanzielle und technische Mittel zur notwendigen Verbesserung der Arbeits- und Lebensbedingungen sowie der Umweltbedingungen geht, sondern vor allem auch um die Förderung nachhaltiger, entwicklungsorientierter politischer Strukturen. Besonders im Falle von Konfliktregionen, wie in der DR Kongo, aber auch in Afghanistan, im Irak, im Sudan und in einer Reihe anderer Länder erscheint das eher unwahrscheinlich. Nachkonfliktstrategien müssen sich nicht nur dem Problem materieller Schäden, sondern auch dem einer Zerstörung von Strukturen, die vor den Konflikten bestanden bzw. im Aufbau begriffen waren (etwa in Afghanistan unter Nadschibullah) und damit eine Unterbrechung eines modernisierungsorientierten Entwicklungspfades bedeuten – was nicht heißt, dass die diesen Modernisierungsprozess tragenden politischen Strukturen unbedingt unterstützenswert gewesen wären.

Wie oben betont, war die Kooperation im Rahmen von Strukturen der Global Governance seit der Jahrtausendwende ein zentrales Thema im Bereich der Entwicklungszusammenarbeit, vor allem bezogen auf die Interaktion zwischen der Global-Governance-Ebene und der nationalen Politik. Wie kann eine multi-institutionelle Kooperation so gestaltet werden, dass sie die Kohärenz der nationalen Politik in den verschiedenen Politikbereichen nicht behindert, im optimalen Fall sogar fördert?

Wie können die wechselseitigen Beziehungen zwischen Geberinstitutionen und nationalen Akteuren optimiert werden? Die Konzepte der *Paris Declaration on Aid*

Effectiveness wurden oben bereits dargestellt (Abschn. 6.1.4). Durch die explizite Verknüpfung des Problems der Akteursvielfalt auf der Geberseite mit dem Ziel der Effektivität und Rechenschaftspflicht seitens der Empfänger sollte die Bereitschaft der Geberländer gestärkt werden, ihre Hilfe sukzessiv von der Projektfinanzierung auf Budgetfinanzierung umzustellen und damit den Spielraum der Empfängerländer zu erweitern. Ebenso wurde oben in den Kap. 4 und 5 die Bedeutung der Governance-Strukturen als Voraussetzung für den Aufbau funktionierender Gesundheitssysteme immer wieder verdeutlicht. Nationale Koordination der vielfältigen Geberleistungen ist eine grundlegende Voraussetzung, um diese Leistungen zu effektiven Beiträgen für eine langfristige Entwicklung der Gesundheitsversorgung werden zu lassen; funktioniert diese Koordination, dann können auch Beiträge zur Bekämpfung spezifischer Krankheiten (also vertikal orientierte Hilfe) zu einer horizontal orientierten Verbesserung des Systems beitragen. Direkte Kooperation zur Verbesserung der institutionellen Strukturen kann zweifellos einen wichtigen Beitrag leisten. Allerdings muss hierbei ein ausreichender Zeithorizont vorhanden sein, da die Veränderung institutioneller Strukturen einen längerfristigen Prozess gesellschaftlichen Wandels impliziert. Der Versuch, kurzfristig Konzepte von außen zu übertragen, scheitert meist an der Resilienz bestehender sozialer Machtverhältnisse und kann sehr schnell in die Öffnung eines neuen Feldes von Korruption führen. So betonte die WHO im Weltgesundheitsbericht von 2010:

> „Simply choosing from a menu of options, or importing what has worked in other settings, will not be sufficient. Health financing strategy needs to be home-grown, pushing towards universal coverage out of existing terrain. It is imperative, therefore, that countries develop their capacities to analyse and understand the strengths and weaknesses of the system in place so that they can adapt health financing policies accordingly, implement them, and monitor and modify them over time." (WHO, 2010: xix)

Dies ist allerdings oft ein sehr langfristiger Prozess. Darauf weist bereits die Entwicklung von Gesundheitssystemen in den alten Industrieländern hin, wie ein Vergleich der Entwicklung in Deutschland, dem Vereinigten Königreich und den USA zeigt (Bump, 2015). Auch die langfristige Entwicklung des costaricanischen Gesundheitssystem (s.o., Abschn. 5.2) bestätigt diese Beobachtung. Während Indien über die politisch-institutionellen Voraussetzungen und weitgehend auch über die materiellen Mittel verfügt, bei einer entsprechenden politischen Prioritätensetzung eine Strategie der universellen sozialen Absicherung im Krankheitsfall effektiv zu verfolgen, ist das in der DR Kongo äußerst zweifelhaft. In vielen Entwicklungsländern kann ein Prozess hin zu einer verbesserten Versorgung der Armen nicht über eine Budget-Finanzierung abgesichert werden; darüber hinaus sind im Verlaufe dieses Textes verschiedentlich transnationale Politikfelder angesprochen worden, in denen nicht-staatliche Akteure eine wichtige Rolle im Hinblick auf die gesundheitliche Versorgung marginalisierter Gruppe spielen (Zugang zu Medikamenten, Katastrophenhilfe).

In Auseinandersetzungen um die Paris Declaration on Aid Effectiveness von 2005, die sich ja weitestgehend auf zwischenstaatliche Hilfe bezog, wurde die Bedeutung von Hilfe betont, die inklusive Entwicklungen an nationalen Regierungen vorbei unterstützt. In einem Kommentar aus dem britischen Overseas Development Institute heißt es:

> „Leaving no-one behind will require support to many actors, not just governments, and so development effectiveness principles need to be adapted to cover, for example, aid to sub-national governments, civil society organisations (CSOs) or social movements. Using government systems or aligning behind government results frameworks may not always be the best option when the government itself is unwilling or unable to support marginalised groups." (Greenhill, 2016,section c)

Ein weiteres Problem nachhaltiger Kooperation stellt die Bereitschaft der Geber zu einer stetigen Entwicklung der DAH dar. Abb. 7.3 (s.u.) verdeutlicht, dass spezifische Krisen einen deutlichen Einfluss auf den Umfang der bereitgestellten Mittel haben: Zwischen 2003 und 2010 stiegen diese im Zusammenhang mit dem Kampf

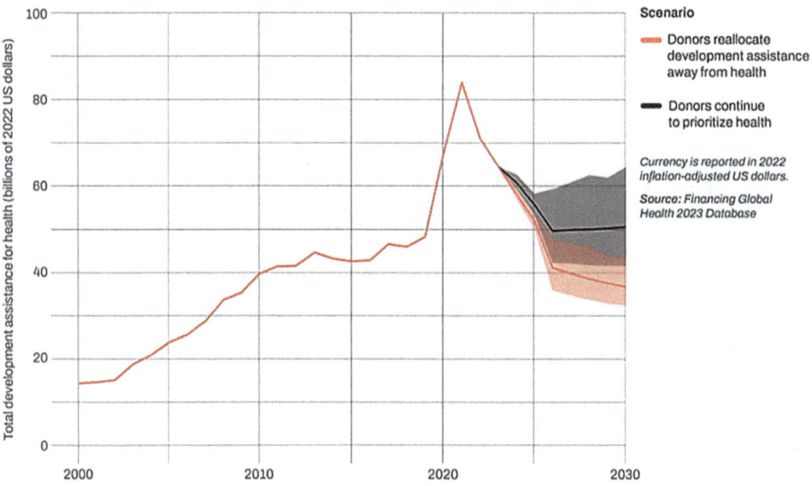

Abb. 7.3 Development assistance for health, 2000–2030. (**Quelle**: Institute for Health Metrics and Evaluation (IHME). Financing Global Health 2023: The Future of Health Financing in the Post-Pandemic Era. Seattle, WA: IHME, 2024, p.42)

gegen HIV/AIDS (aber wahrscheinlich auch eines allgemein stärkeren Bewusstseins zur Bedeutung von Global Health) kontinuierlich und relativ deutlich an, stagnierten danach, abgesehen von einem kleineren Aufschwung zur Zeit der Ebola-Krise, weitgehend bis 2019 und erreichten dann 2020/2021 im Zusammenhang mit COVID-19 nahezu eine Verdoppelung des früheren Niveaus. 2022/2023 ist wieder ein starker Rückgang zu verzeichnen. IHME hat Szenarios für die Entwicklung bis 2030 entwickelt, wobei das obere Szenario Spielraum für die Umsetzung der weitreichenden Post-Covid-Konzepte für eine „gesündere Welt" schüfe, das untere aber einen Rückgang auf das Niveau der 2010er-Jahre annimmt, das weder große Fortschritte in Richtung auf UHC noch eine Verbesserung der Vorsorge auf globale Gesundheitskrisen zuließe.

Verbreitet wird im Zusammenhang mit UHC auch auf die Bereitstellung von (Globalen) Öffentlichen Gütern hingewiesen. UHC wurde durch die Ebola-Katastrophe in Westafrika und noch verstärkt durch COVID-19, die die Maßnahmen zum Gesundheitsschutz auf nationaler Ebene (core capacity requirements for surveillance and response) in den Vordergrund rückten, zunehmend als zentraler Bestandteil der Kontrolle der Verbreitung von Infektionskrankheiten, also eines GPGs, diskutiert. Arian Hatefi (2023) diskutiert das in einem Beitrag zum Lancet in Bezug auf COVID-Tests, deren Ergebnisse als privates Gut für die Testpersonen, aber als ein (globales) öffentliches Gut in Bezug auf die Gefahr der Verbreitung der Pandemie anzusehen sind.

Effektive UHC ist nun dadurch gekennzeichnet, dass (per definitionem) niemand von der Nutzung ausgeschlossen werden kann, dass andererseits aber eine gewisse Rivalität im Konsum externe Effekte hervorbringt, die in einer Situation der Ressourcenknappheit eine qualitativ hochwertige medizinische Behandlung zu einem Klubgut werden lässt, d. h. diese etwa nur Patienten mit einer besonderen Versicherung zur Verfügung steht. UHC im Sinne der WHO-Definition („means that all people have access to the full range of quality health services they need, when and where they need them, without financial hardship" (WHO webpage. Universal Health Coverage)) verlangt in einer extrem ungleichen Welt national unterschiedliche Standards von *quality health services*, damit diese im Rahmen eines (national) universellen Zugangs überhaupt finanzierbar sind. Das bedeutet, dass fast überall, aber vor allem in ärmeren Ländern, für privilegierte Gruppen Leistungen über dem nationalen Standard möglich sind, die somit zu Klubgütern werden. Alternativ könnte UHC zu einem GPG werden, wenn ein globaler Minimalstandard festgelegt werden könnte, wobei aber auch dieser, um international akzeptabel zu sein und gleichzeitig angesichts der internen Ungleichheit der LDCs und MDCs zu einem effektiven nationalen öffentlichen Gut werden zu können, eine enorme Zunahme der DAH und teilweise weitreichende interne Transformationen verlangen würde.

Der letzte *Global Monitoring Report zu UHC* zeigt, dass insgesamt der *UHC service coverage index* zwischen 2000 und 2017 deutlich gestiegen ist (im Schnitt von 45 im Jahre 2000 auf 67 im Jahre 2017; nach Bevölkerung gewichtet; Erläuterung s.o., Kap. 2), dann aber bis 2021 stagniert (WHO & Weltbank, 2023: 6), was allerdings zu 60 % auf den verbesserten Zugang zu HIV-Therapien zurückzuführen ist (ebda.: 3). Gleichzeitig hat sich der Zusammenhang zwischen finanzieller Not und Krankheit bis 2019[6] eher verstärkt, und zwar sowohl als Folge von Out-of-pocket-Zahlungen als auch, weil Armut Menschen daran hinderte, medizinische Hilfe in Anspruch zu nehmen (ebda.: 23 ff., siehe auch Betz, 2024, 124–127). UHC kann in einer Reihe von eher wohlhabenden Ländern als nationales öffentliches Gut angesehen werden, ist aber noch weit davon entfernt, ein *globales* öffentliches Gut zu sein. Für Global Health ist es sicherlich ein wichtiges Leitprinzip, das *risk-sharing, equity and solidarity* „reflektiert", aber in der auf den ersten Blick plausiblen Formulierung der ILO doch sehr vage bleibt:

> „There is no one-size-fits-all approach for Governments to guarantee health protection to all. International standards provide guiding principles to ensure universal protection in a way that reflects risk-sharing, equity and solidarity – between income groups, men and women, generations – in a fiscally, economically and socially sustainable fashion." (ILO, 2020).

Literatur

American Cancer Society. (2016). *Infections that can lead to cancer* (webpage). https://www.cancer.org/content/dam/CRC/PDF/Public/6141.00.pdf. Zugegriffen am 13.11.2024.

APHA (American Public Health Association). (2008). *Strengthening health systems in developing countries*. https://www.apha.org/policies-and-advocacy/public-health-policy-statements/policy-database/2014/07/23/09/09/strengthening-health-systems-in-developing-countries. Zugegriffen am 09.11.2024.

Betz, J. (2024). *Soziale Sicherung im globalen Süden. Ein Überblick*. SpringerVS.

Bump, J. B. (2015). The long road to universal health coverage: Historical analysis of early decisions in Germany, the United Kingdom, and the United States. *Health System and Reform, 1*(1), 28–38.

Buse, K., et al. (2009). *Making sense of global health governance. A policy perspective*. Palgrave Macmillan.

[6] Die Autoren des Berichts weisen darauf hin, dass die Auswirkungen von COVID-19 aufgrund fehlender Daten bei der Erstellung des Reports noch nicht berechenbar waren (WHO & World Bank, 2023: 23).

CSDH (Commission on Social Determinants of Health). (2008). *Closing the gap in a generation: Health equity through action on the social determinants of health*. WHO. http://apps.who.int/iris/bitstream/10665/43943/1/9789241563703_eng.pdf. Zugegriffen am 04.11.2024.

Dieleman, J. L., et al. (2016). Development assistance for health: Past trends, associations, and the fu-ture of international financial flows for health. *The Lancet, 387*, 2536–2544.

Dye, C. (2014). After 2015: infectious diseases in a new era of health and development. *Philosophical Transactions of the Royal Society B, 369*. https://doi.org/10.1098/rstb.2013.0426. Zugegriffen am 13.11.2024.

European Commission. (2022). *Communication from the Commission to the European Parliament, The Council, The European Economic and Social Committee and The Committee of the Regions*. EU Global Health Strategy. https://ec.europa.eu/transparency/documents-register/detail?ref=COM(2022)675&lang=en. Zugegriffen am 12.11.2024.

GARDP (Global Antibiotic Research and Development Partnership). (2021). *Activity report 2021. Executive summary*. https://gardp.org/wp-content/uploads/2022/10/GARDP-executive_summary-2021-EN.pdf. Zugegriffen am 12.11.2024.

GBD. (2019). Universal Health Coverage Collaborators [einige Hundert Autoren, WH] (2020) Measuring universal health coverage based on an index of effective coverage of health services in 204 countries and territories, 1990–2019: A systematic analysis for the Global Burden of Disease Study 2019. *The Lancet, 2020*(396), 1250–1284.

Gilbert, B. J., et al. (2015, June 2). Assessing development assistance for mental health in developing countries: 2007–2013. *PLOS Medicine*.

GIZ. (2020a). *Building back better from COVID-19 through inclusive territorial ap-proach-es*. GIZ. https://www.giz.de/en/downloads/Building_back_better_from_COVID_19.pdf. Zugegriffen am 11.11.2024.

GIZ (Deutsche Gesellschaft für Internationale Zusammenarbeit. (2020b). *Trusted partners for universal health coverage. Learning from support to large-scale reforms in India and Indonesia*. GIZ. https://health.bmz.de/wp-content/uploads/GHPC_UHC_INDIA_INDO_FINAL-1.pdf. Zugegriffen am 11.11.2024.

Glasgow, S., & Schrecker, T. (2016). The double burden of neoliberalism? Noncommunicable disease policies and the global political economy of risk. *Health & Place, 39*, 279–286.

Global Health Security Agenda (GHSA) (webpage). https://globalhealthsecurityagenda.org/. Zugegriffen am 10.11.2024.

Global Health Security Initiative (GHSI) (webpage). https://ghsi.ca/. Zugegriffen am 09.11.2024.

Greenhill, R. (2016). *Development effectiveness for the SDG era: Five reasons why we need a new agenda* (ODI insights). https://odi.org/en/insights/development-effectiveness-for-the-sdg-era-five-reasons-why-we-need-a-new-agenda/. Zugegriffen am 13.11.2024.

Greer, S. L., et al. (2023). *European support for improving global health systems and policies* (European observatory on health systems and policies, Policy brief 57). WHO Regional Office for Europe. https://iris.who.int/bitstream/handle/10665/376756/Policy-brief-57-1997-8073-eng.pdf?sequence=1. Zugegriffen am 11.11.2024.

Hatefi, A. (2023). Universal health coverage is the vital link when health care is a public health good. *Lancet Global Health, 11*, e30 (Correspondence). https://www.thelancet.com/action/showPdf?pii=S2214-109X%2822%2900516-2. Zugegriffen am 08.11.2024.

Hein, et al. (Hrsg.). (2007). *Global health governance and the fight against HIV/AIDS*. Palgrave Macmillan.

IHME. (2021). *Financing global health 2020: The impact of COVID-19*. https://www.healthdata.org/sites/default/files/files/policy_report/FGH/2021/FGH_2020_full-report.pdf. Zugegriffen am 09.11.2024.

IHME. (2023). *Flows of global health financing*. https://vizhub.healthdata.org/fgh/. Zugegriffen am 09.11.2024.

IHME. (2024). *Health data 2024. Sources of DAH*. https://vizhub.healthdata.org/fgh/. Zugegriffen am 12.11.2024.

IHME (Institute for Health Metrics and Evaluation). (2017). *Financing global health 2016 development assistance, public and private health spending for the pursuit of universal health coverage*. https://www.healthdata.org/sites/default/files/files/policy_report/FGH/2017/IHME_FGH2016_Technical-Report.pdf. Zugegriffen am 09.11.2024.

International Labour Organization (ILO). (2020). *Towards universal health coverage: Social health protection principles*. https://www.ilo.org/sites/default/files/wcmsp5/groups/public/%40ed_protect/%40soc_sec/documents/publication/wcms_740724.pdf. Zugegriffen am 13.11.2024.

Kickbusch, I. (2016). Global health governance challenges 2016 – Are we ready? *International Journal of Health Policy and Management, 5*(6), 349–353.

Kickbusch, I., & Buckett, K. (Hrsg.). (2010). *Implementing health in all policies: Adelaide 2010*. Department of Health, Government of South Australia. https://www.researchgate.net/profile/Fran-Baum/publication/255485643_Digital_Technology_Access_and_Use_as_a_21st_Century_Determinants_of_Health_Impact_of_Social_and_Economic_Disadvantage/links/0a85e53c65555ac4eb000000/Digital-Technology-Access-and-Use-as-a-21st-Century-Determinants-of-Health-Impact-of-Social-and-Economic-Disadvantage.pdf. Zugegriffen am 13.11.2024.

Köckler, H., & Geene, R. (2022). Gesundheit in allen Politikfeldern/Health in All Policies (HiAP). In Bundeszentrale für gesundheitliche Aufklärung (BZgA) (Hrsg.), *Leitbegriffe der Gesundheitsförderung und Prävention. Glossar zu Konzepten, Strategien und Methoden*. https://doi.org/10.17623/BZGA:Q4-i157-1.0. Zugegriffen am 13.11.2024.

Nguenha, N., et al. (2024). *Tracking Ncd funding flows. Urgent calls and global solutions*. NCD Alliance & Global Alliance for Tobacco Control (GATC).

OECD (webpage a). *Development cooperation profiles*. European Union Institutions. https://www.oecd-ilibrary.org/sites/c0ad1f0d-en/index.html?itemId=/content/component/5e331623-en&_csp_=b14d4f60505d057b456dd1730d8fcea3&itemIGO=oecd&itemContentType=chapter#section-d1e12438-9f6d40b786. Zugegriffen am 12.11.2024.

OECD (webpage). *ODA trends and statistics, Official development assistance in historical perspective: 1960–2023*. https://www.oecd.org/en/topics/sub-issues/oda-trends-and-statistics.html. Zugegriffen am 09.11.2024.

Schäferhoff, M., et al. (2015). How much donor financing for health is channelled to global versus country-specific aid functions? *Lancet, 386*, 2436–2441.

Schäferhoff, M., et al. (2019). International Funding for Global Common Goods for Health: An Analysis Using the Creditor Reporting System and G-FINDER Databases. Health . Syst,Reform. 2019;350–365. https://pubmed.ncbi.nlm.nih.gov/31710516. Zugegriffen am 01.04.2025.

SEEK Development (webpage). *The social impact consulting group. We help you create lasting change*. https://www.seekdevelopment.org/. Zugegriffen am 08.11.2024.

Smith, J. (2015). Global health security: A flawed SDG framework (Correspondance). *The Lancet, 385*(9984), 2249.

Smith, R., et al. (2003). *Global public goods for health. Health economic and public health perspectives*. Oxford University Press.

Stuckler, D., et al. (2009). Governance and chronic diseases. In Buse et al.: 268–293.

UHC (Universal Health Coverage) 2030 (web page). https://www.uhc2030.org/who-we-are/history/. Zugegriffen am 10.11.2024.

UHC 2030. (2020). *State of commitment to universal health coverage: Synthesis*. https://www.uhc2030.org/fileadmin/uploads/uhc2030/Documents/Key_Issues/State_of_UHC/SoUHCC_synthesis_2020_final_web.pdf. Zugegriffen am 09.11.2024.

Van de Maele, N., et al. (2013). Development assistance for health in Africa: are we telling the right story. *Bulletin of the World Health Organization, 91*, 483–490.

Veenstra, N., & Whiteside, A. (2009). Fighting HIV/AIDS and the future of health systems. In Buse et al.: 294–319.

WHO & BMZ (Federal Ministry for Economic Cooperation and Develoment). (2015). *Healthy systems – Healthy lives. A global initiative to strengthen health systems*. https://www.uhc2030.org/fileadmin/uploads/ihp/Documents/About_IHP_/mgt_arrangemts___docs/Steering_Committee_as_of_2014/SC_V/Healthy_Systems_Healthy_Lives_Presentation.pdf. Zugegriffen am 10.11.2024.

WHO & World Bank. (2017). *Healthy systems for universal health coverage – A joint vision for healthy lives*. WHO, IBRD/World Bank. https://www.uhc2030.org/fileadmin/uploads/uhc2030/2_What_we_do/2.2_Improving_collaboration/2.2.1_Health_systems_strengthening/Joint_vision_executive_summaries/UHC2030_vision_paper_WEB2.pdf. Zugegriffen am 10.11.2024.

WHO & World Bank. (2023). *Tracking universal health coverage*. 2023 global monitoring report. WHO, IBRD/World Bank. https://iris.who.int/bitstream/handle/10665/374059/9789240080379-eng.pdf?sequence=1. Zugegriffen am 14.11.2024.

Wogart, J. P. (2003). Global health issues and the World Bank's involvement. In W. Hein & L. Kohlmorgen (Hrsg.), *Globalisation, global health governance and national health politics in developing countries. An exploration into the dynamics of interfaces* Deutsches Übersee-Institut. Hamburg (S. 191–202).

World Health Organization. (2010). *World health report 2010: Health system financing. The path to universal coverage*. WHO.

World Health Organization. (2019). *Primary health care on the road to universal health coverage*. 2019 monitoring report. Conference edition. https://www.who.int/publications/i/item/9789240029040. Zugegriffen am 08.11.2024.

World Health Organization. (2021). *Health systems for health security: A framework for developing capacities for international health regulations, and components in health systems and other sectors that work in synergy to meet the demands imposed by health emergencies*. WHO. https://www.who.int/publications/i/item/9789240029682. Zugegriffen am 10.11.2024.

World Health Organization (WHO). (2015). *Health in 2015: From MDGs to SDGs*. https://cdn.who.int/media/docs/default-source/gho-documents/health-in-2015-mdgs-to-sdgs/health-in-2015-from-mdgs-to-sdgs.pdf?sfvrsn=8ba61059_2. Zugegriffen am 13.11.2024.

World Health Organization (WHO) (webpage). *Universal health coverage*. https://www.who.int/health-topics/universal-health-coverage#tab=tab_1. Zugegriffen am 08.11.2024.

8 Zusammenfassung und Ausblick – Perspektiven der Gesundheitsversorgung in EL

Zusammenfassung

Das abschließende Kapitel fasst die Analysen und Argumentationen des Buches zusammen. Auch wenn die Situation der Gesundheitsversorgung in den ärmeren Regionen der Welt noch alles andere als zufriedenstellend ist, halten Public-Health-Experten einen universellen Zugang zur Gesundheitsversorgung bis 2030 (oder zumindest 2035) für erreichbar. Angesichts der Spannung zwischen nationaler Souveränität (sowie der damit verbundenen nationalen Egoismen) und der Sicherung globaler Gemeinschaftsgüter, aber auch den Interessenkonflikten innerhalb vieler Länder erscheint dies sehr optimistisch. Der Band schließt mit Überlegungen, wie dem propagierten Ziel zumindest näher zu kommen ist.

Die ersten beiden Kapitel dieses Buches haben einen Überblick über die Gesundheitssituation in den Entwicklungsländern gegeben. Dies hat deutlich gemacht, dass sehr große Unterschiede bestehen zwischen einer Reihe von Ländern mit mittlerem Einkommen, die in vielen Indikatoren fast das Niveau der Industrieländer erreichen, und vielen armen Ländern, in denen der Gesundheitszustand und die Gesundheitsversorgung des überwiegenden Teils der Bevölkerung als katastrophal zu bezeichnen sind. In vielen Ländern – einschließlich der MICs – ist dies nicht nur eine direkte Folge von Armut und unzureichenden öffentlichen Ressourcen, die für den Gesundheitssektor zur Verfügung stehen, sowie mangelhafter Governance-Strukturen, sondern auch der Auswirkungen von schlechten Umweltbedingungen, wobei je nach Entwicklungsniveau unterschiedliche Faktoren im

W. Hein, *Nachhaltige Gesundheitsversorgung in Entwicklungsländern und Global Health Governance*, SDG – Forschung, Konzepte, Lösungsansätze zur Nachhaltigkeit, https://doi.org/10.1007/978-3-658-47224-5_8

Vordergrund stehen (Hygiene und unzureichende Entsorgung von Haushaltsabfällen, Belastung der Raumluft durch offenes Feuer, industrielle und verkehrsbedingte Verschmutzungen, Auswirkungen des Klimawandels).

Kap. 3 stellt das Thema „Gesundheit" in den Gesamtzusammenhang der globalen Herausforderungen und Vereinbarungen zu „Nachhaltiger Entwicklung", wobei ausgehend von spezifischen Regelungen zu einzelnen Umweltbereichen auf die MDGs, SDGs und die Agenda 2030 eingegangen wird. Die internationale Aufmerksamkeit konzentriert sich allerdings auf das *Paris Agreement on Climate Change* und den Folgeprozess, wobei es ähnlich wie bei *Global Health* um das Zusammenspiel von nationalen Selbstverpflichtungen/Strategien einerseits und Transferleistungen zur Unterstützung der ärmeren Länder zum Erreichen globaler Ziele geht. Hier gibt es zwei deutliche Unterschiede: Die Klimapolitik fokussiert auf ein zentrales Ziel, nämlich die Reduktion der Belastung der Erdatmosphäre durch Reduktion des Eintrags von Klimagasen (weniger Emissionen, mehr Absorption dieser Gase durch Vegetation, Gewässer usw.). Darüber hinaus gibt es eine zentrale Begründung der Transferleistungen, nämlich die sog. „Klimaschuld", also die allgemein akzeptierte Tatsache, dass die „alten" Industrieländer für den weitaus größten Teil der Belastung der Atmosphäre verantwortlich sind. Im Falle der Weltgesundheit ist die Situation diffuser, Infektionskrankheiten breiten sich (potentiell) weltweit aus, aber sie sind nicht das (direkte) Produkt gesellschaftlicher Aktivitäten. Die gegenwärtigen Ungleichheiten im Gesundheitsstatus und in der Gesundheitsversorgung lassen sich strukturell auf Kolonialismus sowie Macht- und Herrschaftsstrukturen in der internationalen Arbeitsteilung zurückverfolgen, deren Effekte aber komplex sind und mit der jeweils spezifischen Dynamik postkolonialer Gesellschaften interagieren. In beiden Bereichen geht es allerdings um die Bereitstellung globaler Gemeinschaftsgüter (GPGs) im Spannungsfeld nationaler Politiken und Interessen, speziell im Hinblick auf die Mobilisierung von Ressourcen zu ihrer Bereitstellung.

Anhand des Vergleichs des Gesundheitsniveaus und der Gesundheitsversorgung in den Entwicklungsländern wurde deutlich, dass die Unterschiede zwar stark mit Indikatoren des Entwicklungsniveaus korrelieren, dass aber auch andere Determinanten – wie etwa die gesellschaftliche Verankerung von Sozialpolitik, die Qualität der Regierungsführung, die Umweltbedingungen, der Grad interner Heterogenität und die Häufigkeit militanter Konflikte – die konkrete Entwicklung von Gesundheitsversorgung in einzelnen Gesellschaften erheblich beeinflussen. Die drei Länderbeispiele Costa Rica, Indien und die Demokratische Republik Kongo machen die Bedeutung der spezifischen nationalen Entwicklungswege besonders deutlich, können aber natürlich bei weitem nicht alle Varianten erfassen (s. die Zusammenfassung in Abschn. 5.6).

Global Health Governance (GHG) hat zunehmend komplexere Strukturen in der globalen Gesundheitspolitik entstehen lassen. Die Führungsrolle des WHO wurde in den letzten drei Jahrzehnten immer wieder in Frage gestellt, sowohl durch die Vielfalt autonom agierender Akteure als auch durch die Skepsis nationaler Regierungen gegenüber internationalen Organisationen, deren Dynamik internationale Hegemoniestrukturen und damit auch jeweils nationale Interessen in Frage stellten. Das Ringen um neue Formen der Koordination wie einer stärkeren Öffnung der WHO gegenüber nicht-staatlichen Akteuren (Kickbusch et al., 2010), brachte kaum Fortschritte (Hein, 2016). In verschiedenen Beiträgen wurde in den letzten Jahren allerdings die Möglichkeit einer „anarchischen Selbstorganisation" diskutiert (Fidler, 2007; Hein & Holstenkamp, 2018). Hier erscheint die Proliferation von Akteuren nicht einfach als ein Prozess wachsender, schwer zu beherrschenden Komplexität, sondern als Prozess, in dem Komponenten des Systems vor allem durch kommunikative Prozesse modifiziert und verbessert werden (Fidler, 2007: 9). Anna Holzscheiter et al. führen das Konzept der „Metagovernance" in die Diskussion von GHG ein, das dem Ansatz von Fidler nahekommt:

> „… we argue for an analysis of historically grown discursive perceptions about how governance ought to be pursued, as well as of how such metagovernance norms are enacted in governance practices to explain convergence between actors, the emergence and (re)organisation of order in organisational fields and the ensuing stabilisation of in stitutional constellations …". (Holzscheiter et al., 2016: 6)

Die Idee einer anarchischen Selbstorganisation, also einer Konvergenz durch Interaktion, erscheint sinnvoll als eine Art Brainstorming für Problemlösungen und für Offenheit gegenüber innovativen Ansätzen, aber auch zum Pooling von Ressourcen für gemeinschaftliche Projekte. Ist dies ein Weg zur Überwindung der Spannung zwischen nationaler Souveränität (und jeweils spezifischen Entwicklungswegen) und der Sicherung globaler Gemeinschaftsgüter? Tatsächlich aber sind unterschiedliche Priorisierungen nationaler Interessen und Machtpotenziale, die eigenen gegenüber konkurrierenden Interessen durchzusetzen, eine Realität: Verbindliches kollektives Handeln setzt somit die Vereinbarung von Regeln, die Festlegung von Zielen und Beiträge zur Bereitstellung von globalen Gemeinschaftsgütern voraus. Dies gehört laut Verfassung der WHO zu ihren Aufgaben (s.o., Abschn. 6.1.1).

Mit der Vereinbarung verbindlicher Regulierungen tat sich die WHO allerdings schwer. Solche wurden lediglich im Zusammenhang mit den *International Sanitary/Health Regulations* vereinbart, zuletzt die IHR (2005) sowie deren Amendment im Jahre 2024; das einzige verbindliche internationale Abkommen wurde 2003 mit der *Framework Convention on Tobacco Control* erfolgreich verhandelt, allerdings in einem sehr begrenzten Teilbereich der WHO-Arbeit. Bereits 2006 wurde im Rahmen von GSPoA die Arbeit an einem *Global Framework on Essential Health R&D* vereinbart, wobei eine starke Gruppe von staatlichen und nicht-staatlichen Akteuren einen verbindlichen Vertrag anstrebten, sich aber nicht gegen mächtigere Interessen der Pharma-Industrie, vertreten durch Staaten, in denen diese eine großen ökonomische Bedeutung haben, durchsetzen konnten. Eine noch weitergehende *Framework Convention on Global Health* wurde intensiv diskutiert (Gostin, 2012), führte aber nicht zur Aufnahme von Verhandlungen.

Wie im Abschn. 6.5 berichtet, führte erst die COVID-19-Pandemie zu erfolgversprechenden Verhandlungen über eine *Pandemie-Vereinbarung (Pandemic Agreement)*, offiziell: *WHO convention, agreement or other international instrument on pandemic prevention, preparedness and response.* Diese konnten nicht wie geplant während der WHA 2024 abgeschlossen werden; der Vertrag (oder wie immer das „internationale Instrument" schließlich heißen wird) soll „bindend" sein, aber wie allgemein bei internationalen Verträgen, die nationale Souveränität nicht in Frage stellen.[1] Die verbleibenden Konflikte betreffen im Wesentlichen Detailfragen der genaueren Definition von *pandemic related health products*, der Eingrenzung der gefährdeten Personengruppen, denen ein privilegierter Zugang zu diesen Produkten gewährt werden soll sowie der Bedingungen, unter denen Technologietransfer mit dem Ziel eines verbesserten Zugangs zu diesen zu leisten ist.

In Vergleich zu den früher vorgeschlagenen Ansatzpunkten für eine umfassende Konvention geht es dabei „nur noch" um die Abwendung einer Pandemie, d. h. einer universellen Gefährdung im Falle von Infektionskrankheiten. Allerdings können diese, sozusagen durch die Hintertür, auch zum Ausgleich von Kapazitäten nationaler Gesundheitssysteme beitragen. Gesundheitsprobleme in den armen Ländern werden als Risiko für die reichen Länder (Ausbreitung von Infektionskrankheiten, politische Instabilität: Konzept der I*nternational Health Security*) angesehen, also als Herausforderung für die Realisierung des „Menschenrechts auf das jeweils erreichbare Höchstmaß an körperlicher und geistiger Gesundheit", was den zentralen Ausgangspunkt für viele Akteure von GHG darstellt und u. a. dem im Kap. 7 ausführlich zitierten World Health Report von 2010 zugrunde liegt.

---

[1] „It would be up to Member States to decide if and what compliance mechanisms would be included in the new accord on pandemic preparedness and response. It is a general principle of international law that once an international law instrument is in force, it would be binding on the parties to it, and would have to be performed by those parties in ‚good faith.'" (WHO 2024). What could happen if countries that join or participate in any new accord do not meet their obligations?.)

Grundsätzlich müsste ein solches Ziel jedoch mit einem viel umfassenderen Ansatz als mit dem Focus auf Pandemien verfolgt werden. Das Konzept der Primary Health Care (PHC), das während der Verschuldungskrise in den Hintergrund getreten war (s. Abschn. 4.2.2) wurde „wiederentdeckt" und zum Konzept der Universal Health Coverage (UHC) weiterentwickelt. Im Lancet-Artikel *Global health 2035. A World converging within a generation*, (Jamison et al., 2013) wird ein recht optimistisches Bild hinsichtlich der Möglichkeit gezeichnet, bis zum Jahre 2035 weltweit einen universellen Zugang zur Gesundheitsversorgung zu gewährleisten. Im Rahmen der SDGs und der Agenda 2030 wurde sogar 2030 als Zieldatum genannt (s.o. International Health Partnership for UHC 2030). Angesichts der Probleme der Koordination, der Hartnäckigkeit, mit der an starken intellektuellen Eigentumsrechten in Bezug auf medizinische Produkte festgehalten wird und der Schwierigkeiten, die Rolle der WHO in diesem Rahmen entsprechend zu stärken, sowie insgesamt, die strukturellen Probleme globaler Ungleichheit abzubauen, ist fraglich, ob dieser Optimismus gerechtfertigt ist. Andererseits könnte die COVID-19-Pandemie eine Rolle als Auslöser für einen neuen globalen Schub für UHC spielen. Die Erfahrung des Impfnationalismus spricht gegen die Annahme einer verstärkten internationalen Solidarität; sie kann jedoch das Bewusstsein einer notwendigen globalen Kooperation zur Stärkung einer zukünftigen globalen Gesundheitssicherheit nicht vom Tisch wischen. In diesem Sinne kann möglicherweise die Bereitstellung zusätzlicher finanzieller Mittel als Kompensation für einen situationsbedingten Egoismus reicher Länder angesehen werden. Aber: Wie die Entwicklung der DAH während und nach der COVID-Pandemie zeigt, bleibt diese Entwicklung offenbar von konkreten Bedrohungssituationen abhängig. Globale Ungleichheit bleibt ein latenter (und in sich zuspitzenden Krisen auch akuter) Faktor von Unsicherheit auch für die wohlhabenderen Länder.

Interessant ist in dieser Hinsicht ein Artikel von Heinzel und Koenig-Archibugi (2023), der als ein Plädoyer für die (potentielle) Effektivität von *Soft Governance* angesehen kann. In Bezug auf die Effektivität des AMR-Regimes (Basis: Global Action Plan on Antimicrobial Resistance (GAP) der WHO von 2015) argumentieren sie, dass dieses viele grundsätzlich bereite Geber sowie gleichzeitig Monitoring-Mechanismen, die den Status der Implementierung durch andere Länder feststellen, involviert (s. auch: Patel et al., 2023). Weitere Forschung könnte Institutionen der *soft governance* unter dem Gesichtspunkt vergleichen, welches Verhältnis von *unconditional and conditional contributors* nötig ist, um erfolgreiche internationale Kooperation zu erreichen. Sie verweisen auf die Kooperation im Rahmen des *Paris Agreement on Climate Change*, dessen Anreizstruktur drei Elemente beinhaltet: Kollektivgüter, Heterogenität der Präferenzen und wachsende Erträge in der Zukunft (Hale, 2020). Die Rahmenbedingungen für eine effektive *Soft Governance* müssten allerdings Ähnlichkeiten und Unterschiede in Bezug auf nationale Interessen, Machtstrukturen und die politische Bedeutung des jeweiligen Problems berücksichtigen. Dabei wäre vor allem die Strukturierung diskursiver und struktureller Macht genauer zu analysieren (Barnett & Duvall, 2005; Moon, 2019: 5–6), vor allem inwieweit sich die *gesellschaftliche Konstruktion der Wirklichkeit* (Berger & Luckmann, 1972) in eine Richtung bewegt, in der weltgesellschaftliche Probleme wie Global Health gegenüber einer primär auf eine Optimierung nationaler Problemlösungen fixierten Perzeption an Bedeutung gewinnen (Überwindung der *national identity option*, wie zusammengefasst in Wiener (2008): 53–57).

Auch wenn einerseits der Gesundheitssektor in den internationalen Beziehungen weiterhin eine starke Rolle spielt (s. etwa G 20 Health Agenda), ist andererseits eine gewisse Skepsis im Hinblick auf die langfristige Mobilisierung der notwendigen internationalen Hilfe (und einer entsprechenden Fokussierung normativer Macht) angebracht (s. Abschn. 7.4). Die politischen Tendenzen in vielen reichen Ländern in Richtung auf einen nationalistischen Rechtspopulismus mit der Priorisierung von nationalen Interessen und der Aufrechterhaltung von Machtstrukturen, lassen hier eher Zweifel aufkommen – wie etwa der vom ex-US-Präsidenten Trump erklärte Austritt aus der WHO, selbst wenn dieser von seinem Nachfolger Biden zunächst wieder rückgängig gemacht wurde – und möglicherweise nach Trumps Neuwahl erneut vollzogen wird. Wenn ethische Normen jenseits der nationalen Gesellschaft in den Hintergrund treten, könnte zumindest die Perspektive der Global Health Security zu der Überzeugung führen, dass die Sicherheit vor der Verbreitung von Krankheiten das zentrale globale Gut darstellt. Auch wenn es nicht sehr wahrscheinlich ist, dass ein Vertrag zustande kommt, der verbindliche und quantitativ signifikante Beiträge aller Staaten, entsprechend ihrer finanziellen Möglichkeiten (etwa ausgehend vom jeweiligen Pro-Kopf-Einkommen), zur wirklich universellen Umsetzung von UHC durchsetzt, könnte die geplante Pandemic Convention in Verbindung mit konsequent verfolgten internationalen Aktionsplänen der WHO in Kooperation mit einflussreichen GHG-Partnern zumindest begrenzte Erfolge erzielen.

Auch ohne *compliance mechanisms* in Form der Androhung von Sanktionen ist ein internationaler Vertrag für die Unterzeichner „binding in good faith" (s.o., Anm. 1) und impliziert einen internationalen Druck durch eine Rechtfertigungspflicht im Rahmen regelmäßiger Vertragsstaatenkonferenzen (wie im Falle der Klimarahmenkonvention). Diese gewinnen an Gewicht durch umfangreiche Netzwerke, die meist die Grundlage für die Aushandlung eines Vertrags darstellen und ein zentrales Instrument für *soft governance* bilden. Eine *Konvention zur Förderung von Universal Health Coverage* würde das umfassende Ziel globaler Gesundheit direkter fokussieren, aber eine *Pandemic Convention* könnte zumindest einen Schritt dahin bedeuten.

Literatur

Barnett, M., & Duvall, R. (2005). Power in international politics. *Int Organ., 59*, 39–75.

Berger, P., & Luckmann, P. (1972). *Die gesellschaftliche Konstruktion der Wirklichkeit. Eine Theorie der Wissenssoziologie* (3. Aufl.). Fischer Taschenbuch Verlag.

Fidler, D. P. (2007). Architecture amidst anarchy: Global health's quest for governance. *Global Health Governance, 1*, 1–17.

Gostin, L. O. (2012). A framework convention on global health: Health for all, justice for all. *Georgetown Law Faculty Publications and Other Works, 965*, 2087–2092. https://scholarship.law.georgetown.edu/facpub/965. Zugegriffen am 15.11.2024.

Hale, T. (2020). Catalytic cooperation. *Global Environmental Politics, 20*(4), 73–98.

Hein, W. (2016). *Intellectual property rights and health. The constraints of WHO authority and the rise of global health governance as an element of contestation.* WZB discussion paper SP IV 2016-110, WZB.

Hein, W., & Holstenkamp, L. (2018). Global governance and the interplay of coordination and contestation. *Global Governance, 24*(3), 431–449.

Hein, W., & Holstenkamp, L. (2018). Global governance and the interplay of coordination and contestation. *Global Governance, 24*(3).

Heinzel, M., & Koenig-Archibugo, M. (2023). Soft governance against superbugs: How effective is the international regime on antimicrobial resistance? *The Review of International Organizations, 19*, 345–374. https://doi.org/10.1007/s11558-023-09510-7. Zugegriffen am 15.11.2024.

Holzscheiter, A., et al. (2016). Emerging governance architectures in global health: Do metagovernance norms explain inter-organizational convergence? *Politics and Governance, 4*(3), 5–19.

Jamison, D. T., et al. [+24 weitere Autoren, W.H.]. (2013). Global health 2035: A world converging within a generation. *Lancet, 382*, 1898–1955.

Kickbusch, I., et al. (2010). Addressing global health governance challenges through a new mechanism: The proposal of a committee C of the World Health Assembly. *Law, Medicine & Ethics, 48*(3), 550–563.

Moon, S. (2019). Globalization and Health, *15*(Suppl 1), 74. https://doi.org/10.1186/s12992-019-0515-5. Zugegriffen am 15.11.2024.

Patel, J., et al. (2023). Measuring the global response to antimicrobial resistance, 2020–21: A systematic governance analysis of 114 countries. *The Lancet Infectious Diseases, 23*(6), 706–718.

Wiener, A. (2008). *The invisible constitution of politics. Contested norms and international encounters*. Cambridhe University Press.

World Health Organization (WHO). (2024). *Pandemic prevention, preparedness and response accord.* 10 June 2024|Q&A. https://www.who.int/news-room/questions-and-answers/item/pandemic-prevention%2D%2Dpreparedness-and-response-accord. Zugegriffen am 15.11.2024.

FSC
www.fsc.org
MIX
Papier | Fördert
gute Waldnutzung
FSC® C083411

Kolibri 360 GmbH
Ferdinand-Jühlke-Straße 7
99095 Erfurt, Deutschland
produktsicherheit@kolibri360.de